本书为肖文评主持教育部社会科学司项目"晚清民国时期粤东北客家侨乡民间文献收集整理与研究"（项目编号：18YJA770017）的阶段性成果，亦是嘉应学院客家研究院大客家研究平台客家学学科建设团队项目"粤闽赣客家地区民间文献收集整理与研究"（项目编号：21KYKT05）和广东省普通高校创新团队项目"客家历史文化研究团队"（2022WCXTD021）的阶段性成果。

本丛书出版得到以下研究机构和项目经费资助：

嘉应学院客家研究院

梅州市客家研究院

中国侨乡（梅州）研究中心

广东客家文化普及与研究基地

广东省特色重点学科"客家学"建设经费

嘉应学院第五轮重点学科"中国史"建设经费

广东省客家文化研究基地——嘉应学院客家研究院

广东省非物质文化遗产研究基地——嘉应学院客家研究院

理论粤军·广东地方特色文化研究基地——客家文化研究基地

广东省普通高校人文社会科学省市共建重点研究基地——嘉应学院客家研究院

客家学研究丛书

第七辑

《榕园琐录》《榕园续录》点校

杨佣子　著

肖文评　张应斌
　　　　　　　　点校
夏远鸣　冷剑波

暨南大學出版社
JINAN UNIVERSITY PRESS

中国·广州

图书在版编目（CIP）数据

《榕园琐录》《榕园续录》点校/杨佣子著；肖文评等点校. —广州：暨南大学出版社，2024.10
（客家学研究丛书. 第七辑）
ISBN 978 - 7 - 5668 - 3902 - 2

Ⅰ.①榕…　Ⅱ.①杨…②肖…　Ⅲ.①梅州—地方史　Ⅳ.①K296.53

中国国家版本馆 CIP 数据核字（2024）第 076216 号

《榕园琐录》《榕园续录》点校
《RONGYUAN SUOLU》《RONGYUAN XULU》DIANJIAO
著　者：杨佣子
点校者：肖文评　张应斌　夏远鸣　冷剑波

出 版 人：阳　翼
策划编辑：杜小陆　刘宇韬
责任编辑：刘宇韬
责任校对：刘舜怡　陈皓琳　黄晓佳
责任印制：周一丹　郑玉婷

出版发行：暨南大学出版社（511434）
电　　话：总编室（8620）31105261
　　　　　营销部（8620）37331682　37331689
传　　真：（8620）31105289（办公室）　37331684（营销部）
网　　址：http：//www.jnupress.com
排　　版：广州良弓广告有限公司
印　　刷：广州市金骏彩色印务有限公司
开　　本：787mm×960mm　1/16
印　　张：16.5
字　　数：265 千
版　　次：2024 年 10 月第 1 版
印　　次：2024 年 10 月第 1 次
定　　价：69.80 元

总　序

客家文化以其语言、民俗、音乐、建筑等方面的独特性，尤其是客家人在海内外社会经济发展中的突出贡献，引起了历史学、人类学、民俗学和语言学等诸多学科领域内学者的关注。而随着西方人文学科理论和研究方法在 20 世纪初传入我国，客家历史与文化研究也逐渐进入科学规范的研究行列，并相继出现了一批具有开创性的研究成果。1933 年，罗香林《客家研究导论》的出版，标志着客家研究进入了现代学术研究的范畴。20 世纪 80 年代以来，著作、论文等研究成果的推陈出新，也在呼吁学界能够设立专门的学科并规范客家研究的科学范式。

作为国内较早成立的专门从事客家研究的机构，嘉应学院客家研究院用二十五载的岁月，换来了客家研究成果在数量上空前的增长，率先成为客家学研究的重要阵地，也引起了国内外学术界的高度关注。但若从质的维度来看，当前的客家研究还面临一系列有待思考及解决的问题：客家学研究的主题有哪些？哪些有意义，哪些纯粹是臆测？这些主题产生的背景是什么？它们是如何通过社会与历史的双重作用，而产生某些政治、经济乃至文化权力的诉求与争议的？当代客家研究如何紧密结合地方社会发展的需要，又如何与国内外其他学科对话与交流？诸如此类的疑惑，需要从理论探索、田野实践和学科交叉等层面努力，以理论对话和案例实证作为手段，真正实现跨区域和多学科的协同创新。

一、触前沿：客家学研究的理论探索

当前的客家学研究主要分布在人文社会科学的诸多学科范围之内，所以开展卓有成效的客家研究自然需要敢于接触不同学科领域的学术理论。比如，社会学科先后出现过福柯的权力理论、布尔迪厄的实践理论、吉登斯的结构化理论、鲍曼的风险社会理论、哈贝马斯的沟通行动理论、卢曼的系统理论、科尔曼的理性选择理论和亚历山大的文化社会学理论。社会

科学研究经常需要涉及的热点议题，在客家研究中同样不可回避，比如社会资本、新阶层、互联网、公共领域、情感与身体、时间与空间、社会转型和世界主义。再比如，社会学关于移民研究的推拉理论、人类学对族群研究的认同与边界理论以及社会转型与文化变迁的机制，都可以具体应用到客家研究上，并形成理论对话而提升客家研究的高度。在研究方法上，人文社会科学提倡的建模、机制与话语分析、文化与理论自觉等前沿手段，都可以遵循"拿来主义"的原则为客家研究所用。

可以说，客家研究要上升为独具特色的独立学科，首先要解决的便是理论对话和科学研究的范式问题。客家学作为一门融会了众多社会人文学科的综合性学科，既不是客家史，也不是客家地区政治、经济、文化等内容的汇编或整合，而是一门以民族学基础理论为基础，又比民族学具有更多独特特征、丰富内容的学科。不可否认的是，客家研究具有自身独特的学术传统，但要形成自身的理论构架和研究方法，若离开历史学、文献学、考古学、人类学、语言学、社会学、民俗学等诸多学科理论的支撑，显然就是痴人说梦。要在这方面取得成绩，则非要长期冷静、刻苦、踏实、认真潜心研究不可。如若神不守舍、心动意摇，就会跑调走板、贻笑大方。在不少人汲汲于功名、切切于利益、念念于职位的当今，专注于客家研究的我们似乎有些另类。不过，不管是学者应有的社会良知与独立人格，还是人文学科秉持的历史责任与独立思考的精神，都激励我们坚持实事求是的原则，在触碰前沿理论上不断探索，以积累学科发展所需的坚实理论。

要做到这一点，就得潜下心来大量阅读国内外学术名著，了解前沿理论的学术进路和迁移运用，使客家研究能够进入国际学术研究对话的行列。

二、接地气：客家研究的田野工作

学科发展需要理论的建设与支撑，更离不开学科研究对象的深入和扩展，而进入客家人生活的区域开展田野工作，借助从书斋到田野再回到书斋的螺旋式上升的研究路径，客家研究才能做到"既仰望星空又能接地气"，才能厚积薄发。

人类学推崇的田野工作要求研究者通过田野方法收集经验材料的主体，客观描述所发现的任何事情并分析发现结果。[①] 田野工作的目标要界

---

① 托马斯·许兰德·埃里克森著，周云水、吴攀龙、陈靖云译：《什么是人类学》，北京：北京大学出版社，2013年，第65-67页。

定并收集到自己足以真正控制严格的经验材料，所以需要充分发挥参与观察、深度访谈和问卷调查的手段。从学科建设和学科发展的角度，客家族群的分布和文化多元特征，决定了客家研究对田野调查的依赖性。这就要求研究者深入客家乡村聚落，采用参与观察、个别访谈、开座谈会、问卷调查等方法调查客家民俗节庆、方言、歌谣等，收集有关客家地区民间历史与文化丰富性及多样性的资料。

而在客家文献资料采集方面，田野工作的精神同样适用。一方面，文献资料可以增加研究者对客家文化的理解，还可以对研究者的学术敏感和问题意识产生积极影响；另一方面，田野工作既增加了文献资料的来源，又能提供给研究者重要的历史感和文化体验，也使得文献的解读可以更加符合地方社会的历史与现实。譬如，到图书馆、档案馆等公藏机构及民间广泛收集对客家文化、客家音乐、客家方言等有所记载的正史、地方志、文集、族谱及已有的研究成果等。田野调查需要入村进户，因此从具有深厚文化传统的客家古村落入手，无疑可以取得事半功倍的效果。

在客家地区开展田野调查，需要点面结合才能形成质量上乘的多点民族志。20 世纪 90 年代，法国人类学家劳格文与广东嘉应大学（2000 年改名为嘉应学院）、韶关大学（2000 年改名为韶关学院）、福建省社会科学院、赣南师范学院、赣州市博物馆等单位合作，开展"客家传统社会"的系列研究。他在长达十多年的时间里，辗转于粤东、闽西、赣南、粤北等地，深入乡镇村落，从事客家文化的田野调查。到 2006 年，这些田野调查的成果汇集出版了总计 30 余册的"客家传统社会"丛书，不仅集中地描述客家地区传统民俗与经济，还具体地描述了传统宗族社会的形成、发展和具体运作及其社会影响。

2013 年以来，嘉应学院客家研究院选择了多个历史悠久、文化底蕴深厚的古村落，以研究项目的形式开展田野作业，要求研究人员采用参与观察、深度访谈、文献追踪等方法，对村落居民的源流、宗族、民间信仰、习俗等民间社会与文化的形成与变迁进行深入的分析和研究，形成对乡村聚落历史文化发展与变迁的总体认识。在对客家地区文化进行个案分析与研究的基础上，再进行跨区域、跨族群的文化比较研究，揭示客家文化的区域特征，进而梳理客家社会变迁和文化发展过程。

闽粤赣是客家聚居的核心区域，很多风俗习惯都能够找到相似的元素。就每年的元宵习俗而言，江西赣州宁都有添丁炮、石城有灯彩，而到了广东的兴宁市和河源市和平县，这一习俗则演变为"上灯"，花灯也成了寄托客家民众淳朴愿望的符号。所以，要弄清楚相似的客家习俗背后有

何不同的行动逻辑，就必须用跨区域的视角来分析。这一源自田野的事例足以表明田野调查对客家学研究的重要性。

无论是主张客家学学科建设应包括客家历史学、客家方言学、客家家族文化、客家文艺、客家风俗礼仪文化、客家食疗文化、客家宗教文化、华侨文化等，① 还是认为客家学的学科体系要由客家学导论、客家民系学、客家历史学、客家方言学、客家文化人类学、客家民俗学、客家民间文学、客家学研究发展史八个科目为基础来构建，客家研究都无法回避研究对象的固有特征——客家人的迁徙流动而导致的文化离散性，所以在田野调查时更强调追踪研究和村落回访②。只有夯实田野工作的存量，文献资料的采集才可能有溢出其增量的效益。

三、求创新：客家研究的学科交叉

学问的创新本不是一件易事，需要独上高楼，不怕衣带渐宽，耐得住孤独寂寞，一往无前地上下求索。客家研究更是如此，研究者需要甘居边缘、乐于淡泊、自守宁静的治学态度——默默地做自己感兴趣的学问，与两三同好商量旧学、切磋疑义、增益新知。

客家研究要创新，就需要综合历史学、人类学、语言学、音乐学、社会学等学科理论和方法，对客家民俗、客家方言、客家音乐等进行综合分析和研究，以学科交叉合作的研究方式，形成对客家族群全面的、客观的总体认识。

客家族群作为中华民族共同体的一个重要支系，在其形成和发展过程中融合多个山区民族的文化，形成独具特色的文化体系。建立客家学学科，科学地揭示客家族群的个性和特殊性，可以加深和丰富对中华民族的认识。用客家人独特的历史、民俗、方言、音乐等本土素材，形成客家学体系并进一步建构客家学学科，将有助于促进中国人文社会科学本土化的发展，从而为中国人文社会科学的发展和繁荣作出应有的贡献。客家人遍布海内外80多个国家和地区，客家华侨华人1 000余万，每年召开一次世界性的客属恳亲大会，在全世界华人中具有重要影响。粤东梅州是全国四大侨乡之一，历史遗存颇多，文化积淀深厚，华侨成为影响客家社会历史

---

① 张应斌：《21世纪的客家研究——关于客家学的理论建构》，《嘉应大学学报》，1996年第4期。

② 康拉德·菲利普·科塔克著，周云水译：《文化人类学——欣赏文化差异》，北京：中国人民大学出版社，2012年，第457–459页。

和文化发展的重要因素。建立客家学学科，将进一步拓宽华侨华人研究领域，有助于华侨华人与侨乡研究的深入发展。

在当前客家学研究成果积淀日益丰厚、客家研究日益受到社会各界重视的情况下，总结以往研究成果，形成客家学学科理论和方法，构建客家学学科体系，成为目前客家学界非常紧迫而又十分重要的任务。

嘉应学院客家研究院敢啃硬骨头，在总结以往研究成果的基础上，完成目前学科建设条件已初步具备的客家文化学、客家语言文字学、客家音乐学等的论证和编纂，初步建构客家学体系的分支学科。具体而言，客家文化学探讨客家文化的历史、现状和未来并揭示其发生、发展规律，分析客家族群的物质文化、制度文化和精神文化的产生、发展过程及其特征。客家语言文字学探讨客家方言的语音、词汇、语法、文字等的特征，展示客家语言文字的具体内容及其社会意义。客家音乐学探讨客家山歌、汉剧、舞蹈等的发生、发展及其特征，揭示客家音乐的具体内容和社会意义。

客家族群是汉民族的一个支系，研究时既要注意到汉文化、中华文化的普遍性，又要注意到客家文化的独特性，体现客家文化多元一体的属性。客家学研究的对象，决定客家学是一门融合历史学、民俗学、方言学、音乐学、社会学等众多社会人文学科的综合性学科。如何形成跨学科的客家学研究理论与方法，是客家研究必须突破的重要问题。唯有明确客家学研究的基本概念、理论和方法，并通过广泛的田野调查和深入的个案研究，广泛收集关于客家文化、客家方言、客家音乐等各种资料，从多角度进行学科交叉合作的分析和研究，才能实现创新和发展。

嘉应学院地处海内外最大的客家人聚居地，具有开展客家学研究得天独厚的地缘优势。1989 年，嘉应学院的前身嘉应大学率先在全国建立了专门性的校级客家研究机构——客家研究所。2006 年 4 月，以客家研究所为基础，组建了嘉应学院客家研究院、梅州市客家研究院。因研究成果突出、社会影响大，2006 年 11 月，客家研究院被广东省社会科学界联合会评为"广东省客家文化研究基地"；2007 年 6 月，被广东省教育厅评为"广东省普通高校人文社会科学省市共建重点研究基地"。之后其又被广东省委宣传部、广东省社会科学院评为"广东地方特色文化研究基地——客家文化研究基地"，被广东省文化厅评为"广东省非物质文化遗产研究基地"，被广东省教育厅评为"广东省粤台客家文化传承与发展协同创新中心"；还经国家民政部门批准，在国家一级学会"中国人类学民族学研究会"下成立了"客家学专业委员会"。

《榕园琐录》《榕园续录》点校

　　2009 年 8 月，在昆明召开的第 16 届国际人类学大会上，客家研究院成功组织"解读客家历史与文化：文化人类学的视野"专题研讨会，初步奠定了客家研究国际化的基础。2012 年 12 月，客家研究院召开了"客家文化多样性与客家学理论体系建构国际学术研究会"，基本确立了客家学学科建设的基本途径和主要方法。另外，1990 年以来，嘉应学院客家研究院坚持每年出版两期《客家研究辑刊》（现已出版 45 期），不仅刊载具有理论对话和新视角的论文，也为未经雕琢的田野报告提供发表和交流的平台。自 1994 年以来，客家研究院承担国家社会科学基金项目 2 项，广东省哲学社会科学规划项目等 20 余项，出版《客家源流探奥》① 等著作 50 余部，其中江理达等的著作《兴宁市总体发展战略规划研究》② 获广东省哲学社会科学优秀成果一等奖，肖文评的专著《白堠乡的故事——地域史脉络下的乡村建构》③ 获广东省哲学社会科学优秀成果二等奖，房学嘉的专著《粤东客家生态与民俗研究》④ 获广东省哲学社会科学优秀成果三等奖。深厚的研究成果积淀，为客家学学科建设奠定了坚实的理论基础。经过几代人的不懈努力，嘉应学院的客家研究已经具备了在国际学术圈交流的能力，这离不开多学科理论对话的实践和田野调查经验的积累。

　　客家学研究丛书的出版，既是客家研究在前述立足田野与理论对话"俯仰之间"兼顾理论与实践的继续前行，也是嘉应学院客家学研究朝着国际化目标迈出的坚实步伐。"星星之火，可以燎原"，这套丛书包括学术研究专著、田野调查报告、教材、译著、资料整理等，体现了客家学学科建设的不同学术旨趣和理论关怀。古人云，"不积跬步，无以至千里；不积小流，无以成江海"，我们愿意从点滴做起。希望丛书的出版，能引起国内外客家学界对客家学学科体系建设的关注，促进客家学研究的科学化发展。

编　者

2014 年 8 月 30 日

---

　① 房学嘉：《客家源流探奥》，广州：广东高等教育出版社，1994 年。

　② 江理达、邱国锋主编：《兴宁市总体发展战略规划研究》，广州：广东教育出版社，2009 年。

　③ 肖文评：《白堠乡的故事——地域史脉络下的乡村建构》，北京：生活·读书·新知三联书店，2011 年。

　④ 房学嘉：《粤东客家生态与民俗研究》，广州：华南理工大学出版社，2008 年。

前　言

《榕园琐录》10 卷、《榕园续录》4 卷，由广东梅州学者杨佣子于二十世纪三四十年代所著。

杨佣子（1874—1951），谱名惟徽，字惟慎，号徽五，又号佣子。[①] 同治十三年（1874）出生于广东嘉应州城西（今梅州市梅江区西郊街道办）上市忠孝里拔俊杨屋一个书香家族。其高祖杨冲风于嘉庆元年（1796）考中丙辰科进士，祖父杨荣绶为监生。父亲杨瑛于光绪三年（1877）考中秀才，光绪二十七年（1901）乡试考中第 12 名举人。因学识过人，曾被黄遵宪聘请为家庭教师，教授家中子弟。其家族原为林姓，居住在今梅州市梅县区松口镇半径村，因明嘉靖年间林朝曦参与张琏建立"飞龙国"事件为避祸而改为杨姓，俗称"新杨"，堂号名为绍德堂。明末部分族人迁居梅城。至清末，绍德堂杨氏先后考中进士 10 人，约占全县进士总数的 1/10，考中举人 56 人，亦约占全县举人总数的 1/10，考中秀才数百人，是梅州地区著名的诗书望族。[②]

受良好家学熏陶，杨佣子从小聪颖过人，相传 4 岁即能背诵唐诗。16 岁作《史论》，受到戚友梁诗五举人的赞赏。光绪二十四年（1898）24 岁

[①] 绍德堂杨氏族谱梅州编辑委员会：《绍德堂杨氏族谱》，梅州：梅县程江彩色印刷厂有限公司，2007 年，第 427 页。

[②] 谢崇德：《绍德堂杨氏的家族传奇：清代出 10 位进士 56 位举人》，《梅州日报》，2015 年 3 月 4 日第 6 版。

时考中秀才。^① 拜黄遵宪为师，学习新学。受黄遵宪《南汉修慧寺千佛塔歌》影响，光绪二十六年（1900）创作《千佛塔歌》，深得罢官在家居住的著名外交家、近代"诗界革命"先驱黄遵宪的赏识。为举办新式教育筹备师资，光绪三十年（1904）杨佣子和黄遵宪儿子黄簀孙被黄遵宪派往日本留学，杨佣子进了弘文学院师范科理化班学习。光绪三十一年（1905）8月，杨佣子由日本学成回国后，即遵循黄遵宪遗愿，在梅城东山书院创办嘉应东山师范学堂。第二年2月招生正式开学，开始从事教育事业，先后任教员、校董、校长等。

兴学育人，成效显著。杨佣子以教育为志业，一生主要从事文化教育工作，"尽瘁于梅县教育"^②。1912年清朝灭亡民国成立后，梅县议会决定将东山师范学堂与嘉属中学堂、务本中学堂、梅东中学堂合并为省立梅州中学堂，劝学所改组为督学局，杨佣子调任梅县督学局局长。1915年年初，应聘主讲广西龙州教员讲习所。从1915年下半年起至1927年，杨佣子任东山中学教员、校务委员。1923年与黄墨村等人参与创办嘉应大学。1929年2月至1932年2月，应泰国客属总会邀请，赴曼谷担任客属进德学校校长。1932年3月返国后，再任东山中学国文教师和校董。1936年梅县民众教育馆开馆，次年县立图书馆开馆。^③ 杨佣子先后担任梅县民众教育馆馆长和县立图书馆馆长。

在梅县华侨丘元荣、丘问谷、钟成才等资助下，著名教育家梅县人钟鲁斋于1938年10月在香港创办南华学院。鉴于当时抗战形势，南华学院正校1939年8月迁至梅县。杨佣子与黄遵庚、谢贞盘、彭精一等知名学者被聘为教授。因身体原因，1944年70岁的杨佣子辞职回家休养。^④ 1951

---

① 张朴楼：《嘉应采芹录》，光绪十二年（1886）刻本，第47页。
② 钟应梅：《榕园琐录·序二》，杨佣子：《榕园琐录》，梅州：梅县震旦印务公司，1944年，第3页。
③ 谢复生：《梅县要览》，梅州：梅县新中华书局，1941年，第64–65页。
④ 《南华学院十周年纪念特刊》，1948年，第13–14页。

年去世，享年 77 岁。一生从教 40 余年，育人无数，知名学生有叶剑英、彭精一、曾举直等。

诗歌创作，传承师学。19 世纪末，针对传统诗坛拟古主义和形式主义现象，梅州著名诗人黄遵宪、丘逢甲等提出写诗要自由抒发自己的情感，"我手写我口，古岂能拘牵"，倡导"诗界革命"。他们认为诗歌应反映新的时代和新的思想，不受旧体格律的束缚，提倡新体诗，语言通俗，并创作了《冯将军歌》《哀旅顺》《台湾行》等大量新诗，被梁启超赞誉为"诗界革命"的一面旗帜。受其师黄遵宪新体诗观念影响，杨佣子曾创作《秋感》四章，备受梁启超赞赏，被认为含有人类学、历史学、地理学等新知识，"其理想风格，皆茹今而应古"，是"诗界革命"的代表作，认为黄遵宪后继有人。① 在泰国曼谷长校客属进德学校期间，受其师任日本领事馆参事期间创作《日本杂事诗》影响，创作了《曼谷杂诗》，虽然相隔近 60 年，但仍被古直誉为"允足嗣音也"。② 平生诗歌创作不断，时有诗歌在《东山月刊》等刊物发表。晚年编有《榕园诗稿》，平远吴三立先生曾参与其事，1949 年曾作《夜中编校杨徽五丈榕园诗稿敬题一首》记其事。③

留心地方掌故，编撰《榕园琐录》等。杨佣子在教学之余，潜心学问，著作等身，先后著有《仪礼郑著汉制疏证》，编有《大慧禅师语录辑补》《经史百家简编演释》《清代文选》《榕园国文讲义》《梅县历史课本》，译著《暹罗国志》等。尤精于地方掌故的挖掘与考订，著有《榕园琐录》《榕园续录》等。受清末民初经世致用等思想影响，在长期从事文化教育事业过程中，对梅州地方历史尤为费心。其费心程度，曾与其为南华学院同事的吴三立先生于 1949 年有诗为证：

003

① 陈良运：《中国诗学批评史》，南昌：江西教育出版社，2021 年，第 558 页。

② 古直：《曼谷杂诗题辞》，杨佣子：《曼谷杂诗》，梅州：中国仿古印书局刻本，1933 年，第 1 页。

③ 吴三立：《夜中编校杨徽五丈榕园诗稿敬题一首》，《岭雅》1949 年第 44 期。

柳塘绿水绕榕园，一叟怡然道自敦。永忆当筵亲语笑，别来几度换寒温。

卅年歌哭收诗卷，万劫苍茫落酒尊。膟欲从公询野史（公熟于近代掌故，造述甚伙），真疑生世到金源。①

所谓"柳塘绿水绕榕园，一叟怡然道自敦""膟欲从公询野史，真疑生世到金源"，指的是杨佣子一辈子坚持本性，喜好探求地方掌故，挖掘地方文史，精通地方历史，先后编撰出版《榕园琐录》《榕园续录》等。

杨佣子对地方掌故感兴趣，首先是受其父亲杨瑛的影响，其父曾著《梓里述闻》，专门记录有关家乡的掌故遗闻。其次是受温仲和所编光绪《嘉应州志》终篇《丛谈》的影响。1932 年梅县县长彭精一鉴于光绪《嘉应州志》流传少，原存雕版又多缺损，乃请其师杨佣子负责将残缺之雕版补刻齐全，并由杨佣子出面请泰国侨领梅县松口人伍佐南资助，于 1933 年 2 月刻印 500 部，广为流传。② 因此，杨佣子对光绪《嘉应州志》的内容相当熟悉。在《丛谈》中，温仲和根据黄钊《石窟一征》、张麟定《谈梅》中有关地方掌故，对地方历史进行"拾遗补阙，订误考文"。杨佣子对这种做法非常赞赏，故师而从之。正如他在道及编撰《榕园琐录》的原委时所言：

余蛰居里间，恒喜研讨旧闻。爰窃师其意，有所掇拾，随得随录，亦不分类例。大抵多旧志之遗佚，散见于他书者；或旧志有讹误，间亦为之考订。积成十卷，名曰《榕园琐录》，由其所识者小，无关宏旨故也。③

---

① 吴三立：《寄怀徽五丈梅州》，《岭雅》1949 年第 44 期。

② 东山中学丛书编委会：《彭精一先生纪念集》，梅州：广东梅县东山中学，2000 年，第 149 页。

③ 杨佣子：《榕园续录·自序》，《榕园续录》，梅州：梅县震旦印务公司，1944 年，第 1 页。

　　杨佣子正是受温仲和编纂《丛谈》的启发，平日好学不倦，博览群书，勤于思考，长于考辨，就梅州旧方志中的遗佚进行挖掘，就其讹误进行考订，有所收获即记录，先后辑录唐至民国梅州史料 120 余则，编成 10 卷，以其居住之书屋名榕园而命名为《榕园琐录》。

　　当然也有机缘。这个机缘就是 1934 年冬梅县设立修志局，筹划编修新方志。光绪二十四年温仲和编纂光绪《嘉应州志》后，数十年间时势更替，政制大变，为反映社会变化，因而有续修方志之议。经县长彭精一倡议，梅县成立修志局，聘请谢贞盘"主其事"①。谢贞盘早年在东山师范学堂师从杨佣子，后赴上海震旦学院及留学日本深造。1922 年曾任广州《大声报》主编。20 世纪 30 年代初任中山大学教授，旋入广东通志馆参修省志。《广东通史》编成后，以其续修省志的经验，在 1934 年冬受聘回梅任修志局局长兼总纂，发凡起例，起草志稿，不遗余力。因志趣相投，谢贞盘与其师杨佣子相得甚欢。当见到其师所著《榕园琐录》后，相当惊喜。认为不仅"所纪皆与邑乘有关"，而且可以为新编方志"拾遗补阙"。② 因而不仅欣然作序，撰写提要，而且抄录副本存于修志局，还编入其主编的《梅州丛书》第一集。

　　得到修志局局长充分肯定和褒扬后，杨佣子倍受鼓舞，"于燕闲之暇，网罗钩贯，不厌繁琐"③，更是笔耕不辍，继续深挖梅州地方掌故，于书无所不窥，详加考订，日积月累，又编成《榕园续录》4 卷，辑录宋明以来梅州史料 50 余条。

　　对于自己研究成果的价值，杨佣子非常自信。"是录也，倘得起慕柳

005

---

　　① 东山中学丛书编委会：《彭精一先生纪念集》，梅州：广东梅县东山中学，2000 年，第 152 页。

　　② 谢贞盘：《榕园琐录·序》，杨佣子：《榕园琐录》，梅州：梅县震旦印务公司，1944 年，第 1 页。

　　③ 杨佣子：《榕园续录·自序》，《榕园续录》，梅州：梅县震旦印务公司，1944 年，第 1 页。

太史于九原而质证之，曾未知有当于太史当日修志创编丛谈之用意与否？"[①] 他认为自己不但秉承了温仲和《丛谈》的旨意，而且扩而大之，成为编修梅县新志的专志，这些内容对编好梅县新方志，具有重要意义和价值。

可惜正值抗战特殊时期，梅州与海外传统经济联系中断，新方志编撰经费无着，主编谢贞盘先生亦因积劳成疾于1942年去世，梅县新方志的编修最终无疾而终。

谢贞盘先生曾谋划出版《榕园琐录》《榕园续录》，绌于经费未能成功。在杨佣子70岁生日时，彭精一等东山中学学生和校友100余人集资，于1944年将《榕园琐录》《榕园续录》作为《东山中学丛书》第一种刻印出版，其研究成果才公之于世，成为梅州人认识和了解宋明以来梅州历史文化的重要文献。

《榕园琐录》《榕园续录》的编纂与出版，对于保存史料、订正讹误、编撰新志、传承文化意义重大，张应斌教授在提要中明示，此不赘述。

---

① 杨佣子：《榕园续录·自序》，《榕园续录》，梅州：梅县震旦印务公司，1944年，第1页。

整理说明

（1）《榕园琐录》《榕园续录》为近现代粤东梅州著名学者杨佣子所著。杨佣子的书屋名为榕园，他早年为晚清著名外交家、文学家梅城攀桂坊人黄遵宪授业弟子，留学日本后长期在梅州从事教育活动，致力于地方文史研究。《榕园琐录》《榕园续录》为其筹划编撰梅县新志而收集、撰写的文史札记，对于认识和了解梅州建制以来的历史人文具有不可多得的史料价值。

（2）此次整理以梅州市剑英图书馆藏《榕园锁录》《榕园续录》为依据。《榕园琐录》10 卷、《榕园琐录》4 卷，作为"东山中学丛书"第一种，1944 年由梅县震旦印务公司出版。因未见其他版本可参校，因此本次整理不作注释，只进行简体化、句读和基本的校勘。

（3）整理方法按国务院古籍整理出版规划小组编《古籍整理出版情况简报》第 112 期公布的《古籍点校通例》进行，标点符号使用遵循《GB/T15834—2011》的规定，繁简转换以 2013 年国务院发布的《通用规范汉字表》为标准。

（4）原书之繁体字、俗体字、异体字，除少数地名、人名等用标准简体字处理可能造成误解或具特殊意义者外，一律改为简体正体。古今字、通假字、形声相近字等因书写习惯造成混用的，概以今天的书写标准修改。

（5）原书中衍字的，用（）加以表示；有错字、漏字、别字的，用【】加以括注进行更正；缺字、模糊不清难以辨认的字用□表示。

（6）为方便阅读和检索，对原文进行了一定的分段、标题排版处理，并重新编制详细目录。原著没有目录条，目录条由张应斌整理添加，肖文评校正。

目　录

004

榕园琐录

杨佣子

提　要

　　《榕园琐录》十卷，杨佣子撰，作为《东山中学丛书》的一种，初刻于民国三十三年（1944）梅县震旦印务公司。杨佣子，广东省梅州市城西拔俊杨屋人。清光绪二十四年（1898）秀才，同年成为黄遵宪弟子，光绪三十年（1904），黄遵宪派其留学日本弘文学院，为中国早期留学生。学成回国后，在黄遵宪创办的新式学堂——嘉应东山师范学堂任教习。民国时期先后任职梅县东山中学、广西镇南道龙州教员讲习所、梅县教育馆、图书馆、修志局、南华学院等。著有《曼谷杂诗》一卷、《丁丑诗存》一卷、《榕园琐录》十卷、《榕园续录》四卷、《榕园三录》六卷、《仪礼郑著汉制疏证》一卷，译著《暹罗国志》八卷，编有《大慧禅师语录辑补》四卷、《经史百家简编演释》、《清代文选》、《榕园国文讲义》、《梅县历史课本》等。

　　杨惟徽博学精思，长于考辨，著作等身。古直称其："外似迂谨，内实俶傥。博学，无【所】不窥"，信不虚也。是书为作者任职梅县修志局时开始的读书札记，辑唐至民国梅县史料122则，意在搜集乡邦文献，以为编纂《梅县志》之基础。其所辑文献大多珍贵，如卷三为宋大慧禅师在梅专辑，文多稀见；清宋湘《题徐星溪都督春波洗砚图序》，可补宋湘《红杏山房诗钞》之缺；所录印光任乾隆《嘉应州志·序》，可考今存《嘉应州志》印光任《序》和王之正《序》之异同。《榕园琐录》也有瑕疵，如卷七云："程乡连接之永乐县，当为长乐之讹。"其实所引唐卢肇《唐逸史》本为"虞乡永乐两县连接"，并且唐代粤东并无长乐县。又如断

定吕翁为程乡县吕生。程乡吕生说，其为无根。卷九云"晋叔则并不作晋升"，殊不知侯晋叔本名侯晋升。卷二说宋杨万里两到梅州，好在其《榕园续录》卷二已作修正。但瑕不掩瑜，《榕园琐录》与《榕园续录》《榕园三录》共二十卷，形成皇皇巨制，可谓梅县文史之大全，在地方史中罕有其匹。

张应斌

序

《榕园琐录》序

光绪季年，清廷废科举兴学校。时吾邑黄公度京卿以使节罢，家居负众望，鸠邑人倡办师范学校于东山书院。以始事乏成法，派杨徽五、黄簣孙二先生至日考察。二先生者，平日以俊髦为京卿所赏识者也。贞盘始犹童子，侍先君子往来学校。及杨先生归，尝与遇于校中而识之，心窃奇其状貌。后先君子宦游，留贞盘读书其中。而先生太翁亮生先生与年伯张辉卿先生，相继为监督，独蒙亲爱！贞盘稍长，改（就）旧儒习章句，复负笈出游四方，与先生遂罕相见。然恒得闻人言，而审知其踪迹。盖先生赋隽才，而留心世事，尝欲有所试用，而迄不得行其意。徒抱所学，从事于讲帏撰席之间。贞盘往读其旅暹时所为《曼谷杂诗》，兴怀得失，假异闻以风宗国。与黄京卿《日本杂事诗》相上下，而时有不遇之感。又闻簣孙先生坎凛京华，亦终无所遇合。然则士之蕴异才而希遇于世者，夫固有所忌之耶？抑二先生之所以欣合乎世者，其术有未工也。

民国二十三年冬，贞盘归里办志事，与先生常得相见。议论款洽，欢然无间。与咨及故乡事，尤委悉。暇出其所著《榕园琐录》十卷视余，所纪皆与邑乘有关。往所传纪邑中事者，有张眉叔前辈《谈梅》一书。今年始得读之，所记颇简略，间杂以志怪之辞，不副其所闻。今先生书，考辨赅博，体逾张氏远甚，而识解聪特，能澈前人之疑而定著之，为恒人意所

不至。贞盘又憾吾邑于咸丰、同治间，两遭寇乱，文献放失，前志怠于搜辑，所存不及什一，使先生不得尽据而考定之，则尤可惜也！先生为言，尚纂辑有《暹罗国志》一书，匆促尚未写定，其稿欲徐为理出，以饷国人。贞盘乃叹前辈之善用日力，不以投闲而辍其业，此真后来学子所当师法者！先生欲余为序其书，因粗为发明书中之旨，而溯及前事，盖不胜今昔故旧之感云。

中华民国二十五年四月，邑后学谢贞盘叙于梅县修志局。

谢贞盘（字悔生）

拙著《榕园琐录》悔生见而叙之感赋四十三韵

　　丧乱逾一世，日月真滔滔。清社忽焉屋，公路倏已夭。洪流华域裂，赤火神州烧。共和若绝续，国本方飘摇。生世苦不谐，谁解伯起嘲。讵惟市朝变，更伤亲故凋。早岁遇匠石，朽木不受雕。成连刺船去，伯牙望海号。九京不可作，无复亲风骚。君家二伯子，识我方垂髫。抚摩兼提抱，誉之以凤毛。下交得君翁，敬事矢久要。中郎及阿大，投契类漆胶。阖门尽友生，奚止群纪交。往事一溯洄，纷纷雪霰飘。夕阳乌衣巷，野花朱雀桥。黄垆重过□，竟日神为怊。侧闻吾子贤，能文众器嚣。所志在希古，不为俗学挠。近更薄雕虫，义法趋归姚。县志久失修，旧闻易讹淆。文献苟足徵，笔削畀君操。故籍勤考订，新义复广包。通谊见叙例，根柢殊坚牢。草木正蕃闭，风雨当晦潇。乡里遘吾子，谈艺痒得搔。嗟余虽蛰伏，未能空虚逃。何意述作比，更懒文字咬。琐琐事簿录，借此残年销。见闻域方隅，泰山之秋毫。君独阿所好，珍重副本抄。不贤识者小，谓可备刍荛。序言出肝膈，追述昔所遭。情势极委曲，读之灯屡挑。中闵余不遇，是乃天所教。勺水饱鼷鼠，一枝栖鹪鹩。义命闻在昔，肥遯非鸣高。故纸有掇拾，陈义等粃糟。顾与昔贤较，未免过于褒。终篇数往复，感喟同煎熬。斯文见情性，饮我如醇醪。穷鸟铩不飞，老马瘏不骄。胡以答琼玖，引领惟长谣。

杨惟徽

序 二

　　势位富贵，求之于人者也。笃学修德，惟义之为守。守之在己者也，莫易于守己，莫难于求人。君子居易而舍难，小人乐难而背义，此君子小人之分也。昔陶潜不慕荣利，作《五柳先生传》以自见。世人以为难能，而不思当时竞逐于金革之间，求一时之荣，卒以身殉之者，何可胜道！是其人者，蝇营趋走，患得患失。始也心焦而形疲，终则展【辗】转于刀锯。以视五柳先生之含觞赋诗，晏然自足，其苦乐难易何如哉！

　　吾师梅县杨徽五先生，清末以名诸生见知于黄公度京卿，资送日本习师范。及归，尽瘁于梅县教育。不倦不悔，不随不诡，寂然若遁世而不见知者四十余年。人多以先生不获试于当世，为否为不遇，而莫知先生盖得君子守易之道也。先生柔从而不流，恭谨而有容，明通而类智，辩而正。梅之士靡亲炙与私淑之者，咸向风自化，其所树立亦大矣！又何取夫自苦于风云诡幻之世，以苟求一得哉？

　　今年某月日，为先生古稀寿辰，同门及先生朋旧，议梓行所著《榕园琐录》。是书，杂记梅州故实。荀子曰：君子居乱世而无所避之，则崇其美，扬其善，以为成俗。先生之于是书，盖亦有崇美扬善、自示其守易之志焉。余因序而发之，且以为先生寿。

　　中华民国三十二年（1943）八月，门人钟应梅敬序。

钟应梅

卷　一

宋古革知新州

胡致堂《新州竹城记》：新昌郡自两汉及齐皆县置，号曰临允。至萧梁氏始升为新州，废于隋而复于唐。本朝因之，既七百年，亦可谓古郡矣。然有城而无郭，无以考其故。惟城之北曰朝天门者，断墉翼之，岿然犹存。读其记，则政和中太守古公革承诏所为。经始之绩，未就绪也，城才一里百有十二步耳云云。据此，则宋政和中古公曾移守新州，《州志》不及备载，此记可以补其阙矣。

宋蒲寿宬知梅州

《四库提要》：《心泉学诗稿》六卷，宋蒲寿宬撰。寿宬之名不见于史，其集亦不载于《艺文志》。惟明文渊阁书目载有《蒲心泉诗》一部一册。检《永乐大典》各韵内所录，颇多题名，皆作寿宬。而凌迪知《万姓统谱》则作寿崴，黄仲昭《八闽通志》又作寿晟，互有同异。今按：《永乐大典》卷卷皆作宬，字当非偶误。其晟、崴字者，殆传写讹也。寿宬家本泉州，其官履不概见，惟《万姓统谱》称其于咸淳七年知蒲州。按：蒲州，非南宋地。而集中有《梅阳壬申劝农偶成书呈同官》诗，壬申，为咸

淳八年。梅阳，即梅州也，今为广东嘉应州地。是寿宬实知梅州。《万姓统谱》又载其在官俭约，于民一毫无所取。建曾井，汲水二瓶置座右。人颂曰：曾氏井泉千古洌，蒲侯心事一般清。是寿宬在当日为循吏。《八闽通志》则称：宋季，益、广二王航海至泉州，守臣蒲寿庚踞城拒不纳，皆出其兄寿宬阴谋。寿宬佯著黄冠野服，入法石山下，自称处士。而密令寿庚纳款于元。既而寿庚以归附功，授官平章，富贵冠一时，寿宬亦居甲第。一日，二书生踵门献诗，有"水声禽语皆时事，莫道山翁总不知"之句。寿宬惶汗失措，追之不复见云云。则寿宬又一狡黠之叛人。稗官小说，记载多歧。宋元二史，皆无明文。其孰伪孰真，无从考证。今观其诗，颇有冲淡闲远之致。在宋元之际，犹属雅音。哀录存之，厘为六卷，亦足以备一家。若其人，则疑以传疑，姑附诸南宋之末焉云。意者，心泉官梅虽为循吏，逮归里值国变，不能如文陆谢张之以身殉国也，故见薄于时论。如梅人之于李二何先生，传闻诋蔑者，殆不免过甚其辞欤。

宋古成之成仙

东坡《和陶杂诗》其八云：南荣晚闻道，未肯化庚桑。陶顽铸强犷，枉费尘与糠。越子古成之，韩生教休粮。参同得灵钥，九锁启伯阳。鹅城见诸孙，贫苦我为伤。空余焦先室，不传元牝方。遗像似李白，一奠临江觞。此诗言成之证位仙真，颇为雅驯。似可采入《成之本传》也。

明魏际瑞《过程乡》

宁都魏氏际瑞《文集》，其《过程乡》七律一首云：海国飘零事一身，书生戎马践风尘。穷愁久愧牛衣妇，兵法终惭马服君。霸业荆榛伤易主，王风禾黍哭无人。崇祯故老全消殁，犹有词林李士淳。末二辞句微旨远，当时之清议，可怕如是。

明张家玉《赠宫詹李二何夫子》

东莞张文烈公家玉遗诗《赠宫詹李二何夫子》云：白水真人来汉朝，白衣山人冠唐僚。文章两度压元白，干羽七旬格有苗。灞上劳军如见郭，关中转饷不推萧。北人牧马戎南下，司马鸿名已度辽。考《东莞县志》公本传，清兵下江南，公与苏观生、郑鸿逵拥立唐王于福州。公出监郑彩军，驻节广信。诗首句所称"白水真人"，盖指唐王也。丙戌兵败于新城，公回惠潮募兵。时流贼寇程乡，玉招之，杀夹翼虎、秃介龙、独角蛟三渠，得勇士万余，又招降黄元吉众一万五千，欲趋潮东援杨廷麟。延平破，遂不果行。是乙丙之际，程亦被流寇之祸矣。但不知公募兵时，曾一至程否？读诗"灞上劳军如见郭"句，可想成军之后，必驻屯程界。二何先生曾亲往劳师，即杀三渠，又恍惚如信国公之斩二都督。忠烈之概，异代同符矣。九月，潮饷匮，玉还广州。以程父老所传，二何先生归里后，募乡勇屯松口，栏河私抽税饷，当时有《李秤桃》之谣。以余推之，先生之屯抽也，其用意决非效草窃土寇之所为。及读文烈诗，"关中转饷不推萧"句，足征先生不恤敛怨于乡人。而悉索敝赋者，无非为恢复计也。然大事已去，杯水车薪，究无补耳。

清蓝鼎元《程乡县图说》

蓝《鹿洲集》《程乡县图说》：程乡者，南齐处士程旼所居乡也。旼以匹夫为善，化乡人。其后人思其德，因以其姓名其乡。隋大业间，即其地

设县治，因以名县。南汉刘铢錤割置敬州，宋太祖改为梅州，以汉将梅铜封邑也。梅程变更，历代非一。至明，省州入县，而程乡定矣。嘉靖、崇祯间，屡分其地，设平远、镇平二县，而程乡小矣。虽然，不小也。广二百二十里，袤一百九里。踞郡上游，当江赣入潮之冲，遏闽汀捣粤之路，为三省之扼吭，兼六县之辅车，可不谓岩邑【邑】重地乎？东则上井、银子隘，皆接上杭，为崔蒲逋薮之薮。南则马头山、八郎庙，路通海揭，越人于货者所凭依也。自西自北则平远、镇平之石窟、樟坑、腰古、铁山嶂，皆向来匪类窟穴。为我邻封，鼾我卧榻，时际盛平，亦不足深论也。环邑皆山，在城之内者曰金山，外曰东岩，曰西岩，皆培塿，止供凭眺。远且大者，曰明山、阴那山、王寿山，皆高插天峭，壁幽奇索，隐行怪者宅也。铜鼓嶂高亦如之，则跖徒旧巢，与海阳、大埔共之。黄砂嶂、天马山、耸秀峰、九狼、双笔诸峰，虽高仅三四百丈，亦表表可名者。相公坪，曲江风度，则不以高卑较矣。其大川曰梅溪，曰程源，亦名程江。溪从铜，江从畋也。梅溪源出龙川、长乐，合七都、兴宁之水，曲折而东，绕城南，邑治之襟带也。程源出义化乡，即畋故里。今在平远境内，由石坑、韩莆，逶迤二百里，历西郊而南，汇梅溪。邑东四里有周溪，源出平远而流小，因濂溪书院得名也。又十里，有自东而西流者，曰西洋溪。又有小河，引之东汇，则镇平水口也。凡邑之水皆会松口，下蓬辣滩，出三河，趋郡城入海。崇山邃谷，孔道所经，舟舆络绎，商旅纷如。奸宄潜滋之患，或亦逸豫所不免。专城重寄，仅仅千把末弁，数十分防之兵，可恃为干城乎。粤中武备，密于海疆，而疏于山莽，似宜加之筹画。

夫兹篇论程之山川形势，颇为简要，然自汕头辟为商埠，汽船铁轨骎骎深入，为程谋者，安得不知所变计哉？惟谓程乡置县，始于隋代而非南齐，则不知何所据而云然也。

清蓝鼎元《平远县图说》

　　鹿洲《平远县图说》篇云：平远在万山中，故程乡、兴宁分地也。介三省之交，与江闽接壤者半。东镇平，南程乡，西南兴宁，东北武平。自北而西，皆章贡疆域矣。广百里，袤一百三十五里，旧志侈言之广袤，皆加一二倍，按之无有也。项山耸其北，凤山屹其南，东西阜峦迫峙，俯临雉堞，周回如蜂拥。求一二里平原之地，弗可得矣。铁山、燕子、五子石诸峰，悬崖密箐，为山匪窠巢，探丸弄兵者屡矣。石马嶂、梁畬径（径）则接长宁丹竹、偷牛栋，寻风径则连兴宁大帽山、蕨藤迳。沿绳峰则近武平分水岭，石正乡则迫兴宁竹牙寮，皆亡命出没之薮。为邑要害，分兵设防，扼其吭而镇压其邪心，讵可以盛平而忽诸山高水远，舟楫之所不至。溪涧涓涓，无足道者。人民土田，亦号繁庶。食力众而豪富稀，硗确多而平畴寡。铥铁之利，江闽所资。其余百货，不出不聚。俭啬褊急，得无有魏风乎？礼教信义，培而广之，廓如也。窃怪平邑百里内，山川形胜无如大柘一乡。其地广平，数十里亩皆膏腴，民极殷庶。远峰插天环罗若城郭，正大宽舒之气，蔑以加焉。建邑筑城于其中，固巍然大县胜慨也！且距坝头泊舟处，不过十里，商旅亦便。即大柘一河，略浚数里，大河舟楫可达城下。又当笋门岭、程乡孔道冲要，足为潮赣锁钥。当年作邑之人不知果何所见，舍大柘而问豪居，岂避冲繁求僻静，厌乔木入幽谷耶？今欲移县治，则安土重迁。因陋就狭，则郁塞不畅。始信披荆剪棘，必须开辟草昧之才。庸夫见浅，狃于小而暗于大，贻误可胜言哉！赋仅三千，人称桀黠。周行不远，供亿必烦。未可以曹桧无讥，遂弗留心于民瘼，惟官斯土者勉之。

　　旷敏本评曰：邑治局促，大柘宽舒，形势相悬，何止十倍！且要冲之与偏僻，近水之与枯山，相悬亦何止十倍！舍大柘而邑豪居，刺谬极矣！

但二百年来无人道破，鹿洲足迹一经，已看透筋骨，可知其参前倚衡，无不在民生经济也。据兹二说，参之见闻。大拓【柘】自较今之邑治为优近者。该县人士议迁中学校于是乡，则亦何不先于改建县治，一加之意，犹为根本之建设欤？

宋定光佛庇宋贶

鹿洲集《潮州杂记总论》篇云：杂记虽志乘绪余，亦不可专务索隐，致伤名教。交趾道士仙花嶂叟，虽荒诞不经，未至坏人心术。若旧志载：梅州异僧为定光佛化身，庇护宋贶事，深可骇焉。宋贶为秦桧用人，以鹰犬而至大位。桧败被劾，安置梅州。遇聪明正直之神，将痛心疾首，为天下诛殛之恐后。何劳老佛化身，不远二三千里，指示前程，许阴助于数十年之先，则何不教以勿附奸邪，并此阴助而省之？为奸伏辟，乃天道王法之常，岂可以建庵慈报，终为庇护，俾复显官，享遐龄？佛之乖谬【谬】，竟至于此极乎！李纲废弃，赵鼎放逐，宗泽沾襟，岳飞被害，而佛不助之。岂尚不知有忠良邪佞之别耶？何所见而党恶？何所因而佑贼，使后世奸谄小人安心病国，恃有佛而无所顾忌？所关于世道人心匪细也，持论颇为正大。

考《州志》载：宋贶事，始于《王志》。今志仍采入方外门，亦未为之辩正。其殆未闻鹿洲之绪论欤。

清吴兰修《跋文心雕龙校本》

纪评《黄注文心雕龙》校本，吴石华先生跋其后云：右《文心雕龙》十卷，黄崑圃侍郎本，纪文达公所评也。是书自至正乙未刻于嘉禾，至明末刻于常熟，凡六本。此为黄侍郎手校，而门下客补注。时侍郎官山东布政使，不暇推勘，而遽刻之，寻自悔也。

今按：文达举正凡二十余事，其称引参错者不与焉。固知通儒不出此矣！道光癸巳冬，宫保卢涿州夫子命余校刻《史通》，削繁既讫，复刊此本。（《史通·通释》举例云：书皆举名，篇皆举目。如《左传》则称某公某年；《汉书》则称某纪某传之类，例至善也。而注或云《汉书本传》，而不称名。或云《汉某人传》而不称书，或云《汉书》而不举某纪某传，未免矛盾。余改归划一。其文下释语按语，皆八股家数，概从芟汰。惟注下按语，有考证者存之。《文心雕龙注》其参错处，与《史通注》同。然已经文达驳正，当悉用原文矣。）

昔黄鲁直谓论文则（又）《文心雕龙》，论史则《史通》，学者不可不读。余谓文达之论，二书尤不可不读。或曰：文达辩体例甚严，删改故籍，批点文字，皆明人之陋习。文达固常诃之，是书得无自戾欤。

余曰：此正文达之所以辩体例也。学者苟得其意，则是书之自戾，可无议也。虽然，必有文达之识而后可以无议也。夫惟按之坊本所刻，则当日校是书者，盖出于先生弟梅修手也。至先生所校《史通》削繁本，则未之见。然此二种校雠之本，州志《艺文》均未著录。则其所采辑之多遗佚，即此可想见已。

清邓显鹤《赠徐又白》

近人所著《逸壶杂志》中载《赠友歌》一条云：邓湘皋，前清乾嘉时人，官司马，素有诗名。尝见其《赠友徐又白》长歌云：我生交游遍天下，大半只在诗酒间。徐君与予未相识，先得姓名于秋田。作诗如龙攫云海，鳞甲隐现金斑斓。饮酒可醉可不醉，醉自率真醒亦仙。竭来为陈孺子榻，日夕赓唱酬前缘。程江无波百里近，别亦不过旬余还。我闻徐君有好

友，子野夙世今诗颠。何当招来共欢宴，还与吾子过青毡。鸣琴老翁亦同调，罗雀彼此门萧然。幸兹论文遣时序，纵乏功业无尤愆。嗟余宦游不暖席，一岁四棹齐昌船。昨来一苇复胶岸，啸咏未至和山巅。迟将携君与仲老，山阁三日听流泉。不然便移米家舫，呼取红袖弹冰弦。借娱徐君索新句，暂尔骋逐投丹铅。故纸生涯岂良策，愿逢于𬱖遗君钱。吁嗟于𬱖逢未必，杖头差足愁应蠲。

按：先生名显鹤，湖南之新化人。曾国藩表其墓，独著其治诗之精。而又白，为程乡诗龙之一。盖是时，吾梅诗人久已传播，倾倒于三湘七泽间矣。

清宋湘《题徐星溪都督春波洗砚图序》

宋芷湾《题徐星溪都督春波洗砚图》，诗集中仅有诗，而无序。兹从余家所藏星溪所刻《春波洗砚图》卷中，得读是序，可以想见先生古文之一般【斑】。亦因是知《楚艘吟》一卷，非先生手所订定，而为后人掇拾遗稿付梓者也。序云：

星溪家距余家六十里许，父老传其昔年封股治祖母病事，余未之识也。嘉庆己未殿试日，余砚墨被风沙侵渍如泥，不可书，甚窘。一人持杯水至，劝余涤笔。仰问之，则吾星溪。是日入直殿门，故得有此。余叹曰：真援兵也！将军他日出师，有如此水矣！从此订交，则日见其敦诗书而悦礼乐。旁讯乡人，即前时所传封股者，遂兄事之。因语之曰：星溪必为名将，为忠臣。星溪亦甚喜，性真如余，谓可久交。及后宦辙分驰，不见将三十年。今岁，余押湖北粮艘入都，同乡古君抱一卷至，展阅之，则《春波洗砚图》。盖星溪兄上年已先交此卷，嘱古君待余至日，属题数语。何星溪兄眷念故人，如一日也！明日将之楚，题语不能足意，故备述吾二人相与本末如右云。

宋蓝奎《梅州东岩诗》真伪

《明诗综》云：僧守仁，字一初，号梦观，富阳人。仁公诗，诸体皆合。有云：尽抛身外无穷事，遍读人间未见书。可谓有志者也。州志《山川》载东岩一条。据旧志，宋蓝奎读书岩中，有诗云：懒思身外无穷事，愿读人间未见书。与仁公诗句正同，仅易三字。

按：仁公为明洪武时人，意此二句，本为禅门相传偈语。仁公篡取入诗，以明己志。州人当以岩壁有此一联，不知为禅林偈语。因蓝先生曾读书其中，遂误以为先生诗耶。不然，宋明年代相距已远，亦未闻仁公卓锡吾梅，胡诗句竟雷同若此。旧志之修在明中叶，仁公亦不及见，又显非读志而后剿袭其句矣。

清魏大儒《曾公祠题壁诗》

里人魏大儒，邑诸生，有文名，尤工草书。父老相传，清提督颜鸣皋兄弟均师事之。其《曾公祠题壁诗》云：手探曾泉万古春，年来庙貌又重新。若能心事存忠孝，便合源流共子臣。城上高楼惟铁汉，村中处士是乡人。百花洲渚花如锦，我忆花时一采苹。忆予幼时，犹见醉墨淋漓，恍惚龙蛇飞动也。及后修祠宇者，不知加意保存。稍觉漫漶，难辨识矣。惜哉！

卷　二

宋刘克庄诗《循梅路口》与南宋盐税弊政

刘克庄，字潜夫，后村其号也。所著诗曰《后村集》。南宋时，能于放翁、诚斋中自树一帜者。初仕潮倅，端平间，累迁广东运判。召对，以将作监直华文阁。复出，为福建提刑。

今按：集中有《循梅路口》四首云：赣客纷纷露刃过，断无徼吏敢讥诃。身今自是牢盆长，较尔能贤得几何。道吏仓忙乞调兵，未应机动遣鸥惊。传闻老子单车至，惭愧偷儿让路行。钞法如弓末愈张，可堪于此求更详。只应新执牙筹者，拾得研桑肘后方。三十年来边宿兵，大农无计饱连营。元来有个浮盐策，南渡诸贤未讲明。此四诗，当是先生任广东运判时作。南宋养兵以抗金敌，相持百余年之久。其军储多取给于茶盐，不足更创行钞法。今读先生此诗，当时行钞已推及于山僻之循梅（宋时循州，今龙川县治）。尤以浮盐之策最为循、梅四州弊政。盐归官卖，私枭横行，盗匪由是窃发。终南宋之世，曾无宁日。《州志》载：其时之良吏如陈延康、颜桷、宋翊、蒙甄、郑至果、郭阆等，均以捍御蹉寇功著闻。最后，郭阆签判梅州，又以汀、赣丁壮往来潮、惠、循、梅境，以贩盐为事。绍定间，沿征榷激哄合江，闽兵乃克靖乱。朝旨，免榷四州盐，职此之由。继又榷之，悍民便相率为盗，乃奏罢之。以此可知重榷盐税，梅人受害可谓酷矣。读先生此诗，其为目击颠连困苦，深不满于苛政病民，已意在言外也。题曰《循梅路口》，意先生出巡至此。但所谓路口，今难实指其地。惟是时，兴、长二邑尚隶属循州，则其地当在兴梅之间无疑也。

宋刘克庄《王梅州》与南宋梅州寇乱

又《后村集》中有《送王梅州》二首，其一云：州境与潮邻，徐行止浃旬。瘴乡均一气，鹽（原集作盐）子亦吾民。日晏烟岚敛，兵余户口贫。定将田里事，闭阁细条陈。其二云：祸始自三枪，灾犹被一方。帝将安渤海，君肯薄淮阳。老手何忧斫，新眉尚费妆。汉庭褒郡最，早晚入为郎。

按：此二诗，亦是在广州时作。王梅州，集中已未载其名字。《州志》止有天圣间进士王式一人，南宋后并无姓王知州事者。大慧编管梅州，时郡守谢朝议，亦缺其名字，志亦失载。由此可想，唐以前之官于梅者且勿论，即至宋元时代，其姓名之遗佚者多矣。诗曰"祸始自三枪"，即指赣贼陈三枪，率众迫梅城四十三日。知州事颜棫，激励将士，合蛋【蜑】船布水阵击退之之事。但梅人自是迭遭寇变，流亡日多！诗曰："兵余户口贫"，当纪实也。

宋杨万里到梅州

杨万里，字廷秀，又自名其室曰诚斋，故学者称之为诚斋先生，孝宗朝提举广东常平茶盐。今《诚斋集》中别区为《南海集》者，即先生宦游广东时所作也。先生于孝宗淳熙七年庚子春至广州，壬寅冬诏追还朝，《感兴诗》所云"一来梅岭外，三见木棉花"是也。惟从集中题咏考之，先生行部之往返于潮梅者，计有二次。而所出之途径，又各不同。今仅据

019

《宋诗钞》所选录者考证如下。异日倘得《诚斋全集》读之，或更有足供参证资料，亦未可知也。

宋杨万里的梅州诗

　　诚斋虽于庚子由南雄逾岭，沿浈江出清远峡而至广州。直至辛丑秋，始从翁源过三径，而达河源。所谓三径者，集中《过长峰遇雨遣闷有序》云："自翁源至河源，其径有三。猿藤、陂子各五十里，惟长峰余百。过者往往露宿，钻火以炊。予以半夜一昼，疾行出径"是也。《州志》于先生刑部过梅，仅采《入程乡县界》诗，所谓"长乐昏岚着地凝，程乡毒雾噀人腥"句，及《自彭田铺至汤田道旁梅花十余里》诗，有"只为梅花也合来"句。《过瘦牛岭》诗，"临老须教过瘦牛"句，三诗而已。今读《南海集钞》，知先生此役未入程乡县界。先至龙川，再由龙川而长乐，尚有四诗纪事。其一为《明发龙川》云：山有浓岚水有氛，非烟非雾亦非云。北人不识南中瘴，只到龙川指似君。其二《发通衢驿见梅有感》云：忙中撩眼雪枝斜，落片纷纷点玉沙。虚过一冬妨底事，不曾款曲是梅花。其三《过五里径》云：野水奔来不小停，知渠何事大忙生。也无一个人催促，自爱争先落涧声。其四《晨炊浦村》云：水出何村尾，桥横乱条丛。隔溪三四屋，对面一双峰。过午非常暖，疑他不是冬。疏梅照清浅，作意为谁容。迨入程乡后，尚有三诗纪事。而为《州志》所不及采者。其一为《明发房溪》云：山路婷婷小树梅，为谁零落为谁开？多情也恨无人赏，故遣低枝拂面来。青天白日十分晴，山【轿】上潇潇忽雨声。却是松梢霜水落，雨声那得此声清。其二《过单竹洋径》云：两山何许来，此焉忽相寻。摩肩不少让，争道各载骎。乔木与修竹，相招为茂林。无风生翠寒，未夕起素阴。天垂木末近，日到谷底深。空山时一响，已动客子心。行至幽绝处，更闻啼怪禽。单竹洋径，昔为程乡地。自丰【顺】置县，今或为梅丰两县交界地。至房溪，则属龙文堡也。先生取道于此而入潮阳，即于潮阳石塔寺度岁。壬寅岁朝发石塔寺，遵海而入惠州，乃返广州焉。

宋杨万里二至梅州

先生于壬寅春返广州后，旋复泝浈江而上，北返至万安，再逾岭来韶。秋间，仍由韶出三径来梅，道经兴宁县东北而入程乡，与前次抵龙川后由五华越兴宁之南而入程乡，其行程不同。如此而皆至房溪，为由梅入潮之径路则同。今考集中载《题兴宁县东文岭瀑泉在夜明场驿之东》诗云：笋舆路转崖欹倾，只闻满山泉水鸣。书卷急开已半失，眼不停注耳细听。石如铁色黑壁立，镜面平水从镜面。一飞下薪笛织箄。潺生石知水力倦，半壁钟作玉一泓。水行到此欲小憩，后水忽至前水惊。分青裂白两派出，跳珠跃雪双龙争。不知落处深几许，但闻井底碎玉声。安得好事者泉上作小亭，酿泉为酒不用曲，春风吹作葡萄绿。醉写泉声入枯木，何处更寻响泉曲。

按：夜明银场，在兴宁炉坑北。炉坑为由兴入梅孔道，与梅之南口堡、伯公凹接壤。文岭瀑泉，更在其东。似此地已入梅县境，殆即河田堡之七贤过关山，其下有响水桥。（《王志》云：七贤过关山，崚嶒壁立，瀑布千寻。飞泉激响，声闻数里。）因由南口而至房溪，当越河田大立，道必经此也。

集又载《夜宿房溪饮野人张珣家桂叶鹿蹄酒》，其法以桂叶为饼，以鹿蹄煮酒，酿以八月，过是期味减云。诗曰：桂叶揉青作曲投，鹿蹄煮醁趁凉笃。落杯莹滑冰中水，过口森严菊底秋。玉友黄封犹退舍，齑汤蜜汁更输筹。野人未许传醅法，剩买只瓶过别州。

吾梅旧称有程乡千里酒，乃湖南桂阳之程乡，误传于此。读先生此诗，则桂叶鹿蹄酒，真吾梅产物，而野人张珣亦借是诗以传。至房溪，为

吾梅往来潮、循之要冲。水道由岐岭河口水畲坑，至此而登陆。陆道则由兴宁夜明场驿入南口，经河田、大立，而会合于此。今人筹筑潮赣铁道，亦有以由此径，较言岭关、猴子崀为平直者。余未亲履其地，不敢妄断也。

宋杨万里《过瘦牛岭》

州志《古迹》门：瘦牛岭，未详所在。附载诚斋《过瘦牛岭》诗，只有"行尽天涯意未休，循州过了又梅州，生平不惯乘肥马，老去须教过瘦牛"四句，而非全诗。今按先生《南海集》，《过瘦牛岭》是七律一首，后四句为：梦里长惊炊剑首，春前应许赋刀头。夜来尚有余樽在，急唤渠侬破客愁。此外，尚有《题瘦牛岭》七古一首，诗云：牛头定何向，牛尾定何指。我不炙汝心，我不穿汝鼻。如何不许见全牛，雾隐云藏若相避。行行上牛背，上下三十里。一雨生新泥，寸步不自致。胡不去作牵牛星，渴饮银河天上水。胡不去作帝籍牛，天田春风牵犁耜。却来蛮村天尽头，塞路长遣行人愁。夕阳芳草只依旧，瘦牛何苦年年瘦。《州志》只采七律四句，岂断章取义，抑未窥全集欤？

《志》又云：彭田铺，在万安都。此与瘦牛岭，宋杨万里提刑过其地俱有诗。今考《万里本传》，其官广东，先提举常平茶盐，后以平盗沈师功，孝宗称之曰仁者之勇，改除提点刑狱。其往来潮梅两役，不得单言提刑也。《志》承《王志》之谬，自应改正为是。莆田黄公度，字师宪，亦有《过瘦牛岭》诗云：自笑年来为食谋，扶携百指过南州。时平四野皆青草，此地何曾解瘦牛。公度与丞相赵鼎善，见恶于秦桧。赵鼎贬潮阳，小人希桧意，谓先生《咏分水岭》诗，含有赵不久将复用意。桧愈怒，出先生通判肇庆，旋移摄南恩州（按：宋南恩州，今阳江县）。似此先生宦辙所经，无往来潮梅过瘦牛岭之理。或者与赵丞相交谊极厚，特往贬所省视，故有此程途之往返欤。此外尚有《题潮阳石塔寺》诗，均载先生《知稼翁集》中。《州志》据《读史方舆纪要》：瘦牛岭，在潮州府西北五十里，一名云落山，为往来通道云云。

按：所谓往来通道者，当指循、潮、梅三州而言。自宋代始辟此途，以避舟行恶溪滩石之险，地遂成冲要。与近代之走汤坑、猴子岽、畲坑者相同。至先生与赵丞相鼎、李丞相纲之赴贬所，当无不取道于是，而由梅入潮也。但自丰顺置县后，万安都割隶三堡，而彭田铺、汤田、瘦牛岭，俱不属梅境。且自汕揭海道一通，遵陆者均越猴子岽而出畲坑房溪一径，遂等于闭绝矣。

宋杨万里《送蔡定夫湖南提刑》

又诚斋《南海集》有《送蔡定夫湖南提刑》七律一首，诗云：菊后霜前换绣衣，湘南岭北看梅枝。还将力策汗青路，拈出圜扉草绿时。四海几人怜我老，三年两作送君诗。借令贵杀衡阳纸，半幅无妨慰梦思。

今按：《州志》选举表，定夫先生为淳祐四年进士。父若霖，子蒙吉，官广州清海军判官，无提刑湖南事。岂谱牒缺载，抑诚斋所送者别有一定夫，而非梅人，则尚待详考也。

宋程乡县令谭微之

唐庚，字子西，绍圣进士。以张商英荐提举京畿常平。商英罢相，庚坐贬，安置惠州。先生所著诗曰《眉山集》。南迁以后，诗格益进，刘潜夫谓使及坡门，当不在秦晁下。其寓惠州时有《赠谭微之》一首，诗曰：去年弦歌程水滨，甑中生尘范史云。今年讲学鹅城里，关西孔子杨伯起。

昔人论士观心期，时人论士看肉皮。只知黄鹍矜觜爪，不识驺虞避生草。今按：此诗是谭微之曾来宰程乡者。而《州志》官师表，则无其人，想亦书缺有间矣。

宋古成之诗

阮《通志·金石略》载南海五仙观《古仙诗碑》，古仙旧题：拨破红尘入紫烟，五羊坛上访神仙。人间自觉无闲地，城里谁知有洞天。竹叶影繁笼乐圃，桃花香暖映芝田。吟余池畔聊欹枕，风雨潇潇吹白莲。元元（或作玄玄）分古观，南镇越王城。五石空（空）留瑞，群仙不记名。丹砂虽久炼，鸡犬自长生。槛簇鳌头景，门通鹤颈程。烟霞沿砌起，花木逐时荣。古井涵虚碧，深（或作疏）钟入竹清。芳芜延野色，寒溜引（或作入）秋声。药灶分苔老，芝田积雨平。风光齐岳麓，音信接朱明。愿得身从此，乘云到玉京。

右唐律五十六字，古风五言，紫虚真仙雍熙间所题也。真仙姓古，名成之，字亚奭。国初岁所贡，阖一路会试，正荐一人。古君贯广州增城县，雍熙元年被荐。洎到南宫，考中第二。张贺、刘师道恶其南人名居其上，遂于唱名前一夕召古君夜饮，潜置瘄疬药于杯中。黎明赴唱名，语不出。太宗皇帝宣谕之曰：明年再来，必不掩卿。雍熙四年，又取州解，次年改元端拱，在程宿榜及第。淳化二年，召试馆职，除秘书省校书郎。闻汉州萃聚神仙之地，授绵竹令，淳化四年到任。遇至人韩泳遗书，启缄披诵，移寝东庑。自此绝食，日惟饮酒。忽一日，取诰身于后，题诗云：物外乾坤谁得到，壶中日月我曾游。留今留古争留得，一笑浮生万事休。写毕，掷笔于地而卒。县佐方申其化去，而古君已先至汉州谒太守。后有人见之，尝往来成都市药，或涉仙都观，或游眉山，或入九陇。熙宁中，雷霹武夷山石，有字一行云：古成之于此上升。旧绵竹邑东门外，有古他

【仙】祠，张忠定公刻石以纪其事。今广州之西城有紫虚古真仙祠，乃经略安抚刘尚书重建。比因五仙祠宇复新，谨以真仙所题本观之遗什，再勒翠珉，庶传不朽云。施工：石群龙社进士黄宗石、李□□，知观事蹇应祥拜手谨题，进士李□□林□刻隶，额曰：古仙。

旧题中二段草书，七律一首，五律十韵一首；下段跋。以古为增城人，与惠志不同。阮志按：碑在广州五仙观，二诗俱《宋诗纪事》所未（取）收。又《纪事》称：成之，惠州人，中端拱二年进士。据跋云：贯增城县。又云：次年改元端拱，在程宿榜及第。盖《纪事》未见是刻，故谓为惠人耳。（王象之亦以古成之为惠人，《粤大纪》谓在陈尧叟榜，亦误。）《跋》不著时代年月。文中国初字、大宗皇帝字，并空二字书，其为宋刻无疑。

文又云：紫虚真仙祠，乃经略按抚刘尚书重建。考《宋史·刘应龙传》：景定末，以显谟待制知广州、广东经略安抚使。德祐元年，迁工部尚书、宝章阁学士。则【所】称刘尚书，当为应龙，是刻当在德祐间（诗）矣。以其【诗】为雍熙间题，故录入雍熙代云。

今按：读此诗碑及跋，与阮《通志》按语，则黄泰泉称：先生尤工于诗，置诸唐律中，殆不可辨者，尚非虚语。而此二诗之为先生吉光片羽。（《州志·艺文》：《古成之集》，三卷，佚。）谈梅吾艺文者，诚不可不知也。

南海六侯神

《金石略》又载：六侯之纪达奚司空，庆历中阮遵有记云：普通菩提达摩，由南天竺国与二帝航海而至。达奚，乃季弟也。经过庙款谒王，王留共治，达奚立化庙门之东。元丰秋苦雨，太守曾布祈请于祠下，默有祷于神。一夕感梦，告以所复。逾月被命，了然不差。因而命工修饰祠像以

答灵贶，今封助利侯。杜公司空，不知其姓名。父老相传，乃北人也。形兒【貌】清秀，有才干。明道年中，重修庙宇，差公监役，不日而成。既毕工，公遂祷于王曰：王威镇一方，利资百粤。助国济民，其功莫测。愿助王为阴兵部辖之首，言讫而化。从兹庙内忽生飞鼠，不知其数。皇祐中，侬贼犯广。猛风飘滞，獠船不进，广人遂得为备。又元祐间，岑贼发自新州，领众数千，来泊城下。民庶惊扰，官吏茫然。既仓卒之际，州城守御器械，皆无备枝梧。郡官登城，遂祷之于神。是日晴霁，忽起大风暴雨，结为寒冱三昼夜。贼徒寒溧，不能攻击。及城人忽见飞鼠绕之楼橹，而贼众观其城上甲兵无数，恐惧颠越，鸟窜兽伏。当时咸谓杜公阴兵助王威德，以护官民。至今飞鼠集而不散。今封助威侯（右刻在上段）。

巡海曹将军不知何时人，有海客船过大洋，至于无涯之所，风浪滂浡，惊惧之际，船人隐隐见有金甲神人，平波伏浪，人皆顶仰云：巡海将军也。至癸亥岁四月，内前监市易务梅菁得替，赴惠州博罗县任。十六日船至扶胥海，风雨忽作，波涛竞起，船将倾危。菁叩南海未已，隐隐见一金甲神人指呼，船获平济。菁到庙谒谢，行至巡海将军前，顾仰将军，有如早所见之神，菁再拜谢：不知将军姓氏，欲求传于后。至晚，下船就寝，复梦将军云：吾姓曹，助王威久矣。人无由知，亦不欲显世间。既闻命，故当见子。菁忽然而觉，次日置牌以显于后。今封济应侯、巡海提点使。

元祐五年五月十三日夜三更时，广帅蔡公卞忽梦神人，身长丈余，紫袍金带，容貌堂堂，趋走而前，似有赞见之礼。蔡公云：吾口【宋】天子命来守此土。公何入而辄至此？神人曰：余姓蒲，本广州人也。家有三男。余昨辞人世，以平生所积阴功稍著，上帝命充广利王部下，巡海提点。但未立祠位，言讫而没。梦觉，但增归仰。次日，具述梦由于郡官之前，闻者莫不叹服。遂命工委官，诣庙致祭，彩绘神像，并写立南海庙牌。其神今封顺应侯（右刻在中段），王子一郎，封辅灵侯。王子二郎，封赞宁侯（右刻在下段）。

渐绍兴辛酉季夏，赴倅曲江。经途扶胥镇，奠谒祠下，询访六侯故事，无有识者。适于壁角间，得板六。揩拭辨认，字差可读。六侯丰功伟绩，烜赫照人耳目。如此岁久无记，几绝其传。若板一失，必至埋没矣。惜哉！渐乙丑中夏回守程乡，乃以六侯事迹，移刻之石。更不易一字，谨存其旧，以信来者。二十四日，莆阳方渐跋。

阮志按：记在广州南海庙康定碑阴。六侯封号，他书所未载。《宋史》志云：凡祠庙赐额封号，多在熙宁、元祐、崇宁、宣和之间。碑所载，皆元丰、元祐间事。然则六侯之封，其在元祐以后耶？又云：方渐跋，纪年乙酉【酉】为绍兴十五年，孙星衍《寰宇访碑录》别载一碑，为五年，误也。云云。

今州志《官师表》于方渐下附注云：案《通志·金石略》，六侯之纪跋尾云：莆阳方渐跋。则六侯，误作六候。若不改正，谁复知南海神庙有此六侯之神耶？

又按：方渐跋，自述刻石缘起，始于辛酉【酉】，跋于乙丑。并无纪年乙酉字样。而阮《通志》忽据此以正《寰宇访碑录》，作五年之误，真不可解也。

唐程乡县令张揩

阮《通志·列传》：张九章，九龄、九皋弟，官鸿胪卿。子招，大理评事。据金华令，援，揭【扬】州主簿。操，沂州司马。横【横】、授、构，不仕。採，雷州刺史。括，不仕。季弟九宾，亦不仕。九宾子捨，江郎【都】丞；抚，怀州参军；抃，豐城令；挹，不仕；揩，程乡令（《新唐书·宰相世系表》）。九龄子亦名拯。缘此可知，九龄昆仲之侄，其命名概从"扌"旁，无从"木"旁者。今州志《官师表》，于唐代县令下，首列张楷，而不作揩。仍注曰：曲江人。其为九宾子、九龄侄，而非别有

张楷其人者无疑。

又按：《文志》尚有注云：父九宾，即曲江相国九龄之季弟。见《新唐书·宰相世系表》。今《吴志》亦削而不书，何其谬欤！

又按：志《附寓贤》载相公坪一条，以张曲江相国微时，曾因游潮，一至程乡云云。但考九龄本传，九龄受谗去相位后，曾请假回籍修墓。或即于是时，看视其弟侄，一来程乡，理庶近之。至于微时，别无因缘，须跋涉数百里，来此烟瘴僻陋之程乡，想未必可信也。

宋平定沈师之功

阮《通志·前事略》：淳熙八年三月，潮州贼沈师为乱，趣帅宪捕之。十二月，广东安抚巩湘，诱潮贼沈师出降，诛之。按《黄志》云：据《宋史·杨万里传》，时万里提举广东常平茶盐。沈师犯南粤，帅师往平之。孝宗称之曰：仁者之勇。遂有大用意，就除提点刑狱。请于惠、潮二州筑外砦，潮以镇贼之窠，惠以扼贼之路。是时，诚得如万里所请，不仅平一时之乱，且防遏寇盗之源，循、梅二州，可以高枕矣！而《本纪》乃云：安抚巩湘诱师出降，诛之。反若万里未与其事者，是则平沈师之功，究将谁属？抑万里仅陈善后之策欤？姑录之，以备考。

唐岭南俚帅杨世略

《前事略》据《通鉴》：唐武德五年正月，岭南俚帅杨世略以循、潮二州来降。又据《林士弘传》，其士弘党张善安保南康，贰于士弘，击破豫章。士弘尚有南昌、虔、循、潮数州之地。赵王孝恭招之，其循、潮二州并来降。武德五年，士弘遣其鄱阳王药师率兵二万攻围循州，刺史杨略

（杨略，本名世略，避太宗讳）与战，大破之。士弘走，死。

今按：吾梅当隋唐之际，尚隶潮州。宇内纷扰，保有此土者，初为林氏。太宗已削平王窦，孝恭招抚南服，杨世略乃以二州之地，背林而归唐。士弘出兵攻之，因而覆灭。是杨氏之功，等于冯盎矣。且令潮、循二州之人早解割据倒县【悬】，亦不无可取。史称之曰俚帅，则其人为二州土著无疑（吾梅旧谚有曰：未有梅州，先有杨、古、卜。岂其时，杨已为二州著姓。而世略，或即为梅土著，亦未可知）。州志《寇变》一门，纪自宋，始谈地方事变者。此有可据之史乘，似不宜付之缺遗也。

卷　三

宋大慧禅师在梅州

大慧禅师名宗杲，或单称曰杲，一字妙喜。张魏公浚因抗阻和议，见恶于秦桧，出知永州。宗杲宿与魏公有交往，因咏《神臂弓偈》，遂以语涉谤讪，连坐，编管衡州。自绍兴辛酉，逮庚午夏，再移梅州居住，计受编管十有七年，居衡十年，居梅七年。讫丙子始北返，先住泉南小溪，及洋屿，再主径山。张侍郎九成，曾与师参究禅悟，亦因抗争和议忤秦氏，出贬邵州，旋移南安一十四年。九成北返至赣。大慧禅师适从梅阳来会，两人联舟东下。此可证明，大慧与宗杲，是一人而非两人也。当时随宗杲来梅之徒众，实不乏人，而法宏、道光、仰山、净逊、修仰、了明六人为最著。居梅亘七年之久，宗门法语轶事，留遗于梅者当必不少。《五灯全书》（清超永编辑）载大慧所著《语录》有八十卷。今著录于《续藏经》中者，仅有《正法眼藏》六卷、《杂毒海》二卷、《宗门武库》一卷而已。其余散见于各法嗣著述中，亦尚有可掇拾者（余所收集抄出，编为四卷，名曰《大慧禅师语录辑补》）。《州志》据《王志》载，大慧，南宋杭州径山寺僧，以忤秦桧，贬梅州安置，寓西岩寺，著有《语录》。今不传。

又一条采《舆地纪胜》，宗杲坐于张九成谤讪，还俗。得责衡州，又徒【徙】梅州，是区宗杲与大慧为两人矣。阮《通志》亦沿其谬而不之检，甚矣，著述真不易言哉。

大慧禅师寓梅遗闻（四则）

大慧法嗣晓莹所著《云卧纪谈》一书，所记于师寓梅时，有遗闻足资考证者，节抄如次。

其一云：丰城净逊监寺与庐陵道一维那，辅相泉南教忠光禅师法席，有声于江湖。光乃大慧老师号为禅状元者，逊有渊才雅思。一至梅阳，省觐大慧。辞往洋屿，侍光之病。大慧送以《偈》曰：不忘道义闽中去，洋屿庵中看病僧。逃出梅（县）阳烟瘴窟，千山万水一条藤。光谢事福唐龟山，养病于海上洋屿也。

其二云，《南闽修仰书记》：绍兴间，为草堂和尚掌记室于渤潭。尝题《净发图》，体类俳优，而用事切当。其词曰：垢污蓬首，笑志公堕声闻之乡；特地洗头，嗟庵主入雪峰之縠。为当时之游戏，属后世之品量。谁知透石门关，别有弃繻手段。饮渤潭水，总是突雾爪牙，更不效从前来两家，直要用顶颅上一著【着】。锋芒才动，心手相应。一搦一抬，谁管藏头白、白头黑，成摛【或擒】或纵。说甚胡须赤，赤须胡，曾无犯手伤锋。不用扬眉瞬目，一新光彩，迥绝廉谶。休寻头上七宝冠，好看顶后万里相。一时胜集七日良期，不须到佛殿阶前，彼处无草。普请向大智堂里，此间有人逮参大慧老师于衡阳。未几，随侍迁梅阳。郡守谢朝议，以大慧语僚属曰：朝廷编置所谓长老者，但一僧耳。兵马司东偏之隙地，从其居止。既而僧行，日至几数百。指施锹镘而平基址，运竹木而缚屋庐，听其指呼，无敢怠者。守虽闻其服勤如此，亦未知果何如人也。于是延见一二，观其能为。仰适承命，乃与从容弥日，议论英发，榷古商今，逢原左右。守复征：等伍更有蕴异能者否？仰遂告以：负大经纶者有之，博极书史者有之，诗词高妙者有之，翰墨飘逸者有之。其所以未能明彻，则佛祖大事，因缘而已。是以不殚艰险，随侍而来，得依仁政，幸莫大焉。守

且骇异，知其徒皆为法忘躯之士。自是，于大慧日益加敬，遣其子纯粹求入道捷径，大慧示以《法语》八篇。仰之学富才高，于文无所不能。既罹瘴毒，卒于潮阳光孝寺，畴不为大息也。

按：此条大慧来梅，乃居兵马司东偏隙地。兵马司，今虽不能确指其地，大概总离郡守厅治不远。而《王志》所云寓西岩寺者，传闻尚不确也。又云：僧行日至几数百，指则所随师远来之法侣，其众多可想。

其三云：饶州教授严公朝康问道于荐福云【雪】堂，报恩应庵尝有颂曰：赵州狗子无佛性，我道狗子佛性有。蓦然言下自知归，从兹不信赵州口。着精神，自抖擞，随人背后无好手。骑牛觅牛笑杀人，如今始觉从前谬。时大慧老师在梅阳，严以其颂寄呈。而大慧答以书，略曰：随人背后无好手，此八万四千皆公活路。严乃湖州长兴人也。

其四云：大慧老师先住径山日，遣谦首座往零陵问讯张魏公。是时竹原庵主宗元者，与谦有维桑契分。元于道先有所证，谦因慨然谓元曰：一生参禅见知识，不得了当。而今只管奔波，如何则是？元笑而语之曰：不可路上行便参禅不得也。你但平日参得底、悟得底，及长灵、圆悟、佛日三老为你说底，都不须理会。我今偕行途中，可替底都替你了。其替不得有五件事，你自管取。谦曰：何谓五事？元曰：着衣、吃饭、屙屎、送尿、驼个死尸路上行。谦未逮半途，忽有契悟。元贺曰：今日且喜大事了当，我已见清河公竟，兄当独往。宗元从此归乡矣。魏公尝为谦识其悟，为名庵曰有【自】信，而记之。略曰：余抵湖湘，佛日又使谦来。发武林，越衡阳，崎岖三千余里，曾不惮烦。中途缘契，悟彻真理，一见神色怡然，若碍膺之疾巳【已】除者。仍以《笔诰》寄元曰：余谪零陵，径山佛日禅师遣谦师上人来问动止。僧宗元因佛日室中举行【竹】篦话，心地先有发明处，毅然与谦偕来。既至，抚信问，谦亦因缘契会，放下从前参学巢窟。元喜曰：我已见清河公矣。径归东阳，为众办众事。余嘉其行止近道，书此寄元，因勉以护持云。绍兴戊午四月二十三日，紫岩居士张浚德远书。及谦回，大慧逆自半山望见，便曰：这汉和骨都换了。

谦后归建阳，结茅于仙洲山。闻其风者，悦而归之。如曾侍郎天游、吕舍人居仁、刘宝学彦修、朱提刑元晦，以书牍问道，时至山中。有《答元晦》，其略曰：十二时中，有事时随事应变，无事时便回头，向这一念子上提撕。狗子还有佛性也无，赵州云：无。将这话头只管提撕，不要思量，不要穿凿，不要生知见，不要强承当。如合眼跳黄河，莫问跳得过跳不过，尽十二分气力打一跳。若真个跳得这一跳，便百千了当也。若跳未过，但管跳，莫论得失，莫顾危亡，勇猛向前，更休拟议。若迟疑动念，便没交涉也。又有《出山相赞》曰：芦滕鹤巢成底事，蓬头垢面出山来。若言悟道今成佛，当甚街头破草鞋。又颂《即心是佛》曰：谁家饭，挂空梁，指与小儿令看。解开见，是灰囊，当下命根便断。又《衡阳道中示同行》曰：月照天心古馆明，衡阳春色为谁青。不知雪拥鳌山后，庆快平生有几人。大慧先有《径山语要》，乃谦在衡阳编次。

按：此条为大慧与张魏公在贬所交往事。魏公不肯附和议，忤泰【秦】氏，出知永州，零陵即永州。时大慧尚主径山，特遣道谦往慰之。不惧触怒于秦氏，此为缁流中义侠，而兼具忠爱心者，师徒真沆瀣一气也。魏公《寄宗元书》云：戊午四月，是距大慧于辛酉编管衡州时已先三年矣。魏公称大慧曰：佛日禅师，佛曰二字，实寓杲字意义。此为大慧一名宗杲实证。大慧《宗门武库》一卷，为道谦所编。《普觉宗杲禅师语录》，一名《大慧禅师杂毒海》，则为道谦与法宏共编。今尚存，日人翻印之《续藏经》中。至道谦所主编之《径山语要》，则未知可考求否？《枯崖和尚漫录》云：刘朔斋云：文交公朱夫子初问道延平，箧中所携唯《孟子》一册、《大慧语录》一部耳。今观《纪谈》此条，朱子书牍问道于道谦，及道谦《答朱子书》云云，可知朱子之宗仰大慧，盖由于道谦矣。元晦，朱子字也。

大慧寓梅始末节随侍法嗣（六则）

又《云卧纪谈》末附《云卧庵主晓莹致径山遁庵无言禅师书》。今按：晓莹【莹】此书，关于大慧寓梅事迹始末及随侍法嗣，尤多足资考证者。兹分别节抄如次：

书云：禋兄谢事上监，既到山间，乐其幽寂，为留十有一月。应南源命而迁青原祖席，缘法颇盛。亦有二三衲子，不孤其竹篦用事。所用竹篦，乃大慧老师在梅阳，来报恩，为兄弟入室者。无著尝作《铭》，纪其由。《铭》有《引》曰：大慧老师以竹篦揭示佛祖不传之妙，几四十年，遂使临济正派勃兴焉。至于居患难中，亦不倦提击。所以梅州报恩，有竹篦在堂司也。江西莹【莹】仲温尝掌其职，得之而归，岂特为丛林千载之荣观耶？无著妙总，谨稽首为之铭曰：南山有竹，不削自异。状若黑蚖，喷喷毒气。如尺之捶，用之无匮。锻圣烹凡，经天纬地。仲温得之，尤宜保秘。照映丛林，千古不坠。愚蜗【涡】沉乡井，收得诚为闲家具。溘然后，定被摩那辈将去拨火。何如于未盖棺前，以竹篦及无著亲写之铭，并归于禋兄。所幸其用得灵验，想兄闻而必为之喜也。

按：此一段，是说大慧在梅，曾取梅阳之竹，制为竹篦，置于堂司，用为说法。及携之北还后，仲温得之，遂等于师之衣钵矣。但无著《铭引》所云：梅阳报恩者，岂师寓梅所居寺，亦名报恩耶？

又云：今华藏琏兄住保安日有书来云：祖咏住越之兴善已数年。在临安时，缀集《大慧始末》，作《年谱》一册。不肖【肯】上径山，与前辈看详急于刊行，亦多疏脱。愚于是答其书，纠其《年谱》之谬。今试为兄略举数端（中略）。如云：梅为南方烟瘴之郡，医药极少，东归而不霑需泽者，六十有三。既无人字，则是何物？若是人而死烟瘴，则为法忘躯之士。既非罪责，岂可不霑需泽耶？昔徐师川在昭州有诗曰：岭外昭州最瘴烟，华人罪大此为迁。老夫无罪缘何事，也向昭州住半年。其死于梅州六十有三人，可比类徐公在昭州也。

又云：师居梅州，衲子追随于荒寒寂寞之滨，丐一言，冀一盼，以为终身慰幸，足可下视诸方。若尔，则适足取笑诸方。以老师参徒非标志于宗门本分事，乃东山颂今者丛林走大声之谓也。

又云：绍兴甲戌在梅州，以《临济正宗法语》付法宏，首座道：先侍者。宏既不得，其死于梅阳。而先，亦死于径山侍寮。宏、先既死，则《正宗法语》付之谁耶？今不得《正宗法语》付授，而嗣法者则何以借口，此所谓华词损实耳。昔圆悟在蜀，尝以衣并钵寄来泉南与老师。是时老师有《偈》曰：付来铁钵盛猫饭，磨衲袈裟入墨盆。祖宗活计都坏了，不知将底付儿孙。老师既施为如此，何必独收《正宗法语》付宏、先也。

按：上二段是随大慧来梅受瘴毒而死者，且六十有三人。其往来及得生还者，其人数又不知几许，决不仅如《纪谈》所云数百指而已。法宏为师派下龙象，殁于梅，而骨塔无传，真憾事也。又《杂毒海》，一名《宗杲禅师语录》，乃法宏与道谦所共编者，今赫然具在。则所云以《正宗法语》付法宏首座者，又安得谓必无其事耶？

又云：兄与璉密裡，于老师语录节其纲要，离为五册。既节，则是删繁去冗。然其间不无去取，似不当揭示于世，徒使丛林增阿难眊矣之叹也。又有按：事出武库者，却不叙武库所出端由。今略叙武库之权舆。乃绍兴十年春，信无言数辈在径山，以前后闻老师语古道今，聚而成编，福清真兄戏以《晋书·杜预传》中"武库"二字为名。至十一年四月间，老师升座，而张侍郎与法会。老师因说张魏公之兄昭远参圜悟，而圜悟谓其为铁铲禅。今山僧却谓侍郎禅为神臂弓，未免以《偈》见意曰：神臂弓一发，穿过千重甲。子细拈来看，当甚臭皮袜。次日，侍郎请升座，而台州了因禅客致问曰：神臂弓一发，千重关锁一时开。吹毛剑一挥，万劫疑情悉皆破。犹是生死岸头事，作家相见时如何。师曰：拖出这死尸。进云：和尚为谁恁么道？师云：棺木里瞠眼。进云：此未是学人问处。师云：你

问处又作么生。进云：把手上高山。师云：非你境界。进云：毒蛇头上也要揸痒。师云：你不是这般人。进云：若不登龙门，焉知沧海阔？师云：怎奈已遭点额。逮五月间，侍郎遭台评，波及老师有衡阳之行。盖是时，朝廷议兵，而神臂弓之论颇纷纭。所以侍郎《答何中丞书》，有"除帅在月末"之语。已而，张徽献昭远有《偈》嘲老师曰：小庵庵主放憨痴，爱向人前说是非。只因一句臭皮袜，几乎断送老头皮。由是山头识者，莫不以武库二字为忧。故千僧阁首座江州能兄揭榜子于阁门曰：近见兄弟录得老师寻常说话，编成册子，题名《武库》，恐于老师有所不便，可改为《杂录》，则无害焉。

按：此段述大慧因咏神臂弓得罪事极详。所谓张侍郎，则即九成也。师与九成交契于此，可见《舆地纪胜》云：坐于九成谤讪者，其殆指此事欤。但神臂弓张浚，在陕时曾与吴玠兄弟用之破敌，而师反诋为臭皮袜，当非魏公所喜。抑师《偈》意在言外，御敌不在器而在人欤？至门徒辑师语录，而以《武库》名，不独遭忌，且足为奸人攻讦者所借口，甚明也。

其后，又伪作《李参政汉老跋》，而以绍兴辛酉上元日书于小溪草堂之上。其实，老师则不知有《武库》。及于绍兴庚午，在衡阳见一道者写册，取而读，则曰：其间亦有是我说话，何得名为《武库》？遂曰：今后得暇，说百件与丛林结缘，而易其名。未几，移梅阳。至癸酉夏，宏首座以前语申请。于是，闲坐间有说，则宏录之。自大吕申公执政，至保宁勇禅师四明【人】，乃五十五段而罢兴。时福州礼兄亦与编次，宏遂以老师洋屿众寮榜其门。有兄弟参禅不得，多是杂毒入心之语，取禀而立为《杂毒海》。宏之亲录，为德侍者收。礼之亲录，在愚处。礼之录，其中尚有说云盖古和尚，丛林谓古慕固者。颂狗子无佛性话曰：赵州狗子无佛性，终日庭前睡不惊。狂风打落古松子，起来连吠两三声。老师曰：此吟狗子诗也。礼之小楷，笔力精劲，殊有风韵，盖出之于晋宋法帖耳。

按：此段见大慧在梅说法，成《杂毒海》一书，而为法宏所手录者。话说虽有宏所亲录，至命名为《杂毒海》，则师所自定也。其云至五十五段而罢兴，当以法宏病殁之故。今所存《杂毒海》二卷，为法宏与道谦共编，想系法宏手录中辍，道谦后乃编订足成之本也。但今《宗门武库》一卷中，亦载有大吕申公迄保宁勇禅师二十八条，与《杂毒海》相同，则殊不可解耳。

又按：大慧《宗门武库》，今只有淳熙丙午李泳一序，并无李政汉老跋也。殆因云卧庵主此函，削去之欤？

又云：谱中于二十年取四句诗，而不叙其由。但云：皆预谶岭海之意。诗曰：雁回始觉潇湘远，石鼓滩头莫怨天。一住十年秦楚隔，木弓重续旧因缘。盖是雪峰闻兄于绍兴十二年从衡阳来临安，见有以西蜀费孝先之术，设肆而为人决休咎。闻因以老师问焉，故有是诗也。衡阳有回雁峰，潇湘有石鼓滩，而辛酉至庚午移梅阳，则十年。或云古以梅木为弓，未详所出。若以卦诗较老师衡阳之事，可谓奇中矣。

又《谱跋》云：采摭《正续传》所不载者，集为年谱。及观谱之所取，尽出于《正续传》，何得为不载耶？兴国军安兄，作建康出队先驰。归谓愚曰：老师缘秦太师有亲戚，命升座。乃言：我虽被太师编管十七年，未尝敢怨他。其实事有前定也。遂引东山受业院，于崇宁甲申塑佛。有异人丁生便谓：像有难，则人来出家。像毁，则人有难。若较我平生事，时日无差，岂不是前定耶？士大夫闻者，靡不服其达也。《正续传》首载此事，而《谱》却按为定上座普说而说。然说事有由，不若为秦太师亲戚说者为优耳。试以广录检寻，于定普说有无，便见其凿空造端，欺诳于世也。

又云：绍兴丙子秋，老师曾于鄂渚舟中，以愚生缘洪州，顾而谓曰：洪州出得几个尊宿，如宝峰月、海会从、云峰悦辈，甚生次第。

又云：我年十九游隐静杯渡庵，其庵主说所梦，便谓我是云峰悦和尚后身。及到瑞竹理和尚处，却道我是再来人。是时老师说其【得甚】详，故尝备载于《云卧纪谈》。而《谱》中只说理说为再来人，却不能收云峰后身之事。然老师屡说，而丛林中知者亦众也。所以向来对灵文，故云举世

知云峰悦老人之后身，逢时获南岳让公之前号，盖让公亦赐大慧禅师也。

按：上三段所说，一、以证明师编管衡州，由辛酉至庚午，乃移往梅州，足有十年之久焉。二、师自言被秦大师编管十七年，足证师寓梅尚有七年，方得北还也。三、师曾于绍兴丙子在鄂渚舟中，由丙子上距庚午移梅之日，亦足证恰符七年之数。且舟至鄂渚，则又与会张侍郎，由赣江东下合也。又南岳让公，与师同号，更可证明大慧禅师为杲师之赐号矣。

大慧与张九成

四明昙秀禅师著《人天宝鉴》，内载：侍郎张九成居士，蚤业进士之暇，笃志释典。谒灵隐明禅师扣宗要，明曰："正当磨砻器业，奋发功名，讵能究死生事乎？"公曰："先儒有言，朝闻道夕死可矣。然世出世之法，初无有二。先朝名公由禅门得道者，不知其几，曾何儒释之异。师既为斯道主盟，安用设词讵我耶？"明嘉其诚，勉应之曰："此事须念念不舍，久久缘熟。时节到来，自然契悟。"复令看"僧问赵州如何是祖师西来意？州云庭前柏树子"，久无所入。谒胡文定公，咨尽心行己之道。胡告以将语孟谈仁义处类作一处看，则要在其中。公禀受其语，造次不忘。一夕如厕，谛思恻隐之心仁之端也。正沉默间，忽闻蛙鸣，不觉举庭前柏树子，蓦有省。颂曰："春天夜月一声蛙，撞破虚空共一家。正恁么时谁省得，岭头脚痛有玄沙。"公偶见妙喜题像云："黑漆粗竹篦，佛来也一棒"，由是愿见甚力。

公寻还朝，迁至礼部侍郎。闻妙喜入城，谒之，不值妙喜。报谒"寒温外无别言"。归谓参徒曰："张侍郎有个得处。"其徒曰："闻相见不曾说着禅字，胡为知之。"妙喜曰："要我眼做什么！"公奉祠得请诣径山，问格物之旨。妙喜曰："公只知有格物，而不知物格。"公罔措，徐曰："岂无方便。"妙喜曰："不见小说载，唐人与安禄山谋为叛者，其人先为阊守，有画像在焉。明皇幸蜀，见之怒令待臣以剑击其首。其人在陕西，首忽随地。"公闻之，恍如梦觉。题于壁曰："子韶格物，妙喜物格。欲识一贯，两个五百。"公从是参道，得法自在，旷然无惑。尝感叹曰："凡闻径山老人所举因缘，无不豁然四达。如千门万户，不消一踏而开。或与之连舆接席登高山之上，或缓步徐行深水之中。非出常情之流，莫能知吾二人落处。九成了末后大事，实出径山老人。而此办【瓣】香不敢孤负。"

公贬南安一十四年，翻释典，解儒书，至有衲子经过必勘验，为禅悦之乐。未尝以得失芥蒂，而识者莫不高其风服其达。公有书答中丞何伯寿，略曰："九成与径山还往大熟，抑亦有由。按诸故事，裴公休之师黄檗，韩退之之师大颠，李习之之师药山，白乐天之师鸟窠，杨大年之师广惠，李和文之师慈照，东坡之师照觉，山谷之师晦堂，无尽之师兜率，抑岂与夫老妪头陀念南无洗厕筹等耶。径山心地，一死生，穷物理，至于倜傥好义，有士夫难及者。天日在上，安可诬也。若好交名士，欲以吾侪取重于世者，此盗贼【之】所为尔，而谓斯人为之乎。既蒙警诲，自当承蓄凝于心。非平昔受知门下，辄倒胸中尽布左右，惟高明察之。"公北还至赣州，妙喜亦从梅阳来，联舟东下。妙喜曰【日】提宗要，公退谓诸参徒曰："今日不是九成，老和尚安肯倾倒禅河，使诸公与闻乎？"公镇永嘉，虚光孝禅席，以函翰至福唐西禅净禅师曰："佛法离披久矣。自径山老人移岭外，学徒无归。今朝廷清明，老人北还，是有兴隆之期，而九成于此道，实曾撞着。故于此间，欲求一二明公大家举倡，以警昏翳。正欲吾师惠【慧】然当吾之请，或以谓西禅厚光孝薄净必不来为此说者，是以俗情待左右矣。然吾以此卜佛法兴替，如吾师有意兴之，大家出半臂力，不胜幸甚。"公之推诚卫法，备见于此。

按：张侍郎九成问法于师，本末备载于此。宗仰倾倒，尤为极致。其称师曰径山，曰径山老人，又为别一种称谓矣。《云卧纪谈》云：侍郎答问中丞书者，即此中丞何伯寿也。此亦言：公北还，师从梅阳来会，联舟东下，更足与《云卧纪谈》相印证也。

宋仰山圆禅师在梅阳

又《人天宝鉴》载：仰山圆禅师，盱江人。禀戒后，为道勇决。闻妙喜居梅阳，往依之。服勤炊爨，精苦自励。妙喜见其器识精敏，尝异之。因小参，闻举修山主"具足凡夫法，凡夫不知。具足圣人法，圣人不会。圣人若会，即是凡夫。凡夫若知，即是圣人。"忽然有契。后主衢之祥符，迁袁之仰山。视事阅七日，讲"禅门告香之礼"。首座领众罗拜，咨以"生死事大，无常迅速"，伏望慈悲开示因缘。圆徐曰："若欲究明生死事，直须于行住坐卧处，觑看生从何来，死从何去，毕竟生死作何面目。"良久，不起于座，泊然蝉蜕。

按：此知随大慧来梅，如圆禅师者，在梅尚在执役炊食之列，则其他龙象之众，盖可想而知也。

宋了明禅师在梅阳戴枷化缘

径山吴郡文琇《增集续传灯录》卷六《径山大慧杲禅师法嗣》下载云：杭州径山大禅了明禅师，秀州陆氏，形颀腹大，道貌丰硕。绍兴辛酉，随妙喜谪衡阳。州县防送甚严。师为荷枷间关，辛苦未尝少息。既至贬所，衲子追随问道者，率不下二三百人。喜以斋粥不给，且虑祸，屡勉令去。师辄不然，每自肩栲栳行乞，至晚即数十人为之荷米面薪蔬食用，成列而归。食指虽多，无不具足。如是十七年如一日。喜法嗣之盛，在贬所接者居其半，师之力也。

癸亥，辞往浙西持钵，期明年上元回。喜以《偈》送之曰："藞苴明大禅，孟浪绝方比。识得玄中玄，作得主中主。赤脚走长街，一日数百里。色力既勇猛，殊不畏寒暑。如是二三年，日日只如此。人皆谓渠狂，渠只笑而已。秋阳方炽然，忽来辞妙喜。持钵入闹市，普化乃知己。肩横椰栗杖，其兴不可止。临行赠汝言，汝今须记取。甲子上元前，却要到这里。"仍求得妙喜像，赞曰："直饶画得十分，犹是真常流住。曾化倒翻筋斗，爬着了明痒处。有个末后句，当机难禁制，咄且不要絮。"师志气豪迈，口锋敏捷，应酬设施，必以法口为乐，故得"丛林大禅"之誉。久之，出世舒州投子。适投子诸庄牛遭疫，死毙几尽。师化二百牛以实之，连岁大稔倍常。迁住长芦，衲子辐凑，丛林改观。

隆兴元年，奉诏住径山，道经广德军，开法院。僧首宗俨求颂，发挥其修造。师援笔书曰："这个俨僧首，灵机常在手。祝着磕着处，塞却娘生口。言外领略得，二【三】三不成九。僧首如是传，大作狮子吼。诸佛亦如是，喝下须弥走。做起参天大梵刹，千年万岁摩星斗。"

《颂赵州勘婆话》云："干戈中有太平基，不用干戈始得之。若无举鼎拔山力，千里乌骓不易骑。"先是，杨和王梦一僧，长大奇伟缓行言：欲化苏州一庄。觉而异之。翌日，师忽杖屦徒步而至。王见与梦中无异，遽呼眷属出，炷香作礼。茶罢，师首言："大王庄田至多，可施苏州一庄，以为径山供佛斋僧无穷之利。"王未有可否。师饭罢便出，更无他语。时内外哄然，传言王以苏州庄施径山，遂达孝宗圣听。会王入朝，上言："闻卿以苏州一庄施径山，朕当为蠲免税赋。"王谢恩归。次日以书抵径山，而师以二日前已迁化矣。自是寤寐间见师在前，语曰："六度之中，施度为先。善始善终，斯为美矣。"王即以庄隶径山。此庄岁入二万斛。师于缋素有大因缘，所至施供云委，江浙、湖湘号之为"布袋和尚再世"。

按：此了明禅师对妙喜随侍贬所，行乞募化，以供资用，十七年如一日。则师在梅随侍，亦有七年之久，自不待言。癸亥，妙喜以《偈》送师往浙西持钵，期以明年甲子上元回来。想师如期回衡，至庚午当然随侍来梅也。至妙喜赖师之力，十七年中，得以救困宏法于宗门中，其功自不可没已。

宋王之奇祭大慧禅师文

　　大慧禅宗《杂毒海》卷下，有《承务郎守大府寺丞王之奇祭师文》云：呜呼！之奇癸未穷腊，有岘之役。道经玉泉，见住持。僧云：道颜西溯，且报佛日禅师下世。慨然悲怆移日。之奇初识师梅阳，同忧患四年，久久相敬爱不衰。然穷冬盛夏，围炉纳凉，谈古今，论人物，无一日不相从。及乎分手，犹眷眷不忘。后虽再会径山及辇下，亦犹前日。但各以事牵，不如曩日之款款也。惟禅师津梁法海，为禅之宗盟。虽三尺童子，皆能言之。然之奇迂疏，未尝及此，不敢妄议。惟公英明刚果，出于天资。少日从诸大老游，能道前言往行，亹亹可听。故下视后进学士大夫，又赋性狷急，故不相知者，以不逊加之。嗟乎！盛名之下难居，况以方内之事，责方外之人乎！公名已熏天，亦有疑似之谤。但之奇四年之中，款接既久，观公细行，所谓瞿昙氏之戒者，则无毫发遗恨。公今往矣，姑以平昔相与之义，及世人所未知者，笔于纸而奠之。不复为世俗礼香茶蜜炬，亦徐孺子生刍之义也。尚享！

　　按：《通志》据《宋史·高宗纪》仅载："王之奇官庶子。绍兴二十三年丁酉，之奇谤毁朝政，除名，梅州编管。"《州志》亦同。

宋梅阳护法师杨太保

　　又《杂毒海》卷下，师赞方外道友文，有《杨太保画像赞》曰：人言此是杨太保，我道梅阳护法师。天资忠义不谄曲，一片精诚正直心。

　　按：读师此赞，方知吾梅当南宋时，乃有杨太保其人者。职位既崇，道德亦高，惜其名湮没，无可考也。

大慧千手观音颂

阮《通志》据《四朝闻见录》云：大慧，名妙喜，住杭州径山寺。时金使奉千手千眼观音来临安，高宗令安奉径山寺。大慧出迎，口颂云：一手动时千手动，一眼观时千眼观。幸至太平无一事，何须拈动许多般？金使大惭云云。《吴志》据《王志》所载，亦同。但今按《济颠道济禅师语录》，道济殁于嘉定二年。其语录一曰《钱塘湖隐济颠禅师语录》，而为仁和沈孟桦所叙述者中载：师访远瞎堂禅师于杭州灵隐，及入昭庆寺，见大悲像，颂曰：一手动时千手动，一眼观时千眼观。既是名为观自在，何须拈弄几多般？此颂只第三句，与大慧口占者不同。道济与大慧，同为南宋时人。此颂究为谁作，亦是禅门一重公案也。

卷　四

清代梅州诗人

　　吾梅诗人，以清代乾嘉见为最盛，骎骎可与海内名家驰誉骚坛矣。香山黄培芳为黄泰泉后人，诗学极有渊源。是时，岭南诗家如张药房、谭康侯、张南山、黎二樵、冯鱼山、温谦山诸人，培芳均引之于师友之列。所著《香石诗话》，多评骘近代及吾粤作家之诗，而梅人如李秋田诸子，诗话中所推奖之佳篇杰句，与其平日绪论，亦自有卓然可传者。在谈吾梅艺文者，安可忽视之？致遭"贱家鸡而爱野鹜"之所同讥耶！

李光昭

　　《香古诗话》卷二云：程乡李秋田茂才光昭，次卿太史仲昭之从兄也。余先与次卿同游马嶰山先生之门，后数岁乃识秋田，遂与相善，著有《铁树堂草》。自言：专主心力，耻袭门面语。宋芷湾编修最激赏，题词云：古力深，古味出，古心亦出矣。八荒捕古古在手，古鬼啼泣四座走，作者何止代兴秋田。【秋田】《怀芷湾》云：自笑荒唐孰似余，荆州未识辱缄书。六年尚缺双鱼报，泪洒寒空捕古余。又秋田有《论诗绝句》云：汝曹原自爱身名，万古江流欲与争。修到秋林作蝉噪，也须风露饱平生。

李秋田尊人李璋

李秋田尊人辉山茂才璋，著有《丛桂山庄吟草》。佳句如《灵光寺》云：洪泉大雷雨，列柏古龙蛇。灯微一龛佛，钟打五更霜。《仙湖寺》云：山随老禅定，泉与乱云奔。《静室》云：峰杂鸟寻树，菴孤僧入云。《舟中杂兴》云：流水耳边注，青山江上行。《家园杂兴》云：春色一园花柳媚，棋声午夜妇姑闲。书声宵静联机响，剑气天高拂酒星。《归舟将抵家》云：略嫌微雨一帆滞，且喜青山三里迎。皆能生新者。生平最长五古，有陶韦之风。

颜湘帆

程乡颜湘帆茂才崇衡，与李秋田同在龙山。《襄诗海选事者寄杨秋衡读书山寺》句云：静邻金粟佛，寒对白头僧。又：寒灯两人读，破灶一僧炊。写深山攻苦之状。如《见西宫秋怨》云：月转天街玉漏微，前庭歌吹听依稀。西宫夜静凉如水，只见隔帘萤火飞。怨而不露，幽艳不减唐人。

宋湘

《香山诗话》卷三云：程乡宋芷湾编修湘，天分过人，诗多从灵腑中流出。《韩江楼题壁》云：十丈扶云石，三盘俯水楼。时常千树雨，日夜一江流。有客来吹笛，看山不转头。烛怜僧茗意，留啸海天秋。《重闻雁》云：后雁续前雁，前鸣催后鸣。飞追应不远，急响若为情。月塞千山迥，

霜天一夜明。如何北游者，不解向南征。其论诗谓：人皆议少陵绝句为短，予自以少陵不肯为人之所长。此语足见其所见之高也。系以句云：岂果开元天宝间，文章司命付梨园。诸公自有旗亭见，不爱田家老瓦盆。

叶兰成

程乡叶秋岚同年兰成，茹古功深，为人倜傥，平生风义，尤笃师友。嘉庆己巳公车南还，搜其行箧，得诗数首，全稿别藏于家。余爱其《蓝关》一律，有奇杰之气，摘录于此：山忽断如玦，四风争一门。萧森韩子庙，依倚给孤园。日射榕髶古，云来石气昏。跰跚聊小憩，魄动怒涛奔。

诗人交到不终

《香石诗话》卷四云：交道之不终，每因名心大【太】重。或缘势位相隔，始而标榜，继相攻击。王李四溟，啧有烦言，可鉴也。李秋田《书四溟集》后云：布衣亦足玷骚坛，白雪楼中起暮寒。此地云泥挥手别，当年风雨对床欢。一生侠骨高王李，五字长城逼杜韩。骤与卢柟脱幽狱，山人名已动长安。此诗可为山人吐气。秋田又有《绝句》云：些些睚眦莫相论，尚有壶飧未报恩。昨夜空堂坐弹剑，一天霜月澹羁魂。言之慨然，忠厚之旨，有关交道。

吴鳌

程乡处士吴同岑鳌，畸人也。博览群书，性迂僻，好放游。走粤西十年不返，鬼门铜柱之区，锤凿殆遍。《自题画渔父》云：五湖空阔大，无处下渔竿。其落落难合如此。与李秋田为友，秋田怀以句云：石瓮腥风吊人鲊，鬼门关畔十星霜。

五绝溯源乐府

五截一体，王裴未为尽致，必当溯源乐府。余《估客行》云：估客远行役，随风到海隅。多缘贱异物，不货大秦珠。李秋田谓：是盛唐人笔，兼有乐府神理。

李光昭咏顺德更鼓

顺德龙山乡，漏鼓一更三鸣，三更九鸣，四更后始如数。秋田《冬夜示冯心海》句云：兴随软饱三杯后，话到寒更九鼓余。

李黼平

程乡李绣子吉士黼平，由庶常馆请假归，主越华讲席，刻有《著花庵集》。古体擅胜，有大家风味，近体亦出笔老重。《开封寄京师故人》云：问予归棹越黄河，到处淹留似伏波。怀县故人飞盖别，汴州愁思闭门多。图书南渡闲中忆，尘土东华梦里过。赖有樊家新酿熟，醉来频上啸台歌。手腕纯熟，兼得声韵之妙。他如：夜声闻海啸，春槛落天阴。月放愁中白，灯移梦后青。回飙翻石动，斜日陷江寒。故山辽绝无归梦，名士贫来有宦情。关山数叠来时路，亲友中年别后心。云移玉署神仙气，风送珠崖笑语声。警句皆类此也。

李光昭《鸳鸯绣谱》

李秋田选闺阁诗一集，名曰《鸳鸯绣谱》，性情风格俱备。他时绣板教儿女子者，购一部，洵佳本也。

陈恭尹三世能诗

《五山志林》有《论独漉三世诗》谓：其子十，皆孝廉，励著有《东轩集》。其孙时一明经世和，著有《拾余子草》。其实，陈氏不止三世能诗，独漉父岩野先生邦彦，明季尽节，谥忠愍，著有《雪声堂集》。近日温谦山舍人搜刻之，李秋田《赠谦山诗》云：岩野老孤贞，厓山月并明。著书传后死，寿世得先生。旧册搜兵火，空堂吊雪声。都归梨枣下，遗恨一时平。即谓此也。

李秋田服膺黎美周

李秋田于明先辈，最服膺黎美周作，谓：兼有太白飞卿之胜。余谓：前有孙西庵，后有黎美周，皆才子之最也。

叶秋岚

程乡叶五希庵铉，秋岚同年从弟，石亭解元钧之胞弟也。能吟，有乃兄风。《金陵》云：沽酒人归桃叶渡，看花客上秣陵船。五言如：花草随车辙，山河入酒杯。客行万里内，春尽一帆中。皆秀杰之句。

陈士荃《竹右山房赋钞自序》（论梅州诗人）

陈士荃侣蘅岁贡，著有《竹右山房赋钞》，清丽芊绵，颇有六朝人气息。卷首黄香铁钊《题词》五绝评论：吾梅乾嘉诗人，尤为一字一珠。其自序云：

余自弱冠游京师，谒宋芷翁，始知为诗文词赋。四十年来，遍诵吾梅诸先达及侪辈纂著，皆有足传者。因成绝句五首，以志俯今仰古之思。诗曰：乾嘉诸老开槃敦，及谒吾梅宋芷翁。太白东坡归一手，兰台独当大王风。石亭渊茂（叶大令钧）南垣健（黎大令重光），大雅材堪压岭南。精进幢开龙象伏，病维摩在《着花庵》（李太史黼平）。三友称龙具体微（李秋田光昭、颜药孙崇衡、徐又白青），黑云一角露之而。僧繇老作韩山长（王刺史利亨），不信经师是画师。诗人别径辟词场，志述还兼考据长。难忘珍珠缄密札，徘徊孔雀梦金梁。（吴博士兰修工词学，尝为余言周稚圭师《金梁梦月词》一卷，乃宋广平梅花赋也。尝情余信缄寄所著《桐花阁》词请正。孔雀徘徊，乃《金梁梦月词集》中句也）眼底传人佩杜蘅（陈侣蘅士荃，吾邑人也，寄居梅州，工各体赋，为一代作手），摩空作赋振洪声。才名惜未游京洛，老却云间陆士衡。

末书道光己酉首夏，阴雨连旬，书寄侣衡老棣吟正。余以为陈赋勿论，读香铁先生此诗，可以言吾梅诗学，若之数公者，真不祧矣。

林泰松《陈侣蘅竹右山房赋钞跋》

《竹右山房赋钞》有林泰松一跋，骈体庄雅可诵，兹并录之：闻之欧子铸剑，必选金而合冶；云和备乐，必雕瓠而饰笙。故左思三都，不废十年之力；锜华九赋，实罄千锤之功。斯能瓣华交纷，枝叶并茂，白珠之泻，满于晶盘，积玉之光，生于玄圃也。侣蘅夫子，缚麟赤手，笯凤鸿才。书城拥旒，骚坛执敦。白傅作诗家教主，李善为文选专师。红杏春辰，问字之车时至；绿槐夏午，谈经之麈常挥。及夫幕府怜才（卢厚山宫保），白云构馆。骋色丝之好句，邀紫绮之词人。饩廪独优，才学并重。（分经史诗赋四科）珠江五月，绿波正肥。兰雪香浓，荔云红熟。太冲谈天而摘藻，思光赋海以斗妍。夫子角逐其间，指事则滔滔走丸，吐词则霏霏锯屑。子建之才八斗，柳恽之技十人。寸爪片鳞，老宿为之咋舌；千辟万灌，时贤于焉降心。迨返掉于穗城，遂移家于杏里。（大翁由镇平侨寓梅州而生吾师。道光辛丑始筑室于城西红杏坊。）少微星见，通德门高。营安乐之行窝，续耆英之胜会。岁戊申，泰松就城应试，负笈从游，期值拔尤，幸叨选隽。春风桃李，拜先生于竹右山房；疏雨梧桐，识诗老于仙花吟馆。（张凤曹太守别业，时方奉讳家居，与师莫逆，自昔齐名）肃法筵之龙象，玉律尝宣；指绣谱之鸳鸯，金针并度。闻木樨而无隐，入丛蕙而忘馨。幸接薪传，动搜草稿。虽学者奉为圭臬，而夫子视若等闲。年华水流，卷帙星散。雾中元豹，时露其一斑；雪里飞鸿，偶留其全爪。计得古今体赋一十六篇。诸体悉备，无法不该。公为梨枣之珍，亲董剞劂之役。悬之通国，难为一字之增；副在名山，早定千秋之业。此后瓣香长爇，愿赓无己之诗；请看幼妇标称，快睹有壬之集。

按：泰松，字岱齐，平远拔贡。或云：此文乃张大令眉叔代笔也。

张彦高《陈侣蘅竹右山房赋钞跋》

　　张彦高先生亦有一跋曰：侣蘅夫子，握粲花之笔，锵掷地之声，铺采摛文。体物写志，如行盘谷；亦窈亦深，如游武夷。一转一曲，盖澄其心。以镜理则内无翳障足其理，以辅气则外无滞机。洵哉独辟蹊径，脱然畦封矣。忆岁甲申乙酉间，翱从家兄受读时，与夫子相过从。每有所得，辄私就质，遂复受业门下。时值西江诗老，碧潢散仙，杏馆联题，菊屏结社。骈朱俪碧，传座上之奇观；疏雨微云，洗笔头之尘气。诗天可假花开，竞约伴而来；觞政不苛月落，始笼灯而去。先生高兴，无会不临；童子侍旁，辄复狂舞。此情此景，历历心目。今年夏，同门林君岱青，辑刊夫子赋稿。翱与雠校之役，薇露在手，蕙风袭衣。循诵之余，宛亲指授。家兄尝语翱云：本朝画家，如瓯香花卉，体物过于天工；二瞻山水，太生正得媚处。以画律赋，惟师克当。雠校既毕，敬辍数语。半生餍饫，请征之郡吏陈桃；一卷琅玕，愿受作长安行李。

　　按：此跋老健，的是先生手笔也。但"辄复狂舞"句，殊欠工整。拟易以"执烛以继"，似较雅适云。

陈士荃《铁汉楼赋》

　　凌风、铁汉并峙梅城，足以供登临览观，凭吊昔贤往躅，无逾于此。《州志》于凌风楼下，附载梅人李琛一赋。而铁汉楼下，仅附载徐乾学、吴颖、文晟诗赋则阙如。《竹右山房赋钞》有《铁汉楼赋》一篇，议论俊伟，笔亦古峭，不逊于李琛之《凌风楼赋》。他日重修志乘，似可补采刊入也。兹全抄如下：

　　翳宋室之兆祸兮，始介甫之当轴。言周孔而行魋跖兮，引憸佞以为心腹。艺萧艾之粉蔓兮，锄兰茝之芳馥。迨绍述之猖披兮，兴党锢以报复。众竞进而朋比兮，挂纲维其果孰。慨謇謇之孤忠兮，频试命而放逐。信百炼之铮铮兮，虽九死而不改其初服。当梅州之转徙兮，实万里之贬谪。守一诚以为终身之行兮，岂颠沛而顿易。期衾影之无惭兮，悬亲容以自策。经蛮烟与蜑雨兮，将以炼此烈魄。历坎凛而无怆悯兮，处穷荒而亦适。登斯楼而凭览兮，思君子之无斁。俯山城之兀崒兮，叠崇墉之百雉。耸飞甍于重闉兮，伏冈峦之迤逦。厂四面之疏櫺兮，抚阑干而徙倚。天寥廓而无垠兮，忽浮云之欲滓。风懰慓兮侵肌，羲轮迈兮何驶。指中原而北望兮，难与问乎国是。彼章蔡之窃柄兮，捏定策之奇勋。擅滔天之罪恶兮，谋易后以逢君。虽宣仁之尧舜兮，敢巧诋以深文。神庙本有轮台之悔兮，苏吾民如救焚。矧以母而改子兮，何绍述之足云。乃皇天之不祚宋兮，鼓簧语之纷纷。徽与哲如出一辙兮，举一网而空群。众女竞嫉其蛾眉兮，倍谣诼于诸贤。煽凶焰以锻炼兮，炽阴火而潜然。假岚瘴以为炭兮，欲毁劲而销坚。岂知浩气之至刚兮，直凌厉而无前。挺百折不回之概，任磨炼于年年。历崎岖兮铁骨，担道义兮铁肩。岂铸错之追悔兮，望刀环而可怜。故闻土豪之疾驱兮，危风影于矛头。顾谈笑而自若兮，独经纪乎同仇。了生死于方寸兮，究性命于前修。寄国事于了翁兮，以社稷为己忧。惟善人必得天佑兮，戮奸魄于道周。复登楼而长啸兮，岂同王粲之依刘。感往事而涕零兮，叹古人之不朽。瞻遗像而低徊兮，配韩江之山斗。岂仅丝绣乎平原兮，合金铸乎范叟。仰须髯之戟张兮，冠惠文之柱后。辉映乎凌风之层楼兮，亦香草美人而尚友。携铜弦铁笛而凭吊兮，酹椒浆与桂酒。乱曰危楼矗矗兮，俯瞰北岗；西山挹秀兮，东岩黛妆。远吞梅水兮，帘卷波光；飞云画栋兮，明月女墙。庭阶碧草兮，窗户绿杨；灵风飒飒兮，神旗暗飏。晴霄岳峙兮，永镇金汤。

　　仲柘庵评曰：气息渊茂，笔性亦极矗举，非深于《文选》者不办。余谓此评，真知言也。柘庵，官兴宁县令。

梅州冼夫人庙遗迹

梅城北为静福庵，住持者为女曰尼，盖不知始于何时矣。余方髫龄时，但闻人呼之为夫人庵，罕有称之曰静福庵者。而庵门额，固赫然"静福"二字也，亦遂习然而不深求其故。及后偶游该庵，则佛祖堂上高凉冼夫人神主，俨然居龛中焉。然则兹庵本为梅人崇祀冼夫人祠宇，后因以女尼奉祀香灯，乃遂易名曰"静福"。否则，吾梅尼庵，不止一处。他庵不祀夫人，独此祀之，以是益征俗呼为夫人庵者，乃纪实也。至冼夫人之有功德于吾粤，载在史籍，梅人祀之，固其宜已。吴石华《桐花阁词》有《齐天乐》一阕，序云：

梁陈之季，四海瓜分。百蛮乌合，高凉冼夫人以娘子军控驭南粤，亿万生灵，宴然安堵。入隋，累封谯国夫人，开幕府，置官属，食邑一千五百户。观其出师大义，抚众深仁，皆贤侯英将之所为，不意得之巾帼中也。今州人犹祠之，余过此，值报祭焉。乃倚筘管之声，度为送迎之曲，授之祠者，以乐神听云：吹晴画角声呜咽，阴阴绣旗高簇。玉佩依稀鸾和，远近风焰，一双红烛。众香齐祝愿：海水无波，稻花长熟。铸尽刀环，万家春草买黄犊。当年犹忆叱咤，念河山破碎，谁整残局？娘子军声，夫人城垒，鸡犬都依威福（古刻此句作：当年亲统部落，又都仗天家威福）。鼓音鹿速，又击碎银钗。送神清曲，风袅云飞，接天桑柘绿。

按：此词及自序，先生当非为吾梅之冼夫人庵而作，殆先生客廉州时，为廉州之冼夫人祠而作。廉州为夫人乡里，高州又为夫人食采地。夫人祠庙，遍于其地，亦固其所。但夫人有保障全粤功，吾梅虽偏州下邑，犹崇祀之，则当时威德及人之远可想。然非得先生此序及词，则夫人祠庙，现已变为尼庵，止以供藏垢纳污，攘夺庵产者之所为。谁复知当日州人士，祠祀夫人崇德报功之初意耶？《州志》祠祀及古迹、庵寺二门，对

于是庵，均不载只字，则又真所谓不见眉睫者矣。有地方之责者，亟宜更正庵额曰"冼夫人祠"，以符名实。并将石华先生之序及词刊石，勒之祠壁。庶后之瞻拜是祠者，不至于茫然于祠祀之由来也。

乾隆旌表梁奇辅妻陈氏百岁

阮《通志》列传五八《耆寿》门载：梁奇辅妻陈氏，嘉应州人。乾隆十六年旌，年一百岁，子、孙、曾、元凡二百二十七人，女孙不与焉。巡抚苏某疏称：身阅三万六千化日，何殊柏劲松贞；眼者看二百廿七孙枝，几费熊饴荻笔。盖非虚语。孙大有，举人。曾孙容章，进士；直方、登瀛、煊，皆举人。

此亦一段佳话也。《州志》削而不采，抑何故欤？至出奏之巡抚苏某，当为满人苏昌，颇能好尚文学，与全谢山有姻戚关系。于乾隆十五年任粤抚时，曾为《王志》（王之正《嘉应州志》）作序者也。

卷　五

清嘉应自制飞机奇人罗毓珉

近人有自称沃丘仲子者，（按：此为费行简别号）著有《近代名人小传》一书，所传述者多咸同以来之人。分儒林、一行、亲贵、官吏、将士、忠烈、文苑、货殖、艺术、任侠、民党十一门，共三册，崇文书局出版【版】，民国十五年已六版矣。作者不署真名，以多所讥评，恐获祸故。要观其【诗】所自述，则斯人固王缃绮弟子，且曾参满人奎俊幕者也。其《艺术》门载《罗毓珉传》云："毓珉，字奇珍，嘉应人，以都司官台湾，为军械厂巡绰。日与诸工习，渐能制器。刘铭传嘉其才，咨送马尾船厂学习。乙未还台，图战守器，具陈之，唐景崧令为制造厂总办。未几，景崧逃，城陷，遂还粤。许应骙以奇材异能，荐总理各国事务衙门咨调。未及赴，政变，移居闽之永春山中，开井力农。后应骙督闽，招之，终不出。甲辰卒制小车，搭二人，能飞驰于山间。曾制汽球，功未竟。当庚子上书应骙，已绘具汽船图。特未知视今飞艇，何如耳。张之洞檄令赴鄂，亦不应云。"

吴观礼《嘉应班师铙歌》

吴子俊观礼，浙江仁和人，同治辛未翰林，有《圭庵诗录》。《石遗室

诗话》云：圭庵囊笔从军，晚始登第。今观其诗集有《上恪靖伯》及《雨中发昭化度天雄关》等篇，《诗话》所谓囊笔从军者，当指随左文襄西征为幕僚也。又有《嘉应班师铙歌》诗曰：金盘堡班师回金盘岭，率师来七载，徂征五行省。东南澄镜无纤埃，嘉应湖州作战场。残寇并灭归堵康（贼杂号），大憝先摧李铁枪。以次削平黄与汪，允哉末劫在钱塘（嘉应州有钱塘墟）。父老欢迎窃相语，元戎勋业照今古。呜呼，父老今快睹，岂知在山云，早为天下雨。（嘉湖作战场，末劫在钱塘，皆惢纬家言）

今按：大【太】平天国余党，侍王李世贤、堵王黄文金、康王汪海洋等，由闽窜粤，最后左文襄统率各军，合围于梅城。而文襄亲率一军，入梅驻师松口。前部又进于金盘堡，与梅屏堡间之指湖崃，狙击毙汪海洋，太平天国遂于此告终。文襄亦于是役，有肃清大功。作者所以有《班师铙歌》之作也。但嘉应并无钱塘墟，歌中云云。吴氏于是时，似尚未入左侯幕随左军来梅也。

又按：文襄所统刘典一军，驻金盘之井塘。井与钱，音相近。因讹井塘为钱塘欤！然井塘，固非墟市也。

吴兰修《萝庄赋》

吴石华先生《桐花阁词》原刻本，卷首有赋二篇。近人古直翻刻本，无之，可知其未见原刻本也。兹录其《萝庄赋》一篇。序曰：

萝庄在济宁，蒋百生寓园也。伯生才气过人，官齐河令，有声，以事谪戍宣府，寻放归。道光三年，余晤于都下，酒酣耳热，抵掌论天下事，凿凿可听，惜乎其竟废也（七）。吾有年春，伯生来广州，问萝庄无恙乎？曰：有图在。出其册，题者寸许。且曰：吾老矣，将归虞山，此图非吾有也。然图且传焉，安知此图非吾有也？子盍赋以实之。乃作赋曰：汶水之上，萝庄在焉。蒋侯是宅，林木修然。有圃有池，有榆有柳，有瓜间蔬，有秫宜酒，豆蔓连蜷，藤梢左右，篱春花攒，园秋鹤守。聚老农兮结邻，与明月兮为友。如此达人，消磨壮志。弃石林之故居，为漆园之傲吏。米五斗兮何辞，酒一石兮常醉。乃辟寓园，乃锄隙地，营三分之水竹，屏四时之车骑。陶潜为怀葛之民，梅福本神仙之尉。每当清风徐来，柴扉自开。青萝不剪，白鸥无猜。约陆羽为茶社，召刘伶于糟台。坐有雕龙之客，君尤炙輠之才。遂使稷下心慑，淹中气摧。雄辩则屡折五鹿，豪情则上薄三能。顾乃才人命蹇，书生数奇。忽青蝇兮玷璧，竟乌台兮谳诗。走尘沙于雁塞，忆风月兮麂篱。泷吏发迷途之哭，孤臣有春梦之悲。戴君恩兮昨日，赐马首兮归期。见藤萝兮无恙，抚身世兮沾衣。岂不以风平警波，事去怜昔。记雪爪兮当年，感萍踪兮今夕。然而悟天地之逆旅，数园林之主客。秋苔迷戚畹之墅，春草没故侯之宅。莫不梦断钟沉，灰飞烟灭。何不携君横竹，醉我流霞。君吟薜荔，我赋蒹葭。渔父以一竿招隐，浮生以四海为家。念灯前兮旧雨，若江上兮搏沙。且尽醉兮此夕，又何慨乎天涯！

其一篇题为《说土【士】甘于肉》，以律赋，故不录（按：《说土【士】甘于肉赋》，已刻入《学海堂初集》中）。

蓝种玉《选读绝句解》

蓝副贡种玉有《选读绝句解》一书，分五言、七言两编。五言专选唐人，七言则唐宋人兼选。附解亦大旨明晰，梅人童而习之者，几与《千家诗》（钟惺伯敬选）等。其自序曰：

在昔范氏淳曰：绝句者，截句。或前对，或后对；或前后皆对，或前后皆不对。总是截律之四句，虽正变不齐，而首尾有布置，亦由四句为起承转合，未尝不同条而共贯也。杨氏载曰：绝句之法，要婉曲回环，删芜就简。句绝而意不绝，多以第三句为主，四句发之。有实接，有虚接。承

接之间，开与合相关，反与正相依，顺与逆相应。一呼一吸，宫商自谐。大抵起承二句固难，不过平直叙起为佳。从容承之，为是至如婉转。变化工夫，全在第三句。若于此转变得好，则第四句如使顺流舟矣！徐氏子能曰：五言绝句，为诗之关纽，不可以其字少而易之。尤须先学，精乎此则诸体无难事矣！古人诗自《三百篇》来，皆以四句为一解。后人古风长篇，总是四句积累而成。合之则成篇，分之则各自成解。譬诸龙焉，龙有头有角，有尾有爪，有鳞有甲，有如意珠。获其珠者为上乘，橐括全龙者为中乘，得其一体者为下乘矣。能于龙之一体，而见其珠，千变万化皆从此出。合而观之，则学诗宜自绝句始。但诗辞曲折，寓意遥深。童蒙讽诵，必资讲解。然诗岂易以言解哉？爰采唐宋绝句，世所共读者，得一百四十首，为之解说。并于字之平者用角圈，仄者黑点以别之，俾开卷了然。可以意逆志，而无俟乎言传，其亦小子学诗之一助也。夫道光十七年丁酉仲夏蓝种玉达斋氏撰。

氏尚著有《宜俗辑要》一书，近百年来，吾梅婚丧礼俗，多根据此书，故流行于社会者极广。《州志》《艺文》，均未著录。

梅州名称由来

钱氏大昕《诸史拾遗》卷四《宋史·地理志六》：梅州，本潮州程乡县。南汉置恭州，开宝四年改。《九域志》云：梅州，伪汉敬州。《舆地纪胜》云：伪汉刘氏割潮州之程乡县置敬州。皇朝以敬州犯翼祖讳，改名梅州。此为得之，若本名恭州，则无庸改矣。此志作恭，乃当时史臣回避，后来失于改正耳。此条考证梅州沿革，极为明确。《州志》于沿革下，似可照全文采入也。

梁鼎芬《答杨模见赠》与粤学渊源

阮文达公督粤，开设学海堂，两粤学风为之丕变，通儒朴学称盛一时。梅士受其奖厉陶冶，粗有成就者，颇不乏人。如吾宗星槎教谕、尔园孝廉，及张彦高大令，陈士荃明经诸人，经学词章，均足与时贤角胜。而吴石华先生，又推为学长，称祭酒焉。《学海堂初二集》，皆其所手选也。其后踵起者，复有菊坡精舍。番禺陈兰浦先生，以学海堂长，兼为菊坡院长。而是时，温饶二子亦挺起，与之抗行。由此可知，乾嘉以后，此二黉舍，均于粤学及吾梅士风，有绝大影响。今读梁节庵《答杨模见赠诗》及《自注》，益足考见粤学渊源之所自，及梅士之不以僻陋而示弱也。

诗曰：君自渡南海，修礼谒灵光（谓东塾陈先生）。高弟推于支（式枚、廷式），结交为辈行。抠衣甫一岁，起起公不祥。二子既分逝，君亦返所藏。我时简往还，但亲讲席旁。蠢蠢十年余，识面在他乡。四十尚龟俛，不遇能有常。贶我琅玕篇，字字剚肝肠。吾师体大雅，所学造光明。菊坡接学海（先生自述，为学海堂学长数十年，至老为菊坡精舍山长），成就难具详。胡赵启始秀（锡燕、齐婴），踵起有廖王（廷相、国璨）。谭黎饶二林（宗浚、永椿、轸、国赓、国赞），各以一诣张。马沈最朴洁（贞榆、葆和），教广陶与杨（福祥、裕芬）。后来富俊彦，略记温陈汪（仲和、伯陶、兆铨）。哀哉冯孝子（焌光），陈生共悲伤（树镛）。薪火已亲执，天年竟不长（先生没前数日，以遗书付庆笙编次，庆笙孝亲无年，死才三十耳）。巍巍崇雅楼（先生避夷乱居横沙村，取诗礼疏小雅不可不崇之意以名楼），肃肃传鉴堂。（集有记以先生读《资治通鉴》故云传也）心知治乱故，处士不敢扬。著笔正学术，考古定乐章。所怀在明备，梦寐游虞唐。发挥七篇秘，明白一世盲。恒于侍坐时，言语闻慨慷。惟中有束缚，同舍罕一狂，亭林有异同，二田岂颉颃。（先生尝语门弟子曰：

吾所学,近程瑶田、王白田两家。)吾友记未尽,空来泫雷堂(庆笙欲仿雷塘庵弟子记书例,详述先生一生学行,后又欲撰年谱,未及成)。当年松庐侧,十三叹孤生(同治十年,先生编《太祖南康公诗略》成。秋祭日,先生亲至清濠故居,以初印本焚座前)。追随逮东塾,得一每十忘。承先词郑重(二伯祖覃思深微,著有《守鹤卢【庐】径说》,壬辰程侍郎典试粤东,以经通郑学,拔取庚子会试,为胡文忠公所荐。先生年较少,恒来问难,情谊日笃,遂与三伯祖六叔祖为姻),守节心惭惶。祭田二十亩,春秋以烝尝(鼎芬既归里,与同门集赀,得钱百万文,为置祭田)。文孙如小同,不止解凡将(先生长孙从游端溪、广雅三年)。所惭一士贱,不称百炼钢。君才甚英遇,会焚南丰香。流连天人策,倘亦念畿疆。还思无咎室(先生读易处在精舍东晦若居,经年芸阁尝往来其间),中铺六尺床。偃仰不再见,见亦非故房。世事如一棋,小者先莫量。黑白苟未判,败乱岂有央。山中头陀庵,寄林散闲芳。凉月隔新醉,只雁忘故创。江流日如此,旧学嗟茫茫。

梅州诗人的咏梅诗

顺德刘扶山有《咏梅集古》三十首之刻,遍征海内名流题跋,如伊墨卿、冯鱼山、张药房、张南山、黎二樵,均有题咏。吾梅诗人于是刻中题句亦复不少,如:

李秋田光昭诗云:屈宋艳班吴香马,江枫叶落烟水□。谢家春草生池塘,探得骊珠弃鳞爪。何须挂角求羚羊,况值南枝北枝雪。梅花开遍春香烈,几人驴背坐敲诗。好句自多人自别,宰相和羹调不孤。暗香疏影忆林逋,并收玉戛金搋句。铁脚仙人也笑吾,四朝风雅搜罗众。七孔神针自拈弄,俄成文褓百家衣。却比天衣看无缝,乐奏云门合众声。梅花如海绕诗城,美人高士亭亭立,唱彻瑶台璧月晴。

颜崇蘅湘帆诗云：昨宵梦堕梅花村，寒香千树清吟魂。人如梅瘦冷到骨，参横月落天黄昏。一觉吟诗诗思涩，七指尽僵敲不得。梦境一失难追摹，九曲回肠枉牵直。花魂亭亭颜似花，飞入扶山居士家。扶山居士工组织，不放老笔生春芽。四朝旧句如笋束，多少零金兼碎玉。手中借得天孙巧，乱卷云霞入机轴。百纳衣成五色文，天工人巧两缤纷。他年携上罗浮顶，读向茫茫四百君。

叶溥蓉槎诗云：世人纷纷好刻烛，帘外梅花白如玉。才拈牙管赋梅花，已被前贤早拘束。前贤佳句多如林，锦绣文章铁石吟。检点牙签分甲乙，满身花气袭人深。片片春云自扫起，月敲风剪为纨绮。化作天衣无缝寻。卓哉扶山老名士，乞巧无须向女牛。遣情何必到罗浮，众香缭绕开花国，一卷新诗傲五侯。

杨时济星槎诗云：瘦影清寒满院栽，压簷风雪一齐开。天工欲缀梅花衲，分付刘郎细剪栽。多少风骚惜古人，未曾修到劫前身。从今都入扶山座，齐与寒香结净因。

吴润平梅史诗云：修到梅花说几时，嫩寒春晓两三枝。扶山一卷诗如衲，可与南华共读之。我亦寻香踏雪流，吟无一字及罗浮。云中白鹤耽诗癖，不待桃花赚著刘。

叶兰成秋岚诗云：炎海高人古性灵，万株梅裹醉魂馨。始知逋老巢居阁，不及君家却月亭。名句六朝供采择，寒葩千点现娉婷。挑灯细读浑忘睡，似有幽香透曲棂。

谢家兰诗云：相国石肠偏斌媚，道人铁脚自清奇。揭来补衲搓云絮，锦字还今集古诗。琼蕊粉披信手拈，偶然妙合自巡檐。从今省识和羹法，得味原来水着盐。牟尼一串智珠圆，修到梅花句亦然。想自天台倦游后，移情雅许伴逋仙。

读此数诗，兼各人手写。摸勒墨迹，犹可想见承平时骚人韵事也。

卷 六

清杨秀清祖籍嘉应

商务印书馆出版徐景新编《小学新时代历史教授书》第二册第十一课参考材料有一小条：杨秀清，原名嗣龙，广东嘉应（今梅县）人，后迁居广西桂平，先世以种山烧炭为业。嗣龙有机智，人材出众。洪秀全约为兄弟，改名秀清。秀全为天王，一切政事都取决于秀清云云。此等事实，究不知编者采据何书而言之确凿如是也。

洪秀全祖籍嘉应

但焘译订之《清朝全史》下卷六十二章《太平军之大起》一节云：洪秀全于嘉庆十八年生于广东花县，彼族实由嘉应州移来之客民也。据此，则洪杨二人俱属吾梅客族。虽大业未成，然以山县一隅之民族，而能与宰制中国二百余年之满族相抗衡。嘻，亦奇矣。宜乎当时左文襄有"太平军起于嘉应，灭于嘉应"之奏报也。

嘉应林泰清扈从光绪慈禧逃难

又但焘译《清朝全史》下卷八十三章内，引胡延所著《长安宫词纪事》一则云：京师七月之变，两圣乘车至沙河。岑春萱以师迎之，随扈而西。有材官林泰清者，短小精悍，膂力过人，步行扈驾，不离跬步。溃兵乱民有来犯者，辄手刃之，日恒杀数十人。在长安行宫为余言曰：圣驾出居庸关时，匪党四出，枪弹如雨，两圣共乘一车。皇上坐车内，慈圣坐辕上以蔽焉。皇上固请易位，泰清亦跪而请之。慈圣泫然曰：皇帝关系重大，何可临锋镝耶！予老矣，无妨也。呜呼，患难之际，慈孝益彰。泰清言至此，涕泗交下，须髯奋张。延闻之，几痛哭失声。

按：泰清，为梅县西街红杏坊人，其母乃余族曾祖姑也。泰清幼时，常随姑母来余家（余不及见，据先君言如此）。己未寇乱后，出门数十年，杳无音息。逮庚子拳匪之变，辛丑两宫回銮，林始以沙州营参将，由陕扈驾入京。其冬忽寄回数百金，时伊母已九十余，尚病在床褥也。姑母即于是冬逝世，林未几亦没于京邸，卒未返里焉。

嘉应林泰清扈从光绪慈禧

庚子两宫西狩，行在内庭支应局督办胡延撰《长安宫词纪事》，有一章云：亦有材官似虎罴，迎銮为说出关时。播迁倍觉君王重，翼蔽方知圣母慈。自注：京师七月之变，两圣乘车至沙河。岑春萱帅师迎之，遂随扈以西。材官林泰清者，短小精悍，膂力过人，步行扈驾，跬步不离。溃兵乱民有来犯者，辄手刃之，日恒杀数十人。在长安行宫，为延言：圣驾出居庸关时，匪党四出，枪弹如雨。两圣共乘一车，皇上在车内，慈圣坐于

辕上蔽之。皇上固请易位。泰清亦跪请之。慈圣泫然曰：皇帝关系重，何可使临锋镝耶！予老矣，无妨也。呜呼，患难之际，慈孝益彰。泰清言至此，涕泗交下，须髯奋张。延荦闻之，几于痛哭失声矣。

按：但译《清朝全史》，即据此《宫词纪事》自注采入之原文也。

嘉应林泰清在长安以甘军肃卫行宫

胡延《长安宫词纪事》又一章云：东西卫尉两边分，门里材官萃若云。禁旅新添程不识，鹓行忽有上将军。自注：行宫大门分内外二门，内宿卫，皆岑抚部下。甘军以金造林泰清、马福祥分统之。圣驾将行，特命固原提督邓增，率所部随扈。邓遂日至殿上，与延荦同进退焉。

按：读此诗及注，可知泰清随銮至长安后，乃分统甘军，肃卫行宫也。

嘉应杨滋圃谐趣对联

梁绍壬著《两般秋雨庵随笔》，卷七《公牍》一条云：公牍，字义有不可解者。查，浮木也。今云查理、查勘，有切实义。吊，伤也，悯也。今云吊卷、吊册，有索取意。绰，宽也。今云巡绰、查绰，有严紧义，当有所本，未之考也。嘉应杨滋圃，游幕南阳，作楹帖云：劳形于详验关咨移檄牒，寓目在钦蒙奉准据为承。云云。按：滋圃，名向荣，西街忠孝里禾稿塘人。光绪癸未，倦游归来，值叶恂予学使岁试，始青其衿，时年已逾周甲。至此，联语殊诙谐有趣，其句法，乃套取柏梁联句"枇杷枣栗桃李梅"来也。

黄梅贪污案

诸城窦东皋光鼐先生学行深纯，尤长于制艺，屡掌文衡。乾隆五十一年，因浙江州县仓库亏空，特派大臣阿文成公与姜晟、曹文埴、伊龄阿先后驰往查办，伊龄阿旋留为巡抚。是时，窦公以吏部右试【侍】郎督学浙江，甄拔名宿，声誉翔起。高宗密敕，将仓库事据实陈奏。窦公严劾平阳知县黄梅，丁忧演戏，借弥补仓库为名科敛肥橐，赃款累累。温旨褒其不避嫌怨，而阿公等查复，则谓并无无其事。窦公具疏执辨不休，并亲赴平阳访查。伊龄阿劾其在明伦堂召集生监，询以黄梅劣迹。答以不知，则咆哮发怒，用言恐吓，勒写亲供，奉旨褫职。窦公未及复奏，伊龄阿又劾其在城隍庙多备刑具，传集书役，追究黄梅款迹，生监平民一概命坐，千百为群。及回省时，携带多人，昼夜兼行，致水手堕河淹毙，并有不欲作官、不要性命之言。奉旨拿交刑部治罪。窦公抵杭，旨尚未到，而官民皆知学使被谴，巡抚已密遣人守其衙署。忽有归安诸生王以衔、王以铻，以门生投刺来谒。窦公见之，二生请间入内，脱留棉袄一件，称报老师识拔之恩。窦公拆视，则皆黄梅按亩勒捐之由单、印票、图书、收贴二千余张，喜极欲狂。盖窦公虽亲赴平阳，而自抚藩以至府县，早已豫为布置，故于黄梅赃款，虽略得佐证，仍未获其确实凭据。二王以邻郡诸生，密为收积，人固不及防也。窦公于是奏称：黄梅以补亏空为名，按亩敛钱。户给官印由单一张，在任八年，侵赃二十余万。因将由单、印票、图书、收贴，各检一纸呈递。奏甫出，而中丞派员押解，银铛就道矣。上谓凡事可伪，而官印与私记不可伪。且断不能造至二千余张之多，况字贴俱有业户、花名、排号，确鉴可据。因命阿公中道折回浙省，且免窦公拿问，同往审讯。阿公旋奏：黄梅勒借民钱，侵用由单公费是实。奉旨：伊龄阿与前抚福崧，皆严议革职，阿公等亦皆议处。窦公回京，署理光禄寺卿。

吾梅旧传：黄梅举人官知县，犯截腰罪，死得极惨。但不详所犯何罪，至受此极刑也。今观此案，结果两抚革职，钦差亦受处分。则黄梅本身罪情重大，自不待言。至此人是否即吾梅之黄梅，则尚待考查矣。

宋湘剃头

宋芷湾先生名湘，粤之嘉应州人。相传先生微时，曾操剃发业。某贡士讲学于广州，一日值课期，某学生适欲剃发，传匠至，则先生也。时先生年尚少，偶问学生今日所命题，学生告之，且曰：汝岂解此耶？曰：曾学为之，未敢自信也。学生异之，即命拟作。先生即为拟一稿而去。学生即冒为己作，以呈贡士。贡士读之，曰：是非汝所能为，必有捉刀者。具以告，贡士尤异之。呼之来，叩之曰：汝具可造才，胡乃舍之而执此微业？先生告以贫。贡士曰：汝且辍汝业，来为我司爨，得隙尚可学为文也。先生喜从之，而每失炊。贡士曰：是汝以听讲故致误也，盍改为余司出纳？先生益喜，由是学业大进。年余，学使按临嘉应，贡士促赴童子试，果获售。明年，乾隆壬子领解。嘉庆己未，成进士，入词馆，斐声海内矣。

按：先生《家传》云：九岁师伯叔文会，即伸纸为文，有奇气。是先生为书香世族，何至执剃发微业？说颇可疑。说者又谓：粤中剃发匠，强半为嘉应州人。嘉应州人强半业剃发，此盖王师入粤，先下嘉应州，剃发令下，就命嘉应人操刀为之，子孙遂世其业，无足为讳者。然吾终不敢尽信，以重诬先达也。或曰：人以先生文章彪炳一时，而适为嘉应人，故附会此说，以励学者耳。说似近之。

按：此条见于近人所著《清朝野史大观》"艺苑"门，未知该书采自何人笔记，细玩此文，不惟诬蔑先生，实并有意污蔑梅人。梅人以地方贫瘠，农产不足以自给，又缺乏工业，故业此者较多，但不能谓梅人以此为子孙之世业也。至谓王师入粤，先下嘉应云云，则尤为无稽谰言。概末之前闻《宋公家传》，余未之见。唯童时习闻宋公尊人为名诸生，授徒某塾。适邑人有松江文课大会，曾题为《哀公问弟子孰为好学》一章。宋公时年才十二三，初学作文，即获首选，其文传诵一时，则属事实云。

翁方纲戏论宋湘

粤东宋茝【芷】湾观察湘，学人也。颇有诗名，一日在苏斋谈艺，苏斋曰：可惜茝【芷】湾一好人，不读书。茝【芷】湾愕然。又曰：尔读书，是一翻就过，算不得读书。又曰：尔诗才却好，何不作诗？茝【芷】湾又愕然。又曰：尔诗是三杯后，随笔一挥。如何算得作诗？茝【芷】湾为之悚然。尝谓老辈法眼，可畏如此。阮芸台先生亦云：世人每矜一目十行之才，余哂之。夫必十目一行，始是真能读书也。此皆可为后学顶门针。

按：此条评骘宋公诗学，颇具至理。吾梅诗人，充其量可为名家，而不能为大家，端在于此。至苏斋，乃翁覃溪学士也。

颜鸣皋考武举

颜军门鸣皋，粤东梅州人。性豪迈，喜读书。时有相士谓其他日当以长枪大剑取功名。颜嗤其妄，攻苦益力。年届三十，急于进取，居父丧，禅服未终，应试入学，为乡人攻讦被斥。或谓之曰：相士之言验矣。观子骨相，魁梧奇伟，异日当为朝廷寄阃外任无忝也，安事穷年呫哔为？颜韪其言，弃读，习骑射。越岁一试冠军，遂登武科。公车北上，舟抵维扬夜泊，闻邻舟乡语喧呶。过访之，则皆南越应武会试者，因同行。有番禺朱

某，病剧垂毙，议举而弃诸崖。所虑者他日归乡，朱之亲属索尸棺结讼耳。颜曰：此大不可。公等与朱居同乡里，忍弃之原野，饱犬豕腹乎？众曰：君独非同桑梓乎？盍过君舟？或起死人而肉白骨，徒为局外人议论，无当也。颜遂毅然挈朱归舟，亲视汤药。越日，舍舟登陆，而朱病益甚，殁于车中。途次无以为敛【殓】。旅店已死者，不得入。遂以帕蒙死者首，托言猝中恶，恐车中颠播，负之行三十里，晚入旅舍，主人勿辨也。次日，择土殓埋，封识而去。比入场，颜固文士，武备非夙娴，而策论则洋洋数千言，场中莫与埒同。考官以其外场，仅列单好，姑置之。夜分假寐，恍惚见案上发奇光。起视之，则颜卷也。挑灯细阅，不觉击节。曰：此人异日为将，祭遵羊祜之俦也。荐于主司文正公，并述其异，遂登上第。后历任海疆，至福建台湾镇署水师提督，以功名终。

按：主司文正公，当是诸城相国刘纶也。其选士若此，可谓能识牝牡于骊黄之外矣。

温生才刺杀广州将军孚琦

温烈士生才，粤之嘉应州人。少孤苦，六岁母又弃去。乏雁行，亦鲜姊妹，伶仃无靠，乃就食外家，与群儿异，识者固知其非常材也。年十四，被匪人诱至荷兰，充刈草工。三年，转返大霹雳，任锡矿役。磨骨折筋，日仅代价六七毫而已。工暇，入矿设之公益学堂，习英语文字，亦略有解悟。惟壮年时，曾失身役隶，实因在矿次，乘隙逃回。无可栖止，计无所之，不得已也。历随沈宗济、荣勋、魏邦瀚，折而赴越，充常春亲兵。又改隶冯子材营，执旗牌役。阅历现状既多，恨满族特甚。嗣回霹雳，曾从中山游，于是革命之念益坚。

会辛亥三月，法人组织之远东飞艇社，就广州之东门外燕塘地方演放，遍邀各当道参观。时孚琦以摄政载沣之内戚，得不次升擢，荐至署理广州将军。浮夸习性，好事纵游，乃税驾往观，此三月初十日事也。迨回跸，尚欲入看农事试验场，及新军驻在地。甫至东门直街尾谘议局前麒麟阁门次，温烈士突从人丛中跃出，闯向轿前，手持五响快枪向璞孙（孚琦字）猛击。头枪中孚琦头部，卫队骇绝奔去，轿夫亦弃之逃。温得继续从容发射者，实奇遇也。计中大【太】阳穴一枪、脑门一枪、颈项一枪、身部一枪，孚琦倒矣。两足横支轿外，血涔涔直涌。谘议局守卫巡警郑家森见肇祸，森因手无枪不敢护，亦不敢捉。嗣见温烈士弃枪，从东校场口积厚新街遁，方敢尾追。直至东关凤仪街，方遇河南侦缉队黄熙村，乃约合跟踪至永胜街。因遣黄通知东二区分驻所岗警陈金鸣笛，召到他段岗警周定邦、曹德二人，协同拿获。即由东二区分驻所飞禀警道，警道饬交番禺县，即飞禀张督。

时张鸣歧【岐】方（方）督粤，闻耗大骇，即据情飞电入奏。一面赶饬广州府，以次各官护送将军回署，然璞孙已气绝多时矣。饰终之典，颇极奢丽。一棺之费，去价八百金，由黄梨巷长茂板局办呈。绸缎由广州府署前公益号选进，价亦两百余金。卜吉十一日申时大殓，张督以次，皆往吊祭。孚妻尚氏诛求不已，尚欲究及护兵。张恐酿成变局，不允乃止。（参阅《当代名人事略》）

按：清季排满之说盛倡，暗杀事件纷起。然从未有大功已成、从容就义如温烈士者，盖自孚琦一击后，而满人丧胆矣。

陈敬岳林冠慈刺杀广东水师提督李准

宣统辛亥三月二十九日，革命党在广州失败后，陈敬岳、林冠慈欲暗杀李准，买轮返省。直伺至闰六月十九日，值李准调查清乡回省，舆过太南门，行经双门底怡兴机器制衣店前。陈与林以手枪猛击不中，遂抛最猛烈之炸弹，不意弹心落地稍偏，仅轰毁其轿及夫役，微伤准右手及胁。而

准随遁入广中和药丸店。卫队开枪还击，林冠慈死之。陈敬岳旋亦被执。准至店后，痛极昏去，鲜血淋地不止。比昇至藩署，仅胸部稍温。时张鸣岐任粤督，乃微服杂卫队中，徒步往视慰问。时准已无所答，惟痛极乱语耳。事后张代入奏，竟有纵身飞上高墙，及裹创格毙两匪，勇气百倍，迥非常人可及云云。奏上，竟膺懋赏，并由内务府颁出平安丹六瓶，回生仙丹六十锭。嗣清乡总办江孔殷（翰林）闻耗奔至，并约爱众医院西医达保罗诊治。达为钳出手部弹片，又割开胁肉，用磁石吸取伤口内屑弹碎片，敷药三月方愈。当时，达细验弹质，尚无毒性，乃免冠为李贺。盖陈烈土【士】素讲人道主义，所制者乃文明弹也。否则，李准鲜有不死者。陈烈士被获后，李世桂改提至海珠细讯，旋得部电，照行刺大员未成例，判为监后绞（按：当作绞监候）。

按：是时李准以道员改武职，任水师提督。烈士亦梅县金盘堡人，与温烈士同堡，家相距约二十里。嘻，异已。（又按：以上八则，均采自《清朝野史大观》）

黄韶九山水画

《寒松阁谈艺琐录》，浙人张鸣珂撰。考其《自序》，是书刊行于光绪戊申，时年正八十也。卷二有一则云：黄韶九振成，广东嘉应州人，道光己酉举人，出吴少村丈房，后官江西知府。山水【画】作麻皮皴笔墨，秀雅士夫笔也。粤地多蛮山，画家率粗犷，乏生趣，韶九一洗之，颇似江南人笔墨。

今按：《州志》选举表，却无黄韶九其人。岂韶九由外籍中式欤！但《琐录》后一则又云：同治甲子，吴少村丈由粤藩擢抚楚北。据此，则韶九又当为吴官粤时所荐士矣。

卷　七

杞国公陈德碑

　　孝【李】绣子《著花庵集》卷二有《拜陈杞公墓》一律云：松楸苍翠郁连云，下马来瞻杞国坟。十庙馨香谁忝窃，诸侯钩党不堪闻。磨盘寨冷生秋草，别笃山高挂夕曛。回首当年征战地，几人犹说上将军。

　　按：公墓在东较场武庙西数十步，墓碑止题：临汀（江）侯耆叟九十寿。左旁题：洪武十七年，清乾隆某年。其他碑字，已漫漶不可辨识。李诗题曰杞公，盖据《明史》"公殁后追赠爵位"而称之也。今考《明史》本传：陈德，字至善，濠人。世农家，有勇力。从大祖于定远。以万夫长从战，皆有功，为帐前都先锋。同诸将取宁、徽、衢、婺诸城，擢元帅。李伯升寇长兴，德往援，击走之。从援南昌，犬【大】战鄱阳湖，擒水寨姚平章。大【太】祖舟胶浅，德力战，身被九矢不退。从平武昌，大败张士诚兵于旧馆，擢天策卫亲军指挥使。吴平，进金大都督府事。从大将军北取中原，克元汴梁。立河南行都督府，以德署府事，讨平群盗。征山西，破泽州磨盘寨，获参政喻仁，遂会大军克平阳、大【太】原、大同。渡河取奉元、凤翔。至秦州，元守将吕国公遁，追擒之。徐达围张良臣于庆阳，良臣恃其兄思道为外援，间使往来，德悉擒获，庆阳遂下。又大破扩廓于古城，降其卒八万。洪武三年，封临江侯，食禄一千五百石，予世券。明年，从颍川侯傅友德伐蜀，分道入绵州，破龙德，大败吴友仁之

众，乘胜拔汉州。向大亨、戴寿等走成都，追败之，遂与友德围成都。蜀平，赐白金彩币，复还汴。五年，为左副将军，与冯胜征漠北，破敌于别笃山，俘斩万计。克甘肃，取亦集乃路，留兵扼关而还。明年复总兵出朔方，败敌三岔山，擒其副枢失剌罕等七十余人。其秋，再出战于答剌海口，斩首六百级，获其同签忻都等五十四人，凡三战三捷。七年，练兵北平。十年，还凤阳。十一年，卒。追封杞国公，谥定襄。子镛，袭封。十六年，为征南左副将军，讨平龙泉诸山寇，练兵汴梁。十九年，与靖海侯吴桢城会州。二十年，从冯胜征纳哈出，将至金山，与大军异道相失，败没。二十三年，追坐德胡惟庸党，诏书言其征西时有过被镌责，遂与惟庸通谋，爵除。

据此，则侯墓碑追赠及谥号，均阙如。且洪武十七年子镛袭爵，尚统军出征，决无来梅改葬之理，必俟党祸爵除之后，侯之子若孙，移家于梅，始迁葬今墓。至此墓碑，想又在清朝乾隆时修墓所补竖者，故若是阙略也。

州志《祠墓》一门，不及采入，可谓疏略。至绣子先生诗磨盘寨一联，不读《明史》本传，必不知其诗运用公事之如此典实矣。

吕生食黄精成仙

赵与时《宾退录》辨证吕翁非洞宾一则，引《唐逸史》曰：程乡、永乐两县连接，有吕生者，居二邑间。为童儿时，畏闻食气。为食黄精，日觉轻健，耐风寒。见文字及人语，率不忘。母及诸妹，每劝其食，不从。后以猪脂置酒中，强使饮。生方固拒，已嘘吸其气。忽一黄金人，长二寸许，自口出，即仆卧困惫，移时方起。先是，生年近六十，鬓发如漆。至是皓首，恨悁垂泣，再拜别母去，之茅山，不知所终。此又一人也，何神仙多吕氏乎云云。考程乡旧志，并未载有方外吕氏其人者。所云与程乡连接之永乐县，当为长乐之讹。《唐逸史》未知何人所著，此书现仍存否，均尚待考查也。

《清史·李黼平传》

清史设馆编纂，始于民国初元。今且年逾廿稔，全书尚未告成。已刊行者，止有列传八十册，梅人有专传者仅四人焉。入儒林者，为李黼平；入文苑者，为杨仲兴、宋湘、吴兰修。今照录如左：

李黼平，字绣子，广东嘉应州人。幼颖异，年十四，精通乐谱。及长，治汉学，工考证。嘉庆十年进士，改翰林院庶吉士，散馆授江苏昭文县知县。莅事一以宽和慈惠为宗，不忍用鞭扑，狱随至随结。公余，即手一编。民间因有李十五书生之目。以亏挪落职，系狱数年，乃得归。会粤督阮元开学海堂，聘阅课艺，遂留授诸子经。所著《毛诗绅义》二十四卷，元为刻入《皇清经解》中。后主东莞宝安书院，课士一本诸经，人咸爱重之。道光十二年卒，年六十三。他著有《易刊误》二卷，《文选异义》二卷，《读杜韩笔记》二卷。其论诗谓：心声所发，含宫嚼羽，与象箭胥鼓相应。故所为诗，专讲音韵，能得古人不传之秘。有《著花庵集》八卷，《吴门集》八卷，《南归集》四卷，《续集》四卷。

按：本传列《儒林下》卷六十九，与曾钊林伯桐、吴懋清合传云。

《清史·杨仲兴传》

杨仲兴，字直廷，广东嘉应州人。雍正八年进士，授福建清流县知县，以罣吏议去。后复起广西兴安县知县，累迁至湖北按察使。复夺职，改官刑部郎中，以疾乞归。仲兴精力过人，手披口答，五官并用。所至山

川阨塞，民食缓急，与夫学校书院兴废，必尽心力规划。尤工古文辞，袁枚尝称其古奥深峭，浸淫两汉，非止规抚昌黎。著有《性学录》《读史提要》《观察纪略》《四余偶录文集》。

按：本传列《文苑二》卷七十一，与林蒲封合传。

《清史·宋湘传》

宋湘，字焕襄，广东嘉应州人。九岁，见诸伯叔为文会，即取片纸学为文，下笔有奇气。嘉庆四年进士，改翰林院庶吉士，散馆授编修。十二年，出为云南曲靖府知府。所属马龙州，地瘠民贫，湘捐俸购木棉，教妇女纺织。不期年，比户机杼声相闻，州人利赖之，名曰宋公布。寻署广南府，城内地高，饮水艰难。湘为度，凿东、西二塘。权迤西道，所属大饥，捐俸赈恤。署永昌府，有湾甸者，所属土州也。土知州某死，未有嗣，亲支景祥护印。有景在东，远族也。乘景祥懦，谋袭土职。招匪党千余，将攻保山县。湘恐为前明二莽续，乃激厉【励】民夷，使协攻贼。贼据温坂山险以拒。湘与僚属游栖贤山，从容赋诗。贼侦之，备少弛。一日归，时已晡，忽集乡兵数百，连夜兼行。迟明，抵温坂，贼出不意，惊溃。又以计散其党羽，获在东，斩之。边隅以靖，郡人德之，塑生像祠焉。道光五年，迁湖北督粮道。明年卒，年七十一。湘负绝人姿，又肆力于古，为文章醇而后肆，诗沉郁顿挫，直逼少陵。粤诗自黎简、冯敏昌后，推湘为巨擘。著有《不易居斋集》《丰湖漫草》《续草》《燕台》《滇蹄》诸集，《红杏山房诗钞》。

按：本传列《文苑三》卷七十二，与温承恭及吴兰修合传。

《清史·吴兰修传》

吴兰修，字石华，亦嘉应州人。嘉庆十三年举人，官信宜训导。生平枕经葄史，构书巢于越秀书院，藏书数万卷。自榜其门曰：经学博士。又以桑梓之邦，数典宜核，乃撰《南汉纪》五卷，别为《地理志》，以补诸家之遗舛。为《金石志》，以搜当时之轶闻。皆详而有体，核而不华。兼擅算学，撰有《方程考》，末载《通御》《附辩》二门，有功九数。他著有《端溪砚史》三卷，《荔村吟草》《桐花阁词》。

林大春《徐铿传》

顺德冯奉初氏编《潮州耆旧集》，专采明代有专集者二十二人。文章经济，卓然可传，诚钜观也。潮阳林大春所著《井丹集》，有《徐君传》一篇，前之修志乘者，固所未见也，爰亟录之。传云：

程乡徐君，以明经举岭南乡荐，历官为分水令。既归，余十年所矣。日惟以著书善俗为事，暇则啸傲邱园，作寿域其中。拉朋旧往观之，酒酣击节，叹曰：嗟乎！大丈夫生不能大用于时，即死犹当图不朽耳。有如不佞，一旦弃公等，长眠于此，可无一言以志吾墓乎？吾闻海隅林生，知言君子也，盍往征之？于是，斋沐具书，肃使者，诣林生，请志寿藏。会林生东游名山，舣舟于程江之浒。徐君闻之，喜曰：吾今乃得见林生矣。趣【趋】驾过林生，为言畴昔致书状。居数日，使还，以书示林生。林生谢曰：达哉！徐君可以志矣。顾古有气凌云而倦游，节飧英而赋归者，君知之乎？曰：知之。曰：文园惧世之莫称也，而自著《本传》；彭泽惧后之无闻也，而自传《五柳》。彼二子者，固皆达人也。君如有意于此，则人

之知我，孰如我之自知哉！即自志焉可也。徐君曰：不然，盍言渍必征诸史，行方必取诸儒。是故元方借誉于邯郸，河间流韵于崔子，有以也。幸吾子其勿辞。于是，林生许诺。若曰：无已，请为君传之。及别，归逾岁而传不成。徐君讶曰：余闻林生无宿诺，今者幸托名山人之灵，以缴惠林生意者，生得毋忘之。乃因谢子，寓书督过林生。林生曰：非敢忘之也。尝闻行百里者，半九十里；登泰山者，至梁甫。是以仲尼七十，方不逾矩；卫武九十，未忘箴规。今君年未艾，而道日益加，修何可限也？吾是以迟之。虽然，君志定矣，老将益壮，固可书已。作《徐君传》：

徐君名铿，字伯鸣。其父仕嘉靖中，为龙南令，有治绩，号梅林先生。生四子，惟君与仲，以科贡起家。仲蚤卒，君其季也。君少喜阳明之学，而嗜其文，多慕效之，下笔辄滚滚数千言不休。尝读《名臣言行录》，慨然以先达自任。及领乡荐，上春官也，顾屡试弗偶。时会龙南公先世【逝】，君独与母古孺人居。孺人诫曰：往者，仲子弗仕，遂弗逮养而父。乃今，予且老矣，儿复奚俟。于是，君始遄选，得西粤之罗城令。罗城，故民夷杂处，号难治。君至，以慈抚之，以威莅之，罢冗役，蠲逋赋，建堡设障，凿石通衢。居逾岁，而复土酋侵地若干里，齐民德焉，为伐石纪功。寻以母忧去。其起，补分水也。实本罗城治行故，故至则民悦矣，而厉溺女之禁，严轻生之罚，罢无名之供，立轮输之法，与夫重学兴文、济贫恤孤、起敝维风诸事，尤其彰明较著者。于是，当道廉其能，议调山阴，以父老乞留止。然君政在养民，至于豪猾有犯，辄置诸理，不少贷。以故豪民患之，乃疾走京师，伪为君使，馈铨曹千金。铨曹大怒，欲黜君无间，遂转君秦王府审理。及命下，询之，始知其为豪民计。然业已迁，无及矣。而当道诸公复议，疏留不果。君遂浩然赋归，分阳人至今祠祀焉。先是，君复侵地于罗城，土酋憾之，使人以蛊中君，竟不死。分阳时，境内有虎噬人其【甚】炽，君为文驱之，竟得三虎，伏辜以殉。其异异如此。

论曰：余盖闻之，刘安有言：轻天下，则神无累矣；细万物，则心不惑矣；齐死生，则志不慑矣。夫以徐君之才，即畀之以八面之寄，宜无不可者。乃竟止一令，且令以执法故，迁为王官驱矣。然使其凭轼而西入秦，又何止王门之不可曳长裾乎？乃竟不往，其于得丧可谓轻矣。方土酋之见仇也，人谓酋必用蛊，蛊能杀人。君笑曰：死生有命，蛊何能为？分阳有虎，邑中之人失色无主。君坐而擒之，如殪犬豕。其于万物，可谓细矣。笑傲丘园，预筑寿藏，千里驰书，诣予请言，其于死生可谓齐矣。吁嗟，如是而所以为徐君者亦足矣。彼世徒以负奇任怨，以文章自命论徐君者，岂不戈戈乎知徐君也哉。

按：大春，潮阳人，嘉靖进士，官至浙江提学。故《耆旧集》不曰《井丹集》，而称《林提学集》。

林大春《伸威苏公平寇序》

《林提学集》又有《伸威苏公平寇序》。文曰：万历改元，广南大剿惠潮山寇，克之。其年，督府移军惠潮，大会将士于白鹤之野，遂进师于长乐。今伸威宪使如皋苏公，实监督之。越一月，长乐平。诸所上功，次捕卤以千计，盖殊捷也。先是，黄巢石硿之寇为乱，大震于揭、永、丰、乐之疆，为前伸威张公所破，语具余《两广平蛮碑》中。当时，庙议方欲移兵遍剿诸巢之未靖者，乃适以师老中止。会今上即位，锐意治安，诏书屡下，每廑东顾。至于惠、潮两郡，复罹恤有加焉。盖伤元元之苦于盗贼，而思所以拯贷之也。至是，守臣既以便宜闻，乃厚集兵粮，六道并进，而以藩臬诸公分董其事。苏公因遂有长乐之役，以克底于成绩。其属邑令长乐艾君、龙川尹君、兴宁俞君者，乃以谋之。

程乡令武君，致书于余，请纪其事。大意谓：两郡之寇，声势相倚，均之未可易制。惟长乐一县，介于循梅之间，聊络江岭之裔，万山蟠郁，贼居其中，一夫狂呼，援绝其表，玩之则蚕食累岁，急之则狼奔四出。斯

乃东峤之极冲，而北户之要害也。以故先朝特用廷议，分道于此。寻易伸威宪节，以弹压之。所为控阨塞，据上游，以寝奸萌之虑，至深远也。乃今苏公特膺简命，适逢大举师兴以来，不遑启处，其连筹决胜之猷，设伏出奇之略，固宜有勒之金石，树之全镇，以备史氏之采者。惟是一方仰藉之私未展，吏民颂德之辞未彰，惧非所以扬休烈而系无穷之思也。用是，敢缴惠于下执事者，惟执事者图之。

余得书，欢曰：嘻嘻！是诚盛举。顾不敏，何足辱之。虽然，吾潮固公所覆庇之乡也，幸赖山川之灵，当道之赐，诸巢亦已次第举矣。假令长乐未平，将引东寇为援，且奔突于我郊。我兵愈益敌，贼愈益炽，潮人虽欲一日安枕，得乎？固宜武君欣戴之意，与二三君子同之也夫。即武君欣戴之意，与三君子同，则潮之人士所宜共欣戴于公者，亦将无异于惠信哉，辞之不可以已矣。而况重之于武君之请，则亦乌可以不文为辞。然或者又谓：苏公雅度，不伐兹役，不崇朝而岭左肃清，群雄授首，功至钜矣。独其急攻之际，偶有一酋逸去，竟以别枝得之，是公之所为谦让而不居者。余兹请以猎喻：使有虎于此，势方负嵎【隅】，将搏之乎？抑急而逐之，俟其走平原失故步而后搏之乎？如俟其走平原失故步而后搏之，虎因以毙，而反不以逐者为功，亦已过矣。且古之善将者，其战也常在百里之内，其胜也常在千里之外。故能衽席之上过师，非徒计功目前，拘拘于斩一级俘一虏，如偏裨之为者？此在公之自信而已矣。于是，报书武君，且叙次其语，以为公赠。或曰：子何以知苏公。曰：公往仕漳泉，声称甚。其督储【诸】吾省也，下民德之。由此观之，公盖实有诸内，而经济之才业已见之于外者也。虽欲弗知，胡可得已！

按：《序》言伸威镇置于长乐，简命巡道驻此。《明典汇》：嘉靖四十二年十二月初，以方逢时为伸威道副使。时惠州贼伍端等，大肆杀掠。特设伸威道，巡视惠州。阮《通志》又云：伸威镇，在平远县境，当据《明史》。《方逢时传》：广东江西盗起，诏于兴宁、程乡、安远、武平间，筑伸威镇。擢逢时广东兵备副使，与参将俞大猷镇之。而云然也。《传》又云：程乡贼平，移巡惠州。此则序所云置于长乐者。盖是时长乐属惠也，但不知筑镇于平境，是否有城堡耳。初诏设镇时，跨有赣粤闽三省边隰，其辖境已不小，军事上之重要可知。州志《寇变》门：万历初元，苏公任伸威使，平寇事不载。此序文可补其阙。

程令武公者，乃武尚耕也。《宦绩》门有传：公字泰川，万历间任。邑人立专祠程于江驿祀之。读此序，公或者曾与于平寇之役（又考集中，有《赠李见罗节镇伸威序》云：伸威，盖岭东巨镇，建节循惠之间，吾潮其治境也。又有《伸威张宪使平寇序》云：公前年平河源矣，次平西桥矣。去年，复平杨子亮矣，云云。又曰：今杨子亮之平也，在公诚为习见之事，不足以侈茂伐而扬休烈，亦明矣。而其属海丰杨尹，乃特以书属余，云云。是此序，专为张平杨子亮而作者。州志《寇变》门：韩莆都老贼杨子亮，隆庆三年纠合刘汉纲等，寇石镇屯鸟石等处。副使王化征剿，追至铜鼓嶂，攻之，斩子亮。而无张宪使平寇事，足见前志采辑之陋略矣。）

至如皋苏公，其名字则尚待考查。（温训《长乐志》：隆庆六年十月，大集讨贼，游击王瑞出长乐，苏愚监之。万历元年，寇平。如皋苏公，殆即监王瑞军之苏愚欤。）而张宪使，当即按察使张子宏也。《州志》采《长乐志》，则是役为平大节山寇，子宏监镇将李诚立兵，会江一麟所监程乡兵，杨芷所监潮州兵，讨平之事，在隆庆四年，而非平杨子亮矣。

李梗《黄一渊遥峰阁集序》

李孝廉梗，字其础，有《函祕斋集》二卷。阮《通志》及州志《艺文》门，均著录。《耆旧集》中《黄处士集》有先生《遥峰阁集序》。文云：

李子曰：吾今学诗，而愈知其难矣。间尝论之：文可以竟吾辞而达吾

意，诗不可以竟吾辞而达吾意。文不限于韵，而诗必限于韵。韵所不在，虽有妙语，直当割置，决不敢有牵扯弥缝之事。文可以单行，诗必取配。宜不得其配，遂有默默十年难焉。展【辗】转反侧，若文王之思得后妃也。然二者，非奇才不可，非深情至性实有郁于中而勃于外不可，非好学深思迟岁月以俟机感不可。三不得之说，余得之积水黄子焉。

黄子，当世奇男子。夙胎于情，长于侠，幼失怙恃，伤于怨，彷徉于山川，而又久于穷。故其为诗必奇无陈，必高无下，必永无近，必旷无狭。凡其怪怪玄玄，望而难即者，一皆准于人情物理事势以为之端，而绝远夫坚白同异浮游之说。特其寄托深长，笔墨幽郁者，山水之远观借天空以相际，葱苍淡漠之色，浮山水上耳。陈仲谋先生谓：其气格似韩愈，感慨似杜甫，信非虚也。尝闻之同人，读黄子诗，未有不掩卷拍案，欲急趋其人者。吾乡昔惟张曲江使人如此，孙仲衍未能也。黄子别业之门，有天外数峰，黄子以名其阁，余取以名其集。噫，当世有黄子者，其天外数峰哉！同社友人李梗其础序。

按：处士黄一渊，字积水，大埔县人，与同里隐士蓝嗣兰、程乡孝廉李梗为莫逆交。日以诗文相切磨，然负才数奇，仅博一明经而终云。（见《大埔县志·文苑传》）

黄一渊《李其础噫吟序》

《黄处士集》有《李其础噫吟序》一文，曰：吾其础盟兄，前此为诗，未尝出以示人。余尝偶见之，兄攫而还之。余退而喜其不汛滥略易诗也。譬之淬千金之剑，必不于沟渎之流。灌万顷之田，必不于担石之水也。有如汛滥略易诗而得诗，是古圣贤垂世之书行道而拾也。以至清至贵之物而得之酒肉交攻之中，岂有是哉。兄，志士也。所以不汲汲逐队为诗，余方幸兄为诗必也。皇天悔祸，我圣人赫然奋伐，内清外荡，作乐歌功，尊公为相，兄为史，拜而受命，退述公刘后稷勤劬开国之因，艰难王业之事，以告天地，以讽来兹。以瑞金汤世世，而不谓乃今为式微黍离之音也。诗成而国事非矣，奈何。嗟夫，甲申之役，尚忍言哉。时兄在天外，不得君父存亡消息，向余抱首泣血。即夜长征，而地方啸聚，乃留余看守二家。俯仰身杖剑独行，陟遍屺岵，扣天门，淋漓尽痛。暨初度之夕，得见尊公生还，搴裳拜舞，秉烛相对。而尊公出锦囊中血泪斑斑，且吟且啸，且泣且和。昔之攫而还者，而今决积水于千仞之溪，转圆石于泰山之巅矣。余虽欲出千手臂以掩其口，宁有及哉。

昔人云：曷不赋诗退敌？余谓兄诗且可退敌，但不能沥肉食诸公已死之心、已冷之气。一刷其平日贪婪无耻之行，娟嫉之胸，门户之见，一切虐民蠹国之技耳。如使良心未死，人气犹存。读兄诗如饮上池水，剖腹濯肠，改弦易辙，同心戮力，专以社稷为忧，矢死灭贼，则中兴之业，引领而俟之。余复见《江汉》《常武》之什，出兄怀袖耳。

读此序，知先生《噫吟》之诗，当在北都覆亡、探问宫阙时所作。其名集命意，当本梁鸿《六【五】噫》之义，但未知并入《函祕斋集》内否。不然，则此诗多感愤时事，有所忌讳，未曾收入集内。匿而不出，亦未可定。然得此序，而《州志》"艺文"门《噫吟》一集，自可补列先生著存目类中也。

黄一渊《复李其础论诗书》

冯奉初《遥峰阁集题辞》有曰：今观其论诗，以《诗归》为诗之功臣，亦一偏之见，而非诗家正轨。及读其上《张翰科书序》《李其础集》诸作，则激昂怆悦，拔剑哀歌。以饮流栖谷之人，而不胜风景山河之慨，然后知处士为胜国之遗民云云，斯言洵不诬也。

其《复李其础论诗书》曰：弟于此道，本无所得。不过因少年多难，

辟地天涯，踽踽孤绥，思牵病并，不觉吴吟，正所谓不及寒虫音也。然事非其才，声过其实，每于知己之言而赧颜乎？古作者之地，今乃斐然。纵锦之章加之敝缊之上，复苦指敝缊之质，认为纵锦之章乃复有所下问，以佐遗忘，是又剪敝缊以补纵锦也。大贤自有奖劝人伦之诚，穷子则却走骇倒之日矣。不问不敢先，问不敢不对。敬陈所闻，以供喷饭，惟吾兄容之。

夫诗之存也于魏晋，靡也于陈隋，振于唐，陈杜沈宋之功。李杜大发而纵横之前无作者，晚唐一陈隋也，将亡矣。五百年而至于国初，未能有崛起者。盖缘元朝之靡靡，而弦张不更也。李崆峒熟诵老杜，乃升高而大叫，自以为得之。嘉隆七子复熟诵崆峒，升高而大叫，自以为得之。此时风雅世界，一中原白雪世界也。楚袁中郎一起而扫之而微，然而魏晋之真诗未出也。中郎亦栩栩自喜耳。钟伯敬有忧焉，而选《诗归》。《诗归》，诗之功臣也。然好于嚼蜡咀筋，十之三矣。若其所自为，则余所评：幽闲而不能远，低徊而不能去。始于畏粗，而未免退入于闺阁。斯言得之，然陈闻也。悉以繁而不杀乎？以是为一代之盛衰所由来也。

今以愚见论之，诗之作也，始于有为而为，期于入道而正。其天在才，其人在悟。稽之隽钱之勇，而不得以仙也。才之说也，伯牙学琴于成连，三年而成。至于精神寂寞，未能也。成连曰：吾之学不能移人之情，吾师有方子春在东海中，乃赍粮从之。至蓬莱山，留伯牙。曰：吾将迎吾师，刺船而去，旬时不返。伯牙心悲，延颈四望。但闻海水汩没，山林宵冥，群鸟悲号，仰天叹曰：先生将移我情，乃援琴而弹之，悟之说也。

今迹而言之，其事有六：一取义之长，二浚思之深，三脱腕之警，四布置之宽，五结构之老，六音节之响。六者备，而道存焉，而真诗出焉。取义之长者何？夫吾本有是心，乃有是举。本有是言，乃有是语。无而有之，强笑不欢，强哀不苦。有而有之，文王之《关雎》，屈原之《离骚》也。其法在于少作，不感不作，勿牵人题，勿步人韵，选而后作是也。浚思之深者何？夫吾既有是情矣，可以言之笔墨之下矣。然而或直言之而不得，婉言之而不得，长言之而不得，短言之而尤不得，若是者何也？不将深思而苦探之而有得乎？入穴取子是也。脱腕之警者何？夫吾思之，欣然其有获也。急走笔而追之，半夜打门，求知见赏彼之识者。亦既首肯，然细察其精神意气，不跃跃然与吾来也为奈何，则是脱腕之不警也。脱腕之警者，冷水浇背，陡然一惊是也。于是成章而读之，无乃篇法局乎？试诵太史公《五帝本纪论》《秦楚之际月表》可知也。诵老杜《北征》，或红如丹砂，或黑如点漆。雨露之所濡，甘苦齐结，实可知也。然而起结纵控之间，或一字而通篇灵，或无甚关切而妙不可喻，必翩然其有态也，雍然其有度也，诎然其松柏髋也。掬而咀之，其味可数日存也。倾而听之，其音可去后闻也。欧阳公环滁皆山也，初累十余字，道不出刘伶鸡肋，不足以安尊粲而恶本，误当尊拳是也。又复于声音骨节之微，拟而铮之，苦者致其极苦，欢者致其极欢，幽者致其极幽，越者致其极越。如琴脱汗，如簪堕砖，如钟鸣霜，如水撞峡，如画家之春山笑、夏山滴、秋山妆、冬山睡而诗成矣。虽然，古三百篇，野人游女之言，其尽苦心于此乎？曰：其尽苦心如此矣。其情人思妇，苦于诗之先矣。或圣君贤相为之，稍稍润色矣。有如不知《七月》之章为周公之作，则亦野人游女而已矣。且夫大风拔山，古帝王英雄使尽慷慨，横襟洒酣，泣下与泪俱来，其所感发岂不甚于攒眉乎？然人不多篇，篇不多句，使一帝一王而暇作诗人，其亦有时至不至耳。

崆峒七子，师老杜而不谓之师。老杜，何也？入手之差也。古体七子谓唐无其音，姑不与论律诗，如《秋兴》风急天高，其祖述也。然《秋兴》之八，余所取者玉露、昆明二耳。其余可以不作也。风急虽强，集中甚众，岂遂压卷至于诸诗，则又平整凑泊【合】之言，正所云可以不作者。而崆峒方步步趋之，作《秋怀》八首，其最炙人口者，遂使至尊临便殿，坐忧兵甲不还宫。书生误国空谈里，禄食惊心旅病中句也。然余谓崆峒之妙，在一二古短歌谣，他非所便，即如坐忧兵甲不还宫，亦未云雅驯，不如坐忧兵甲宴还宫之为婉也。而或者定借口云汉矣。且百年万里，

乾坤日月，艰难潦倒，秦关汉月，白发苍江，有所思之类，时时颠倒出入笔端，使人见之，俨然老杜，无怪乎工部奴仆之讥也。下至七子，则中原白云，□□一意为响也。有闻琴而怡然乐之，愿学于师子开者，且三年将去师，子开曰：子未也。学者曰：可矣。遂去。无何而名播江汉，师子开怪而即之，声丁丁然可听也。师子开慨然叹曰：是能为响者也！七子之学如是。

吾乡孙仲衍，才子也。其《朝云集古》，真难与并驱。《被刑》一绝，易水再寒焉。及揽全稿读之，而向之所殷殷冀一见者，反误其得见。若是者何也？平日放浪诗酒，不即流连性情，物理不与之至，至于临绝，系恋君父，痛悼年华，低徊婉转，不知其工而工矣。向使仲衍平日取义深思，不恃其才竭于既尽，则安知其去太白也几希？又使太白而早遇圣明，少年得意，不狱不流，则又安知其去仲衍者几希？嗟夫，后有作者，其徐文长乎？文长才气牢骚，困辱非常，且年七十余而死，天所以尽其才，非耶？嗟乎！今有如文长之才，无其遇而得其岁月之久，而以苦心虚怀，无人不问，敌文长磨蝎也可乎？一代人文，追怀古昔，必于吾兄见之。

饶相《奏拨大埔县都图疏》

大埔饶相，号三溪，嘉靖乙未进士，官至饶州兵备。有文稿，《耆旧集》编为《饶副使集》。其《奏拨大埔县都图疏》曰：

为恳乞天恩垂怜，新设县治丁粮稀少，赋役繁重，添拨粮里以苏民困，以解倒悬事：臣缘本县所辖瀣洲、清远二都人民，先因隔离，旧属饶平县。鸾远法度不行，教化不及，以致盗贼纵横，民遭荼毒，两烦大兵征剿，祸犹未息。当时，二图遗民，如在水火之中，思就衽席，惟冀建设县治，以抒目前之祸，不虞后日之累。于嘉靖五年，内奏蒙新设县治，止拨瀣洲、清远二都。瀣洲都，原额里长二名；清远都，里长一名。粮共三千七百余石，人户未及二千余户。因嘉靖初年，遇例通融，粮白相兼，瀼洲都，编作十一里；清远都，编作九里。每一里长粮米，未及二十石，人丁共凑五十余丁，中间现存者少，逃亡者多。丁粮稀少，莫过于此。

比因地方稍宁，道路开辟。本县北接汀赣，南通潮惠，水陆并冲。官员使客，经过不绝，应付下程夫马船只之类，岁无虚日。兼且官吏胥徒，供亿浩繁。科派侵渔，尤难计算。丁粮减于饶平者四之三，赋役倍于饶平者十之五。即今设县以来，方十余年，小民应当差役，富者倾家荡产，贫者鬻妻卖子，仅能竭力支持。稍殷实者巳【已】变而为穷困，得安生者已追而之逃窜。若复不为之所，则必至于极敝大坏。又将驱困穷逃窜者而之盗贼，沟壑莫知所终矣。

臣切见本府所属潮阳县，粮米五万二千八百余石。揭阳县，粮米三万五百余石。海阳县，粮米二万六千八百余石。饶平县，粮米二万七千余石。程乡县，粮米一万四千三百余石。惠来县，粮米一万一千四百余石。人户各有数十余万。惟大埔新设县治，粮米止有三千七百余石，人丁未及二千余户。比诸各县，丁粮不及十分之一二。况兼路通冲要之所，徭役供亿之繁，比诸各县且加数倍。查得潮阳、海阳、惠来三县，丁粮虽多，地非接壤。海阳系附郭县分，饶平地方，后有九墩大山隔界，俱难拨补。惟程乡县溪南都一图二图，两图地方与本县瀼洲都地土相连，人民居处混杂相关。且以近就便，人情亦甚相宜，堪以拨补本县当差。又有本县粮米二千余石，先年因地方旧属海阳，混造于丰政等都册内，寄籍于海阳县当差。一向因袭，未蒙拨还。即今征税于大埔，当差于别县，深为未便。相应清查，拨回本县，随地当差。

伏望皇上天恩宏布，轸念民艰，垂怜新县丁粮稀少，小民不能支持，死亡无日。乞敕户部，咨行两广巡抚都御史，及咨都察院，转行巡按，广东监察御史，行守巡地方官会勘。如果县小役重，干系民瘼，事非得已，将程乡所辖溪南都人户丁粮，拨补本县应役。及将本县粮米寄籍于海阳者，尽数拨回本县，随地当差。仍复旧额，每粮米五十石，人丁一百丁，

编为一里。则户役丁粮，稍有适均，少解倒悬之苦，而获永逸之休。下邑小民，不胜激切战栗，感戴之至。

今按：州志《食货》门，仅载嘉靖四十三年割义化都长田都、石窟都置平远县，崇祯八年割松源都松源二图、龟浆都龟浆二图置镇平县，乾隆四年割万安都三图迳心、环清、小溪坝三堡置丰顺县，而于嘉靖五年后割溪南都之溪一图、溪二图拨隶大埔县，仅留溪三图隶程乡者，则阙而不载。微公此疏，后人岂复知明代程乡辖境之广，而三河镇以上之旧隶程乡耶？

陈一松《为地方伤残不堪增设府治恳乞罢议以安遗壤疏》

陈一松，字宗岩，海阳人。嘉靖丁未进士，官至工部左侍郎，著有《玉简堂集》。《耆旧集》所选称曰《侍郎集》，中有《为地方伤残不堪增设府治恳乞罢议以安遗壤疏》，稿曰：

某等生长广东惠潮二府长乐等县，各以公务至京，顷见《邸报》《广东抚按衙门疏》，欲将岭东长乐县添设一府。臣等闻之，寝不安枕，食不下咽。盖诚见其设府之害，而不见其利也。请得略陈其说：

夫惠潮二府，自国初以来，潮之属县五，惠之属县七，时则官师不扰，而百姓又安。故岭东一路，向称乐土。自弘正以迄于今，增设颇繁。惠潮各添至十县，官日多而民日扰，民愈穷而盗愈炽。此其弭盗安民，在官之贤否，而不在多寡，其效概可见矣。夫岭东寇乱，垂二十年，田庐鞠为榛莽，人民半遭屠戮。今群凶虽剪，而疮痍尚未能苏。当此之时，正宜宽徭薄赋，招徕安集，与民休息。庶乎生养渐遂，而元气可复，太平可致也。

今议者不察盗之所由起，与其所由炽，乃谓欲弭盗以安民，必须众建府治，多设官联。是犹一羊众牧而欲其孳息，投数罟于污池而望鱼鳖之得所也，岂可得哉？某等窥见其不可者，盖有六焉：惠州原有八县，今割其半，并潮之大埔、程乡、平远三县以新设一府，则其徭役供饩等项，是各以其半而各奉各府，民何以支，此其一也。城池公廨学舍仓狱，势必增拓，始称规模，不惟经费不赀，而大军之后，所在荆棘痛痛未瘳，工作遽兴，民不堪役，此其二也。有司洁已【己】爱民者固多，而竭泽万民者间诚有之，苟一不当，是滋病之也。啖群儿以一饼，饲众鹰以一雏，欲民之安生也能乎？此其三也。惠潮近增设诸县，如永安、平远，虽有空城而无民以居。普宁、长宁，远者十余年，近者三五年，徒有其名，亦具其官，尚不知县治所在。县且如此，而况于府乎？此其四也。古人建邦，必问聚落。民不改聚，邦谁与守？况皆创残之余，即其新添虚县，民已病之。思欲革之，而不敢有言。若增府焉，其为地方永远之害可胜言哉？此其五也。夫开郡设官，凡以安民便民也。因民之所欲与之聚之，斯民心安而理道得。今新府之设，实非民心所欲。强而成之，不但伤民之力，而且拂民之心，此其六也。

或谓岭东地方辽阔，长乐为惠潮二府之冲，山寇出没要害之所，非设府无以控制。是又不然。夫封域之内，寇攘奸宄所恃以翦萌戡乱镇安黎庶者，兵备道也。长乐旧设有兵备，宪臣驻扎，以控据上游，治安垂二百年。近因地方多故，议以兵道驻潮，另设伸威道驻长乐，分守道驻惠州，各领官兵，分镇汛地，弹压得要，经略已详。长乐虽冲，可无他虑。岂谓兵备之权反不府若也，而顾添设府治，以重滋民扰耶？

某等偶至都下，闻此变置大事，不胜惊懼。诚知为地方患隐忧情逼弗已，相率昧死哀鸣于阙下，伏乞皇上轸念地方创残，不堪重繁，敕下该部，速赐复议停罢。庶疮痍未苏之民更生有望，残破断烟之壤再造可期矣，地方幸甚。

按此疏自注：代惠潮士民草，会先揭户部。事止，不尝封闻。但读疏，知长乐开设府治，虽议而未行。而明代兵备道，常驻长乐。逮嘉靖后，倭患山寇纷起，则惠潮长乐三方，均设守巡兵备各道，以资镇压。岭

东一隅，民之困于征戍驿骚，可想也。至程乡割隶长乐府治之议，又为清代兴、长二县隶属嘉应州治之先声矣。

郭之奇《为闽事急须策应疏》

郭之奇，号正夫，揭阳人，崇祯戊辰进士。崇祯朝任福建提学参议，桂王时仕至礼部尚书，拜督师大学士之命，转徙于高雷之间。桂王入缅甸，公遁入安南，被交人执献于广西，不屈死。乾隆时赐谥忠节，著有《宛在堂诗文集》。《耆旧集》选公文有《为闽事急须策应》一疏，文曰：

题为闽事急须策应，敢邀尺一之灵，以萃众心之涣事：臣奉命视师，首重闽广，知皇上加意南服，不以臣驽怯谬，当任使臣，回首枌榆，眷言旧部，宁不神飞瓯越之区，无诸之壤。所幸□□□□年盛志锐，忠勇靡二，器具胥足，水陆兼长，是以□□□□群丑趋风，东南半壁，赖此长城。其中倡议绅士，则有枢臣卢若腾，枢贰臣王忠孝、郭贞一，副宪臣沈佺期、林兰友等，俱能毁家为国，鼓忠教义。系千钧于一线，砥狂澜于既东。而臣乡潮郡，衣带漳泉，趾相错也。近臣役自虎贲营回（王兴为虎贲营将军），据阳江知县臣饶章禀报，则镇守惠潮原伯臣郝尚久反正有日，辅臣黄仕俊、刑贰臣黄公辅起义于广，铨贰臣李士淳、金宪臣罗万杰、赖其肖，兵科都臣谢元汴，起义于潮。但得蜡诏相通，修矛敌忾之众，其一呼万应也必矣。臣方蒿目而思，思得冒险矢贞之士趋间道，通声势，而兵部职方清吏司主事臣包嘉允，出自行畿，抵臣行营，抵掌而谈，义形于色。臣观其英姿挺特，谠议秀出，倘以此臣充宣谕之使衔，漳国臣成功及八闽诸绅士之敕，必能丕畅皇灵，令海隅率俾士气百倍。又如兵部武选清吏司主事臣刑祈长，萧条困处，蓬居塌户，不蔽风雨，泊如也。臣进而叩之，励以艰贞之节。遂能不辞跋涉，远之浔横，晤同官臣宴清，共商机宜，联络近远。倘获给以粤中绅士仕俊、公辅、士淳、万杰、其肖、元汴，及伯臣、尚久等各救臣，即令之直趋虎贲营，联络花山，由肇广溯惠潮，其从兹百粤风动，皆帝光之及也。臣知两臣识见通明，超然绝俗，专对不辱，窃有望焉。是以急因机势，竭其拳拳，伏候谕旨。

读公此疏，可知当日潮梅一方，士淳系人望之重如此。官称铨贰者，即吏部侍郎也。起义于潮一事，未知有无参加。彼其肖等，始终负嵎于汀梅旁境，久而后定。士淳乃避匿不出，以求全躯保妻子，宜夫不满于地方人士之清议也欤。

又按：士淳吏部侍郎，虽由唐藩简授，而此疏仍称铨贰，知当日永历嗣位后，对士淳必加有新命，仍授旧职矣。

089

卷　八

何藻翔《岭南诗存》嘉应诗摘抄

民国后有邹崖逋者，选抄粤东诗家各体，并附以己作，名曰《岭南诗存》，共有八册。据张元济《跋》，著者为何翙高（按：翙高，名藻翔，顺德人，光绪壬辰进士，官外务部郎中）。《跋》又云："温谦山《诗海》之选，志在以人存诗。兹编以诗存人，主约而精。"今读其诗，诚不诬也。惟搜采颇广，如吾梅诗人，有专集已刻如芷湾、绣子、公度等，甄录不少。此外，尚有姓名不甚著，或其诗久已遗佚、吉光片羽在此拾存者，余特摘出之，以备遗忘焉。

古成之《怀石楼友人》

古成之诗文集久佚，余于阮《通志》载五仙观诗碑录出其七律、五言排律各一首，及索诰一绝，已觉欣慰无量。兹编五律，复抄得先生《怀石楼友人》云：相思天一边，知在石楼间。高卧客稀到，数峰人共闲。仙方新更试，《易疏》旧曾删。好探鳌头信，时应有鹤还。读第六句，则先生曾著有《易疏删定》一书，此时巳【已】自道也。

罗天尺《不见》

顺德罗天尺，乾隆举人，举鸿博不就，著有《瘿晕山房集》。其《不见》一律云：陈生久不见，何处问飘零？官罢年犹少，诗成鬓欲星。凭谁话巴雨，同去吊湘灵。望断程乡道，长亭又短亭。自注：为陈元德作。元德曾宰巴县。读此诗第七句，知元德为吾梅乡先达也。

按：元德，州志《选举表》：雍正二年举人，巴县知县。李琛《西园文集》，元德有《序》一篇，内云："徒以作吏，还走巴蜀"等语，并名列参校之次。

黄培芳《温谦山舍人招同李秋田颜湘帆游西樵即事赋赠》

黄培芳有《温谦山舍人招同李秋田颜湘帆游西樵即事赋赠》一律，云：龙山老词客，风雅久相闻。七十二峰里，招余看白云。长风送仙侣，片席挂斜曛。携有罗浮杖，登堂一赠君。

按：培芳此诗，当作于颜、李二君在龙山襄《诗海》选事时。培芳，字香石，即著《香石诗话》者也。

黄绍宪《和梁节庵坐荃香室见怀》等

黄绍宪，字季度，嘉应人，副贡，郎中。有《和梁节庵坐荃香室见怀》五古云：白日忽已暝，横琴卧清夜。身魂一室中，云君俨来下。峨冠

者谁子？云是大子夏。袖中出清言，爽气凌鲍谢。工此竟何用？哀子意未化。子意未易化，楚些发悲咤。食柏长香脐，郁烈不可借。

又《苏器甫属题秦汉子图》一绝云：四铉旧谱汉宫秋，韵杂胡笳怨未休。今日真成浑不似，无人解唱古梁州。（自注：秦汉子，似琵琶，圆体修颈，出胡中，为秦汉时作。俞五古《席上腐谈》：王昭君琵琶坏，使人重制而小，笑曰：浑不似。今讹为浑拨四。秋闱放榜，得副贡，故自嘲。）

又七律《酒醒》二首云：酒醒方知独夜身，一天风露正愁人。见时疏忽情还澹，别后思量味转辛。溢浦琵琶今日泪，甘棠（湖名在瑞昌西）湖月几时亲。便从彭蠡分帆往，梦逐兰川（木兰川，在浔阳江）问去津（情韵却似王孝廉枚伯，惜未访得其诗）。其二云：蕉簟藤床向晚移，豆棚月上最相思。欲期后会迟题画（时画《白荷花》，欲题诗，未及题），强慰离愁代解诗（扇头惜别诗，能说大略）。仙府清虚玉华洞（在瑞昌东），荷花时节白家池（九江府西，乐天养鱼种荷池）。浔阳极浦劳相望，千里明蟾定照谁？

《北怀》一首云：梦逐洪崖竿拍肩，蓬莱清浅是何年？春兰秋菊成终古，薰带荷攘不世缘。浸远愈疏行老矣，媒劳轻绝一潜然。芳馨折就凭谁寄？夜夜相思绕酒船。

《夏至古药洲即事》一首云：翠旌孔盖望翩翻【翩跹】，只许荃荪合妙年。云际谁须仍珥节，江皋朝鹜漫游仙。芳洲杜若劳相遗，木末芙蓉未解搴。苦被回风阻偕逝，灵修何日降连蜷。

作者似与公度先生同时（以《和梁节庵星海诗》见之）。但公度先生并无此昆仲。且查州志《选举表》五页格内，亦无绍宪名字也。

程煜《阴那僧馈茶诗》

程煜，字贻先，嘉应人，诸生。有《阴那僧馈茶诗》云：吾四年前到阴那，僧曾饷我那阴茶。僧言此茶岁仅有，如双井出王氏家。东风初动茶发芽，采茶莫待茶作花。晨露为晞寺鼓响，野夫争上山岭岈。五指峰阳陡绝处，日炙祖背如蝦蟆。人声恐触虎豹醒，众急采择静不哗。三月林中啼暮鸦，采茶人归藤笠斜。夜深石鼎试火焙，沈沈梵阁茶烟遮。山人不解嚼茶味，一啜连瓯真可嗟。僧乎尔独解珍惜，香箬裹以红碧沙。上品供佛次自饮，宝之不与琼瑶差。如何解我性所喜，出供佛者馈我耶？近年愁多苦病渴，嗜茶之癖如嗜痂。得兹遽扇竹炉火，一啜屡动三日夸。龙团凤脑固精制，色香逊此始造嘉。所馈犹余强半许，渴病顿愈精神加。不独色香驾异种，妙亦堪作良药夸。吾梅茶品得如此，何羡蓍术来天涯。

按：《梅水诗传》采先生诗篇入明代，则先生固明季诸生也。此诗足为阴那山茶生色，但不知著者采自何书耳。

徐青《山瑶行》

徐青，字又白，梅之松口堡人。为程乡诗龙之一，著有《聿修堂稿》。兹编选其《山瑶行》七古一首，诗云：非苗非獛非回回，诡谲态度殊形骸。面伴铁釜堆墨煤，撩发蜷曲髭髯鬌。缘眸聨聨数环回，耳串双环若重锤。雉尾斜插髻崴裹，腰系囊筒锦绣堆。结衲蓝褛羽毬毯，肌肤腥臊闻者唉。裹胫束踝足不鞋，逾岭越嶂捷骝骍。背负藤竹杂梁秸，趁市鸟集百千侪。交易筹算多虞猜，声音硴阽语猥款，醉或号呶争喧豗。闻昔自宋绍兴来，乃祖槃瓠实葵胎。丑类繁衍散天涯，芟艾荆棘披草莱。劈崖凿块麦黍栽，以长以育滋生财。所乏布缕及盐梅，支流泮涣分八排。倚啸岩谷磐崔巍，猎獐饮血啖蛇虺。男女自择非关媒，厥心疾狠如狼豺。生铁铸剑藤编排，镖刀竹弩教婴孩。往往作孽倡渠魁，貔貅所触蛮锋摧。诸酋授首蒲伏哀，念其无识俾自裁。剩卒残兵俱招徕，设卫防守立烽台。羁縻令勿为祸灾，熙朝威德讫九垓。要荒和辑重译谐，同履王土歌康哉。小注：乃谓又

白为番禺人，则大谬也。

又选黄培芳《赠又白绝句》一首云：看山曾共宿云扃，吟向山楼尔独醒。笔似韩公貌东野，进来诗客爱徐青。

谭敬昭《题吴石华风雪入关图》

谭敬昭户部，字康侯，有《题吴石华风雪入关图》诗云：男儿不封万户侯，男儿不作万里游。胡为踶踶隘九州，吴君历落奇毛骨。整翮云霄见霜鹘，片影翻飞去超忽。太行北岳行经过，西望河套来黄河。听尽边筇出塞歌，天山猎骑长围合。盾鼻濡毫墨犹湿，名王惊顾先长揖。二百年来庆太平，凭高忽若无长城。穹庐四野如繁星，新词一卷诗千首。绣满弓衣在人口，燕支烂醉葡萄酒。居庸塞上望君回，雄关叠翠中天开。乐府重歌天马徕，马尾旋风马头雪。气作云蒸汗余血，雪中遥指关山月。年来又逐雁南翔，极目南北天苍茫。天涯海角皆吾乡，海山万重天一色。回首长天光咫尺，要与书生快胸臆。兴来呼酒城南楼，临风换却鹔鹴裘。披图一笑凌沧洲。自注：石华弱冠，客大同宣府，入居庸，南还客廉海云云。

读此题词及小注，足见石华先生平昔襟抱。宜乎有"呼作词人，死不瞑目"之言也。

吴兰修《题竹航大令画小册》等十余首

又按：先生遗著虽有《荔村吟草》，似非手写定本，且生前必尚未付梓也。兹编所选各体，概摘抄如下：

五绝《题竹航大令画小册》二首云：十亩原上田，一雨足春水。古木下寒鸦，人耕夕阳里。春树起寒烟，春潮添尺许。湖上打鱼人，濛濛一襄雨。

《山中》云：久与世人疏，柴门无剥啄。明月静空林，时闻山果落。

《合欢词》云：白玉为佩环，持以赠君子。宛转衣带间，回环无终始。

七绝《题桃花燕子小幅》云：呢喃声里夕阳斜，只爱寻常百姓家。看取巢痕无恙在，满池春水满墙花。风流谁复问南朝，曾过秦淮旧板桥。燕子不归花落尽，一帘寒食雨潇潇。

《题姚玉如小影为周南卿赋》云：不关心处最关心，背面时常泪满襟。一自周郎亲教曲，累人名逼马兰篦（钱塘名妓）。曾把沉香日几熏，银笺小幅写湘云。长长怅触年时病，春瘦三分懒二分。

《题飞燕印拓本后》云（玉印经寸厚五分，洁白如脂，纽作飞燕形，文曰"婕好妾赵"四字，藏严分宜家，后归项墨林）：碧海雕镂出汉宫，回环小篆亦尤工。承恩可似绸缪印，亲蘸香泥押臂红。不将名字刻苕华，体制依然复内家。一自宫门哀燕燕，可怜辜负玉无瑕。黄门诏记未全诬，小印斜封记得无。回首故宫应懊悔，再休重问赫蹄书。锦裹檀熏又几时，摩挲尤物不胜思。烟云过眼都成绿，转忆龚家娄寿碑。（此印初归锡山华氏，及李竹懒家，最后龚定庵以朱竹垞家藏宋柘娄寿碑朱提五百，易之于嘉兴文后山家。）

《娱江亭夜集》云：兰干如水夜迢迢，冷到蕉衫酒半消。明月昵人迟不去，紫薇花下照吹箫。

五古《杂感》云：一片古时月，今人皆见之。可怜今夕酒，不共古人持。月落还再返，头白无重缁。人生各有业，安能日无为？盛年不自立，衰老徒伤悲。解脱非所慕，神仙不可期。

《田家》云：阴雨积轻旬，沟浍长泉脉。稂莠日已繁，良苗何以植。黾勉事删锄，草莱行就辟。竭力回天年，丰亨非坐得。好风从东来，秧针吐新碧。中情苟无还，劬劳安足惜。

《过圣寿寺》云：暗钟出云林，寻幽兴不浅。蹑屐入松萝，随山十二转。路回景屡移，不觉迂途远。樵经见遗薪，篱笆闻吠犬。老僧款门迎，

殷勤献茶荈。语笑带烟霞，坐卧杂苔藓。深丛宿鸟乱，佛堂击云板。暮色隐诸峰，檐月照餐饭。

《鳄潭夜泊有怀荷田竹君》云：淡云生晚凉，停桡惬幽赏。木杪见山家，宿火出丛莽。夜色清人心，前汀月初上。犬吠深林中，稍闻人语响。忽忆山中人，烟霞劳梦想。

邹崖评曰：前二首似陶，后二首似孟，五古正轨也。

又七古有《陵山》云：薛王去后襄王死，刘涉居然作天子。岂意咸阳旧酒徒，转笑洛州新刺史。貂珰二万从古无，平章半属倾城姝。六军士卒秋云散，一代繁华春梦徂。降王一去归不得，诸陵烟树生愁色。东风尽日吹棠梨，麦饭无人作寒食。北亭今已犁为田（北亭刘龚墓），玉鱼金椀出人间。读碑谁下康陵泪，成礼尚记光天年（崇祯丙子，土人发墓，得碑云：高祖天皇崩，越光天元年五月，迁于康陵）。从来霸业如飘瓦，铁铸空教费炉冶。宫门荆棘卧铜驼，墓下榛荒埋石马。况复伤心吊懿陵，秋填零落女冬青。生香不断花如雪，剩得花田有素馨。

黄乔松《海声堂祭诗歌为李秋田作》

黄乔松，字苍崖，清贡生，番禺人。有《海声堂祭诗歌为李秋田作》诗曰：诗人诗笔传心声，大海为才纵且横。排山涌练气势盛，触耳但觉风涛惊。人咸观海君听海，独立空堂伺元宰。水仙一棹蓬壶阴，寄兴灵槎鸣款乃。昔年《诗海》曾手编，海声堂辟俱前缘。五朝十郡会仙鬼，绝诣群推廿六贤。昆仑探源曲江发，金槛千秋光史册。不徒相业冠开元，五字深醇先太白。离奇古峭推陈陶，晚唐诗骨还清高。嗣音风度是风采，余公（靖）笔墨凌云霄。继宋而明前五子，珠槃玉敦南园始。高岑盛轨绍孙（蕡）黄（哲），古锦囊开吾御李（德）。后五先生接迹奇，泰泉（黄佐）绛帐三城师。李（沧溟）王（元美）旗鼓震中夏，岭海文澜卓不移。江门

（陈白沙）风月醰醰味，海目（区大相）声华天下贵。若论经济首琼山（丘濬），鼓吹休明消意气。世阅沧桑百六交，炎天一柱支徒劳。莲须（黎美周）才子青莲笔，海雪（邝露）畸人楚客骚。诸公大节日星炳，漉落雪声（陈岩野有《雪声堂集》）尤健劲。闻诗闻礼鲤庭遗，独漉（陈恭尹）高风满清听。皇朝海日（程可则）开春阳，清越朱絃宜庙堂。六莹（梁佩兰）天品自超绝，宝剑腾霄寒有芒。余子孤怀嗜肥遁，么絃侧韵仍深稳。逃禅或署罗浮僧（屈大均），夭矫龙蛇天远近。数十年中文运昌，二樵（黎简）骨力超张（药房）黄（虚舟）。幽芬遥袭麝兰气，古藤时生金碧光。鱼山（冯敏昌）气体愈雄博，遍读五车游五岳。彝伦天性蔚中声，海雨天风蠢高阁。三家五子绍唐音，冯黎中兴尊艺林。山林钟鼎各矜式，海声堂上群灵森。灵旗闪闪飘松牖，金鸭香冲贯牛斗。飒来风雨天冥冥，鹤驭鸾车在招手。海声一集排当场，主人拜诵声琅琅。四壁云垂海陡立，龙宫仙乐交铿锵。鲸钟龟鼓訇訇接，龙女蛟妃啸歌答。丝桐一曲鼓南薰，云水三春昭慧业。神人大笑掀霜髯，此集琅环合记签。神来隐隐芘嘉福，神去欣欣恋锦函。黄蕉丹荔崇殷荐，北斗泰山人共见。诸君洗耳向春涛，剩有蠚雷喧海甸。

邹崖曰：此篇述广东诗派颇详。

余谓海声堂，当是秋田襄《诗海》选事时，以"海声"二字自颜其居室也。至于所祀诗人，祢黎冯而祧李宋，置芷湾、绣子不在尚友之列，殊欠公道。或者二人是时尚健在也。

李光昭《陆春圃明府游罗浮寄赠》等五首

秋田《铁树堂诗稿》已刻，但存书极少，兹编所选录有七律《陆春圃明府游罗浮寄赠》云：四百三峰任尔行，曾经一万五千程。路穷绝漠流沙地，诗老阴山画角声（曾谪伊犁）。半世风波归诉我，前秋霜月伴谈兵。

孤筇更上罗浮策，忆汝云中吹玉笙。

《种竹》二首云：未得渭川千万亩，也须庾园三两竿。乞取邻家缘个个，植之花圃青盘盘。不疏不密不凌乱，宜风宜月宜秋寒。呼童缚帚四围扫，无使尘叶伤青鸾。邹崖评曰：以古诗为律诗。

其二云：天寒日微碧云起，恨少亭亭美人倚。青猿子规啼薜花，云梦潇湘隔窗纸。此中寒碧摇玲珑，使我离忧满湘水。明朝抱瓮滋灵根，但得平安我欢喜。评曰：此首用仄韵尤盘硬。

七绝《寄内》云：依然病骨瘦娉婷，香雾空濛宝鬓馨。昨夜梦中曾见汝，花阴小立看双星。（自注：汤雨生疑为《书看星图》）

七古有《琼枝曼仙歌》（张献忠破荆州、惠州，乐户有琼枝、曼仙者，以色艺擅名。献忠招侑酒，琼枝骂贼不屈，胁以刃，骂愈厉，曰：汝技止此耳，吾何惜一死。献忠脔之，以饲狗。曼仙极其技能以媚贼，乘间置酖于酒，献忠昵之，令先饮，不得辞。饮之立毙，献忠觉，亦磔之。）献贼屠荆州，不分须眉与巾帼。突见琼枝曼仙两国色，金刀坠地神迷惑。稽名在乐户，拥艳开歌席。乐工虽贱宁事贼，琼枝气焰长虹白。汝技胁人止剑戟，一颗头颅争甚值。乐工诚贱阿，不可以事贼。曼仙起舞西王侧，酒波潋滟红灯夕，媚眼流光情脉脉。曼仙昵王王昵仙，卿卿且试杯中沥。王颜欢喜仙惨戚，倏忽娇花散狼藉。毒酖在杯贼骤识，并与琼枝身寸磔。当时守土王臣几千百，半竖降旗半逃匿，只有优伶死君国。向传费宫美人，寸铁能歼虎一只。瞎闯营前血花碧，一样峨眉光史籍。可怜费宫美人名已登史籍，琼枝曼仙两人仍寂寂。

又《卖蔗童子歌》（自注：李应升就逮事）云：童子昂藏无七尺，蔗刀气忽干霄白。甘蔗失时变黄蘖，虎猴遍地求人食。李家侍御江南杰，陷入囚车驱道侧。万人联袂呼杀贼，诸尉褫魂窜荆棘。童子尾随一尉行，砉然奏刀惊霹雳。片肉掷地含膻腥，狗尚迟疑不欲吃。此童此事足千秋，国史无传野史得。五人墓道荐馨香，谁配童祠供血食。

谢章铤《岭南杂诗》论粤东三家诗

近人陈衍著《石遗室诗话续编》，引侯官谢章铤枚如所著《赌棋山庄集》其《岭南杂诗》中一绝云：三家最胜屈翁山，后起无如宋芷湾。更有桐华老词客（自注：指吴石华），心香焚遍鹧鸪斑。

此诗评骘吾粤东诗派，独推许屈宋吴三人，而吾梅占其二焉，可谓独具只眼。梅人亦足引以自豪矣！

李详《题黄公度人境庐诗草》

最近吴人李详（字审言）《题黄公度人境庐诗草》一律，颇足见其推崇向往之挚。诗云：廿载无人继硬黄（自注：黄琴坞先生有硬黄之称，袁忠节昶复举以赠漱兰先师，公度亦可谓硬黄矣），如君合署此堂堂。凤鸾接翼罹虞网，蝼蚁先驱待景皇。诗草墨含醇酖味，英灵石破海天荒。试看生气如廉蔺，孰与吴儿论辩亡。

卷　九

李士淳《寄愁草叙》

李文贞公《三柏轩集》，未见《州志》所载，有关志乘之文字，只其鳞爪耳。近潮人翁辉东氏选集潮郡先贤文艺，名曰《潮州文概》，殊嫌简略，编次亦以时代区分，仅可窥岭海陬隅文学一斑而已。中选有文贞公《寄愁草叙》一篇，其文奇气，至今犹郁勃纸上也。文曰：

昔人谓诗有别才，非关学也。余谓：诗有别境，亦非全关才。风与水相遭而文生焉，此足以名文之致矣，而未足以尽文之变。水与石相触而波作焉，此足以状文之变矣，而未足以穷文之观。若夫黄河之水从天而来，过龙门，经积石，终南峙其右，中条环其左，危峰千层，悬崖万丈。疑退而愈进，乍抑而忽扬，排空触浪，如万马之笨腾；后突前奔，若群狮之怒吼。既穷工而极变，亦骇目而动心。河伯默效其灵，齐谐莫志其怪，天下之奇观备于此矣。噫嘻，斯岂水之性也哉。使其循道而下，由地而行，遇谦而流，逢坎而止，无激不发，得平不鸣，虽有奇焉，乌从见之。乃知水之性本平，其激而为波涛，触而为号鸣者，山与石使之水之穷也。穷则愁，愁则呼，而奇与变生焉。水何心哉，惟文亦然。

昔杜少陵以诗鸣唐，至其间关入蜀，感怀君国，而其诗乃益工。苏眉山以文鸣宋，至其流离海外，饱历山川，而其文乃益老。至今诵其诗，读其文，人尽知二公之为别才，而未知夫二公所处之境，盖别境也。吾友陈园公，少负奇姿，长而喜游，辙迹几遍海内。所与游者，尽当时名宿。胸有万卷，笔无一尘，骋其一往之才，可与并驱中原，俯视一世。而冲然自下，不欲以气岸先人。一日，持其近诗一帙示余。余展而诵之，穆若雍门之琴，凄比孟尝之瑟。寒风萧萧，自窗牖入。作而叹曰：噫嘻！此秋声也，胡为乎来哉。既而思之，园公以和稚之才，际抢攘之世，其意直欲追踪作者，与少陵眉山颉颃千古。而所遇之世，所处之境，亦与二公约略相似。情随境转，文自情生。水石相遭，变态横出，其亦不得其平之鸣乎。

按：园公名衍虞，潮阳人。集中有《拜松江文贞公墓》诗，称公墓曰李林云。

戴震《凤仪书院碑》（瑞州府知府杨仲兴，戴东原集卷十一《凤仪书院碑》）

休宁戴氏震，为清代汉学巨子。其《东原集》有《凤仪书院碑》文一篇，文曰：

瑞州旧有筠阳书院，在城南。奉宋之周子、二程子、张子，以暨朱子、陆子，而明王文成亦与焉，号七贤。今太守杨公守兹郡，阅二载，百度具举，闵其即于坠弛，且地隘，乃徙建北城高广地。地故为祀刘文成址，祠废，碑识犹存。太守因以列七贤中而八，又筑后楹，奉眉山二苏氏如旧制。苏刘盖尝官是间，留名贤迹也。于是，更以新名，曰凤仪书院。昭昔之日，鸣凤之瑞，引为今多士。幸际圣朝之祥，濡毫撰记。凡规画创因，既具以皙矣。

郡之士，复推本太守意，乞言于余。余曰：往昔所为书院也者，求学士真儒必于此焉。遇盖岁时届其地，则儒先酋酋讲学砥节，相语以道德，相勖以躬行。自宋以来，书院之立咸若是，于其崇七贤，厥旨可得而度。今贤太守爱民重士，兴学校、育人材是任。稽旧时书院迁而新之，聘师置

弟子，期之以通经蓄道德。所以储士待国家之用，以称朝廷造士以经术之意。

然或谓今之书院，萃诸生，课文词，上下而已。视昔之求学士真儒也异，则大不然。夫士不通经则材不纯，识不粹，不足以适于化理。故用经义选士者，欲其通经。通经欲纯粹其材识，然后可俾之化理。斯民克敬其事，供其职方。虞夏商周之盛也，士升以德，其后不能不以言取，徐觇其德者，势也。虽以言取，苟务于言之当，非通经蓄道德弗能也。由有道德而能文词者，源而往者也。觇文词当于理，进而慕于道德者，泳沫以游源者也。若是，何歧于今昔哉。

六经之文邃深而博大，学焉者各有所至。或履之为德行，或抒之为文章，或措之成丰功伟绩，如八贤、如二苏之卓卓著乎前。多士知仰而法之，则贤太守之劝励鼓舞之盛志，在是也欤！在是也欤！多士其以余言，归而质之。

读此文而杨太守之学术政绩，可以略见一斑。大【太】守何人？即族祖讳仲兴公，盖曾任江西瑞州府知府也。按此碑文，公当日尚有《改建凤仪书院记》自撰文一篇。但查公所著《四余偶录》，止有《凤仪书院课艺序》及《重修瑞州府学记》两文而已。戴氏碑文，爰亟录出，备他日翻刻《四余偶录》时，附刻于后，以资考证云。

杨勋《送沈归愚宗伯还里分得寒字》

兴宁胡曦所著之《梅水汇灵集》，选集嘉应五属自宋代迄清季诗人作品约百余家，区为卷八。视《梅水诗传》仅限于梅县者，此则兼收四县，自较为宏富也。卷二选有族祖光禄公，讳勋，字云亭，官光禄寺少卿，《送沈归愚宗伯还里分得寒字》二首七律。其一云：薜萝老屋旧盘桓，圣主深恩许挂冠。镜水飞觞娱贺老，弓衣织字慕都官。摊书自爱松声静，高枕谁惊鹤梦寒。一发青山归去好，也应回首望长安。其二云：十载瑶林集孔鸾，考槃方遂硕人宽。名流复入扮【扮】榆社，老手还登李杜坛。御笔展来花雨湿，征帆扬处麦秋寒。他时写作屏风样，簑笠香溪把钓竿。

此二诗格律深稳，大雅遗音，系从凌扬藻《岭海诗钞》采录，为《梅水诗传》所不及网收也。

杨澍《逢故人》等诗

《梅水汇灵集》卷二族祖杨澍选入古近体诗三首，均古淡可诵。《逢故人》云：两两相逢惧未真，记年疑是梦魂亲。移来岁月成三五，阅去春秋已一旬。看剑自知华发壮，谈心谁许白头新。莫愁燕市悲歌暮，犹恐天涯隔此身。《逢杜君》云：别来三十年，重逢不相识。聊醉酒炉旁，明朝各南北（凌扬藻曰：平平语耳，而两人之行踪，可言外想见）。《寒食》云：悲风吹白杨，杨花落古墓。幢幢鬼影来，夜啸白杨树。

树【澍】公，字燮冶，清康熙岁贡，选授灵山县训导。此诗亦《梅水诗传》所不及载，而选自番禺凌氏《岭海诗钞》者也。

南明兵部尚书揭重熙兵败梅州

近人萧一山所著《清代通史》，其第二篇第五十四章中载《揭重熙傅鼎铨事略》：甲申之变，原任福宁州知州揭重熙，同副总兵洪日升起兵勤王，至南京，以艰归。顺治三年，南都破，江省亦为清领。重熙复招集乡勇徐组绥等，起兵湖东。会益王由本兵起，重熙走谒，请急临省会，事不果。清将王体忠围建昌，重熙提兵来援，战于浒湾而败。唐王授重熙考功员外郎，从傅冠办湖东兵事。又令傅秉铨去泰宁，出关召募。泸溪告急，

冠不能救，重熙劾冠去，兵事专委重熙。永宁王既败，重熙复趋福州，统诸将进克金溪，复抚州，有众十万。以诸将进止不协，退保泸溪，与清兵战于铜浦隘、师姑岭等处，俱捷。顺治三年八月，福州不守，鼎铨往宁都借兵不得，因集乡勇，复宜黄，驻兵乐安，提兵入闽。为清兵掩击，大溃。收散卒，攻破抚州，退次王洞。五年，金声桓以南昌叛，首迎重熙、鼎铨。两人殊不欲驻省，请任闽事。清军围南昌，鼎铨援之，败三江口。重熙赴粤求援。至肇庆，桂王拜为兵【部】尚书、总督江西兵。未及归，南昌破。沿途召募，猝遇清兵于程乡，大败。重熙中三矢仅免，金（声桓）王（得仁）死。其故将张自盛等，闻重熙奉新命出湖东，争来归。兵大集，驻宁都石城间。鼎铨被内召，不愿往，请再举。随令陈化龙驰檄浙东，徐孝伯引兵来会，同驻徐博。七年，重熙以张自盛驻闽，赴其军，约广信曹大镐并进。甫入闽，清兵围之数重，重熙分策诸将，战数合，佯北，引清兵入伏中，前后夹击，大捷。遂徇诸邑，皆下之。进至抚州，几获清帅。八年，鼎铨为清兵所执，见杀。搜其箧，先置木主，书死年，而空其月日。自盛掠邵武被执，重熙率十人赴大镐于百丈礤。适大镐还军铅山，重熙至，惟空营。清军侦知，围之，射重熙，中项。执至建宁，被杀。未几，大镐亦败亡。时顺治九年五月也。五十六章，叙金李之败亡节亦云：揭重熙以肇庆援兵，败于程乡（时顺治六年）。

据此，揭重熙向桂王（时桂王回驻肇庆）乞师援南昌，至程乡，遇敌而败。此一次战事，历考志乘，俱未之载。惜与重熙战之清将，未知何人耳。今瑶上堡梅子畬，有揭姓，丁口约数十人。是否为重熙之宗亲，因兵败窜匿，不得返赣，遂家于梅，则尚待考查也。

（按：此《事略》，全抄杨著《三藩纪事本末》，而于"战于程乡，大败"下漏"去监桂泓战殁"六字。关于吾梅掌故不小，亟宜补入也。）

左翼镇总兵官班志富与梅州

樊昆吾著《南海百咏续编》，盖继方孚若《南海百咏》而作，诗必有注，注必求详。关于清初粤省掌故者不小。其卷四有《咏皇朝左翼镇总兵官班志富墓诗》云：航海输诚建节旄，一门三世战功高。听鼙我自思良将，隔岁烧痕满废皋。《序》云：墓在东郊伏半冈，冢兽完好，碑石巍然。撤藩时，枢已迁归海州。此废垄而已，而村人相戒，勿残毁。盖总兵有遗爱于民也。其小注云：志富，镶蓝旗汉军。始为明登镇守备，崇德元年，随尚可喜归诚，授二等轻车都尉。顺治三年，从征湖南。明将郝永忠攻桂阳，志富与战于罗田龙水，生擒张学礼以还，晋秩总兵。六年，从定广东，充先行官，剿定翁源一带土寇。七年，大兵围省垣，志富营于雁塘，安抚郡东各村堡，最多惠政。十年，领兵攻剿潮州叛镇郝尚久。八月，与镇海将军哈哈穆合兵。十三日克潮城，斩尚久及其子亮。志富疾作，靖南王命总兵吴六奇代镇潮城，令其舆疾还省，九月卒。子际盛，袭其阿思哈哈番世职，屡著勋劳。康熙中，来镇潮州。撤藩后，调归京旗。际盛子绍明，在广日擢副将，奉调山东，升登州镇总兵官。一门贵盛，功著旂常，旗人中所希见者也，云云。

据此，知班公入粤，师有纪律，惠政及民。其子若孙，又不罹三藩之祸变，以功名终。洵天道之可凭欤？当班公至程，奉平南王令，索饷吾祖奕梁公元杰于明伦堂。会众中大声抗争，公卒能听吾祖之言而止不索，可谓能受善言，有恤民之心，程人并祠祀之。崇德报功，固非谄媚者可比。但班公来潮，依诗注，系会剿郝尚久。事甫平，而疾作，九月卒于广州。安有十月徇镇平，至程索饷，及十一年往征平远赖可夫事？如《州志》所云云者，其中是否有阙误，似尚待考查也。

康熙十三年反清将领陈奠在程乡

又《南海百咏续编》咏《靖南王府》小注：案，尚之孝，平南王庶长子也。幼随父镇所。顺治十四年，宿卫京师。十八年，擢平藩下都统，回镇广州。康熙十三年，撤藩议起，已革平西亲王吴三桂反于云南，四方煽动。四月，潮州镇总兵官刘进忠叛，应之。逆党陈奠等，分踞程乡、镇平、平远三县。刘斌踞普宁，海贼郑经，复为之声援，东路大扰。八月，之孝统兵进定普宁，斩其酋陈琏等。提督严自明亦收复程乡三县，遂合兵，趋潮城。十二月，克其东津各炮台，获伪提督金汉臣。而郑经之盗艘大至，屯于凤凰洲。骁贼何左虎营于分水关。进忠守城弥固，相持月余。会岁暮，官军退屯普宁。十四年二月，之孝复进攻潮城。贼保鲎母山，游击高亮正以子母炮击贼营，贼不能支，骑兵复分队蹂躏，贼将奔矣。而之孝张盖立马于山巅以督战，贼望见，争趣之。之孝奔避，万贼从而噪呼，官军败绩，死者万人，仍退守普宁。六月，上命佩征南大将军印，规取潮城。屡战无功，退惠郡。十五年十月廿九日，平南王薨于广州。之信遣人至惠州，勒取金印。之孝纳印绶，返羊城，守父制焉。

《清史稿·严自明传》：自明，陕西凤翔人，明参将。顺治元年，大兵至陕西，自明降（中略）。康熙七年九月，补广东提督。十三年七月，潮州镇总兵刘进忠叛，逆党陈奠等，分据程乡县。自明分兵击败之，降伪守备张奉寰云云。又《刘进忠传》：七月，逆党陈奠据程乡，刘斌据普宁，先后为都统尚之孝所败，复其城云云。温训《长乐志·前事略》云：康熙十三年，刘进忠以潮州叛，提督严自明统兵驻长乐城。逗留一月，骚扰甚。

据此，则康熙间，刘进忠以潮州叛，附耿藩之变。分据程乡者，为陈奠。收复程乡者，为严自明、尚之孝也。《吴志》采《谈梅》云：据平南王尚可喜奏，刘进忠遣逆党陈奠分据程乡云云。盖非无所本矣。至又奏云：副都统尚之节等，统兵自程乡，间道进闽云云。是尚之节尝驻程也一事。

余按：此次以都统统大兵征讨刘进忠者，考进忠本传，为尚之孝。樊氏《南海百咏续编》小注，亦为尚之孝。且查咏《五羊驿》小注：尚可喜诸子之信、之孝外，则有之璋、之杰、之璜、之瑛，并无尚之节其人者。似此《谈梅》所云之节，或是之孝之误欤。

长乐张邦聘擒林朝曦说

温训《长乐县志·人物传》：张邦聘，邑诸生。父希龄，明益王府礼官。嘉靖三十七年，群盗起，希龄尽散家财，聚少年一百五十人，属林副使。明年，从击陈政、花腰蜂，死之。岭东签事齐遇私谥之曰：冲锋烈士。时邦聘年少，书生也。益以家财募士，得百余人，誓杀贼，为父报仇。四十一年，都御史张臬征程乡贼林朝曦。邦聘将所部卒，从之。数以兵法说臬，臬常用其策。邦聘因请守蓝能。林朝曦果奔蓝能，邦聘擒之，并杀林朝敬，程乡遂定（节邦聘传）。

今按：《州志》据《通志》引《明史·谭论传》：朝曦弃巢走，纶及广东兵追擒之。先由程乡知县徐甫宰遣主簿梁维栋谕散其党。小注又引《郭志》：入贼中谕贼者，为把总陈璘，总督张臬奖璘千金。《俞大猷传》：林朝曦者，独约黄积山大举。官军攻斩积山，朝曦遁，后亦为徐甫宰所灭。《王志》则云：甫宰许以请抚贼党，徐东州为子所杀。甫宰复请朝曦及黄子云，议其罪。伏兵擒解军门，伏诛。杂观所引志传，朝曦之擒，其说互异甚矣，信史之难也。以父老所传闻，甫宰设计诱擒之说，较为可信。明季将帅多贪功，伪饰奏报，掠县官计擒之美，而言力战擒之耳。但独不解于邦聘传所云云者，且林朝敬一人，亦仅见于此。录之，以备异闻可也。

北宋程乡县令侯晋叔

吴志《宦绩》门：侯晋升条下，按《文志》及《石窟一征》，据《苏文忠集》，文忠居惠州时，有与程乡令侯晋叔游大云寺，作《浣溪沙》词云云（《官师表》注同）。今据毛刻《宋六十名家词》，东坡词《浣溪沙第二十八阕》，自注云：绍圣元年十月十三日，与程乡令侯晋叔、归安薄谭汲游大云寺，野饮松下，设松黄汤，作此阕。余近酿酒，名万家春。盖岭南万户酒也。词曰：罗袜空飞洛浦尘，锦袍不见谪仙神。携壶藉草亦天真，玉粉轻黄千岁药。雪花浮动万家春，醉归江路野梅新。

依此，本大云寺之云字，已缺。而晋叔则并不作晋升也。至大云寺，今在何地，则尚待考查耳。

南宋程乡县令谭守约

阮《通志》《列传三》：谭守约，登绍兴十八年第，戊辰王佐榜，授程乡县令，附见谭必传。谭必（黄志必作昉，昉子㧑），字子思，乐昌人。王荆公父益出守韶州时，曾从荆公游。荆公尝呼必为九兄。庆历九年，中贾黯榜进士。守约，乃必之再从侄也（《戴志》及《舆地纪胜》）。据此，则《官师表》依《刘志》守约，绍圣间任程乡令之误，不待言矣。（《王志》作绍兴间任，不误。）

黄景昉《三柏轩集序》

近人刻《李文贞公文集》，名曰《二何先生文存》，首载《三柏轩集序》，社友闽晋江黄景昉题。序曰：

稽昔评文，以苏子瞻行行止止之论为最，乃李文饶氏业先之矣。其说曰：气不可不贯，势不可不息。譬之日月，终古尝新。旨哉，得文家三昧，其谓是乎。唐文多蹇涩鲜光，气苦不贯，如行于所不得行。宋文多汰滥忘反，势苦不息，如止于所不得止。夫拳开合腕，伸缩机得自由。其有或掣之者，则孟氏所谓道在迩，求入秦楚之路者也。然自汉以来，文率患是矣。

余读《李仲矗先生集》，见其每骤发一议，如山开屏，如水放溜，如穿林之箨，驯致干霄；如矫矢之弦，立当饮羽，锋锐甚若将横驰乎千里之外也。而忽焉意消局敛，雨霁风恬，则又如李翰所云"千兵万马，寂无人声"于一将之下，是遵何法哉。集中如序平水人文、三晋试牍诸篇，尤仲矗所持满志。闻之邹静长观察，李括苍宫谕，咸翕然。抑余考其年，则皆仲矗滞公车、疲剧邑、方困顿器杂时所为作也。近方高置之承明著作之庭，不知经国大业益当何似耳？夫气不可不贯，是也。

《公》《谷》《檀弓》法谨严，几不可句顾，其气自若，何至如唐人所讥。唐赖韩柳一洗之耳，而或谓古文之法实亡自韩，即势不可不息固也。《管》《庄》《迁史》词，傥荡若不自持，卒于势无伤，何至如宋人所苦。宋赖欧苏稍振之耳，而或谓末流之弊实踬自苏之二说，颇有当否乎。以仲矗仕于晋，多柳州遗迹。又生昌黎过化之地，潜心有年，故乐以文事相商。然余观仲矗，天性刚明，勇于嗜义，自其计偕时，已岿然若巨公长者。近益以文章经济，闻不朽之寄，将别有在兹集也，盖聊吹剑首之一映尔矣。

按：景昉，字东崖，晋江人。天启乙丑进士，官至文渊阁大学士，引归。唐王时，起原官，复告归。国变后，家居十余年卒，著有《瓯安馆集》。此篇序文，似可补录于《州志》艺文。先生著《三柏轩文集》四卷，目录下《至景昉》对先生自称社友，则未审先生与景昉为何社中人也。

李士淳《梅州杂咏序》

《三柏轩集文存》有《梅州杂咏序》一篇，序曰：

昔人谓名人胸次，必借山水以涤其夙习，发其新机，而后其文益壮，诗益工。然诗文之兴致，虽旁借于山川，实根柢于性情。《诗》三百篇，强半出于征夫思妇忆别之作，忠臣孝子感怀之辞，不假雕琢，自鸣天籁。古人以为，此质言也。太史采之入告，夫子删之成风，至今讽咏之下，悠然意远，穆然情深，一言蔽之曰：思无邪。如此而后，谓之真人。如此而后，谓之真诗。彼何尝历山水之变态，以供其灵奇，而后成为一家言哉。杜子美以诗名唐，称百代宗工。今观前后诸作，皆感时忧事，忠君爱国之语，评者谓之诗史。蜀中山水，一经品题，而峨嵋锦江，遂与千古争胜。子美实重山川耳，山川则何能重子美也。

予邑父母晖吉洪先生，四明大家，三吴士望，居平与人言，披露肝胆。其学本于真诚，志归于忠孝，故所交游，俱海内名俊。昆山徐原一先生，壮游来梅，时届初春。因与晖吉，及董水名宿董子佩公，彼此唱和，题曰《梅州杂咏》。予取而读之，出险争奇，巧夺化工，不谓人间三美，同集吾梅百里之内。太史行将奏之，志一时胜事也。因取三先生诗，臆评之：晖吉先生，如洛阳牡丹，国色醰酒，天香染衣，为花中仙。原一先生，如雪里寒梅，淡淡浅深，各极其致，为花中魁。佩公先生，如出水芙蓉，亭亭物表，居尘不染，为花中君子，皆非人间所有。盖有三先生之咏，而梅州从此增胜矣。夫梅州则何能重三先生哉。

按：序文所称邑父母晖吉先生，为程乡令洪图光。图光，鄞县人。以康熙二年任程乡。徐原一，为徐尚书乾学，《梅州杂咏》，即其客游程令署中磊园之所作也。惜此书今无传本。其中于吾梅清初掌故，必多可采拾者。《州志》"艺文"门，似可补列于纪述嘉应州事之书之类例中。至董子佩公，当是秀水人。序文讹作董水，其人名讳与事迹，均不可考，甚可惜也。

李士淳《吕年翁次梅集序》

集中又载《吕年翁次梅集序》一篇。文曰：

《东山》之诗，周公为东征军士而作也。周公遭流言之谤，避居东土。身在行间，三年于兹。所见者皆破斧缺斨之事，所闻者皆车奔马骤之声。所触景而怆怀者，皆集蓼茹荼风雨飘摇之概。凡物不得其平则鸣，风激而木鸣焉，石激而水鸣焉。方周肇造，顽民作梗，家难未靖，兄戕其弟，君疑其臣，以天清日霁之心，而蒙风霾云翳之迹，居今设公之身而处其地，天下之郁抑不平，则孰有如公者哉。意其积之怀抱，舒之咏言，必有感慨悲歌，牢骚不平之鸣。乃今读《东山》之诗，而绅绎其风旨，既婉转而入情，复和平而心怡，功成而心不居，境拂而神愈和。千载而下，诵其诗而论其世，人多以为劳人思妇代写，三年来悲观离合之致。而不知其为君臣忧劳，开八百载周家悠久之基业。乃知公之深且远，而不可以寻常境遇窥涯涘也。

东川吕年翁，少壮登朝，即有盛名。顾以肮脏磊落，为时流所不喜，竟以大部补外。海内人士，想望风采。如玉在璞，久愈彰浸，而晋秩而少司马、少宰、大司马，皆受命于兵戈倥偬、艰难险阻之中。今且以西蜀寇阻，蓟北妖氛，流离转徙。偕其二尊人，流寓于粤之程乡。其生平出处，

111

与周公约略近似。乃其历览风景，境至情生，逸兴遄飞，天籁齐鸣，风雷生于腕底，烟云供其毫端。描写情态，无境不真；感事忧时，有怀欲白。或拟其笔，老情深似杜工部；或拟其才，雄气逸似李青莲。余以为人皆足以摹东川之似，而不足以摹东川之真。即足以摹东川之诗，而不足以摹东川之境之情。东川盖居姬公之地而传姬公之心，师姬公之人而作姬公之诗。姬公以西周而居东土，东川亦以西蜀而寓东粤。东川既居东而言东，即以东川之诗拟东川之诗，似乎真乎，吾不能知。知其为东川之情，东川之境，与夫东川之人之诗而已。

按：此序文所称东川吕年翁者，为吕大器。太器，遂宁人，故曰东川也。官至兵部尚书，东阁大学士。据《明史》公本传，乃唐王时所授。甲申三月之变，公时在南京，主立潞王。与马、阮忤，遂削籍。命法司逮治之。公之窜避来梅，当必于是时也。今东厢榻田乡五峰禅院，有公题"茎草古刹"匾，正署唐王所授东阁大学士衔，可以为证。唐王之召，公未赴，而汀州失。公乃奔粤东，奉桂王。崎岖兵间，得返蜀，谋入滇，卒于都匀。其《次梅集》，未知今尚有传本否。但此书及先生序，宜并著录于《艺文》门，纪述嘉应州事之书之类例中。

李士淳《南口建桥募缘疏》

吴志《桥渡》门载：南口堡，曰过客桥，在南口大径里。有王仕云《过客桥碑记》，文曰：壬子仲夏，梅州南口石梁成。行僧海崖请曰：是桥也，松口二河李少宰曾募修之，垂十二年未就也，云云。今《三柏轩集》中有《南口建桥募缘疏》一篇，文曰：

昔之北山愚公，年且九十，面山而居。嫌其迫也，聚族而谋曰：我之子子孙孙无穷，而山不加增，移之何难。帝感其诚，召夸娥氏二子，一措朔东，一措雍南。而世遂传其事曰愚公移山。今试问其所移何山，曰大

【太】行、王屋也。二山方七百里，高万仞。九十老人，其年其力能有几何，而谋欲移山，且欲移七百里高万仞之山，北山公则诚愚矣。居尝论天下事，谓志者任其劳，愚者享其成。《诗》不云乎：维鹊有巢，维鸠居之。解之者曰：鸠性拙不能为巢，而居鹊之成巢。夫鸠之拙不能成巢，而公之愚顾能移山，为其诚也。诚之所至，上格苍昊，幽驱鬼神，而况于人乎。北山公之愚，智不能逮人，而北山公之志诚，反能动天，乃知人无所不至。惟天下不容伪，愚公之移山，非人能移也，而天实移之。非天故移之，而愚公之诚，实有以感之也。昔之学道者，或断臂以安心，或舍身以喂虎，或布金而说法，或磨铁而成针，皆以人所难忍处忍，难舍处舍。卒之心坚石穿，人尽天见。幽冥孚之，善信感之。上自宰官，下逮士庶，莫不生欢喜心，发慈悲愿，福田广种，菩提开花，遂成非常之功，垂之不朽。人见其已成也，则相与庆之幸之，赞之叹之。以为豪杰之事，大智慧人，大根器人，乃能建此殊常之绩，而不知其初，苦心志，劳筋骨，从千难万难中辗转磨炼，尝尽未有之苦，而后得成厥绩。始则智者惮其难，互诿而不肯为。终则智者羡其成，共逊为不能为。而千秋大事，竟收功于愚者之力。故曰：其智可及也，其愚不可及也。岂愚之不可及哉，愚而诚故不可及耳。愚而诚，则亦不得谓之愚矣。

吾程南口，旧有石桥，岁久而圮。行者病之，思欲重新鼎建，而竟不得一实心任事之人。一日，僧海岸叩门告余曰：南口为商旅往来要路，此桥为行人利涉津梁。岸苦行十年，面壁一室，智慧愧不如人，普济亦复有志，愿矢蛟负之力，借为渡众之航。顾善信难逢，机缘不偶，丐居士一言作倡导，开发善信，以圆成大功果，居士佛位中菩萨也，其有意乎？余应之曰：此善愿也。人之善愿，如树上之花，逢春而发，万紫千红，艳异夺目，人争赏之。而所忌者，游蜂之采掇，疾风之震荡，暴雨之侵陵，酷日之熏炙。一暴十寒，旋发旋落；开花信易，结子实难。汝今日之发愿，犹宝树之发花也。与善信言之，则生欢喜心；与众人言之，则生疑二心；与悭吝者言之，则生厌薄心；与暴戾者言之，则生嗔怒心。此即妒花之风

雨，采花之游蜂，伤花之酷日也。愿和尚所遇之人，或善或否，而一以慈悲应之。所遭之境，或顺或逆，而一以忍耐处之。彼喜而我与之俱喜，随化其所喜；彼疑而我勿与俱疑，徐化其所疑；彼厌而我不嫌其厌，则厌者未必终厌；彼嗔而我不较其嗔，则嗔者未必终嗔。未化其财，先化其心。既化其心，复化其财。化喜易，化疑难。我且不求信人之心，而先自信方寸之心。我已能信自巳【己】之心，则亦终信众人之心。释氏所云坚定者，不过教人先自信其心耳。信得一分，则坚得一分。坚得一分，则定得一分。未有不自信其心而能信人之心，亦未有能自信其心而终不能信人之心者也。和尚但坚持此心，勿二勿三，勿始动而终怠，勿彼爱而此憎。勿多多，勿寡寡，涓滴江河总归大海。勿贵贵，勿贱贱，达官丐者总属平等。将见善者不复厌，厌者亦复喜，信者不复疑，疑者亦复信。喜者信者，既不生嗔怒之心；嗔者怒者，反转生喜信之心。以此发愿，以此收功，开花结果，一以贯之。愚公当九十之余，仅一室之力，而能移七百里高万仞之山。今和尚年尚未满四旬，而建桥之功万不及移山之难。合众善信千万人之愿力，又不啻一室之子子孙孙。众擎则易举，事半而功倍。何忧众志之不一，桥功之难成哉。余不虑众善之不信和尚，而先虑和尚之不自信也。和尚自信，而众善之必俱信矣，余将拭目以观厥成。

读此疏，而知南口石桥，二何先生倡修于先，王令仕云特完成之耳。今志仅载王公《碑记》，他日修志时，此疏似宜并载，方不遗倡始者之力，且方与《碑记》所述李少宰曾募修之云云相符。至此疏所言劝募之僧为海岸，碑记则为海崖，未知孰是。桥碑若存，则当质之《碑记》矣。

卷 十

温训《南汉小乐府序》

温伊初训《登云山房文稿》，有《南汉小乐府序》。文曰：

李君秋田出其《南汉小乐府》示温子，温子受而读之，未终篇而叹曰：天下无真主，生民之忧也。夫南汉以区区之地，窃帝号，自尊大，其事至么么不足道。而其不仁之政，则与暴秦无异。然犹得享国五十余年，过于秦历者，何哉？值世无真主故也。当是时，四方僭乱，纷纷割据，然考其立国规模，自吴越钱氏而外，大都未有以相过者。而其不仁之甚，亦未有如刘氏者也。呜呼！生民之祸，亟矣。苟非真主，孰能拯斯民于涂炭之中哉。余观《宋史》，见艺祖所除五代弊政，不一而足。信乎孟子之言：不嗜杀人者能一之也。今李君之诗，其有鉴戒之思哉。其事则征实，其辞则古雅，以是而传于后世，不刊之作也。呜呼！贤矣。

按：此乐府作品，州志《艺文》门并未著录，似宜并温序补列于先生撰著下也。

明程乡县县令陈燕翼祠静室

李绣子《著花庵集》卷一，首篇为《游静室》五古诗一章。诗曰：遥

山叠新黛，近水添征绿。兰若晚峥嵘，佳境长在目。初春百事暇，巾车缓相逐。入门瑞香花，娟好弄幽独。轻阴澹落絮，微飔动修竹。一与支公期，云山深几曲。鸡园乱苍翠，鸦林横断续。裴哀未能去，欲就西堂宿。

按：静室，其地在东厢大墓岌左麓。州志《古迹》《寺观》门，均漏去，未有纪载。即《官绩》门《陈燕翼传》令程时，与门人张琚及邑俊秀，讲学之地。又称：张琚以其双峰斋故居，为陈夫子祠者也。"静室"二字，门额犹存。今巳【已】改为张族肩一小学校。先生此诗，似可采入志乘也。

李黼平《周溪夜宿》诗

吴志《丛谈》门，关于濂溪书院古迹，已采《著花庵集》《云洞纪游》诗，而遗《周溪夜宿》一首，爰呕录出补之。诗曰：夙披周溪图，今践周溪境。穷源不觉远，沙水如清颍。途穿乱峰寒，径出深竹冷。人家晚投宿，堂室衔落景。空林鸠呼群，虚壑猿挂影。烟飞云步桥，雨塌天泉井。胜地近可到，清梦迥易醒。呼童艺松明，吾将越东岭。

按：此章实纪游诗，提纲挈领之作也。

古成之《忆罗浮》诗

近读顺德梁廷枏所辑《南汉书》文字，略载古成之先生《忆罗浮》七律一首，诗云：忆昔罗浮最上峰，当年曾得寄仙踪。凭栏月色出沧海，欹枕秋声入古松。采药静寻幽涧洗，寄书闲仗白云封。红尘一下拘名利，不听山间午夜钟。梁氏加以按语曰：按，成之，未仕南汉，而当刘氏未灭时，半生隐居罗浮。《忆罗浮》诗，或入宋登第后作也。又录《坡山》诗一首，则与阮《通志》五仙观《古仙诗碑》同，惟有数字稍异。但考坡山，在南海县城西南隅，高三四丈（《大清一统志》），向在江干。相传晋时渡口，故称坡山。古渡头山，为刘龚所凿，竟成培塿。其顶有丹灶，其阳有穗石（《广州府志》）。其地未知即今之五仙观否也。

李梗《石云和尚塔铭并引》及其子
《石云和尚塔铭跋》

阴那山灵光寺石云和尚者，乃吾梅方外之英杰也。和尚生于明季，传法灵光。与李二何太史父子为方外交。名山佛法，遂以光大。州志《方外》一门缺焉不载。《那山旧志》有李孝廉梗所撰《和尚塔铭并引》，亟录出之。他日修志，可据此补入和尚事迹。其引文曰：

师讳正瑛，字石云，刘其姓。家于邑之蓬辣坑，父应俨，母陈氏。生于乙丑岁之十月二十五日巳时。七岁入阴那山灵光寺，投师弼玄，被剃。至辛巳年，遇善牧和尚开堂本寺，示以参禅枢要。师请益，复授以父母未生前语句，自是准头绳絜。壬辰年冬，先太史举师住持，以血缕一线，重续祖师慧命。历年募置田租三十余石，带粮米四石零，以增常住。癸巳冬，先太史同邑侯蒙城葛公，出簿付师募宰官居士，重新大殿，并修砌化胎，费垂三千余金。师曰：尚有大事未了，在于丁酉。腊月梅香扑鼻，圆通白雪隐隐，与那峰相映。师知此中有说法落空华者，遇往礼足九和尚，受具足戒而归。承示夜考钟声，拔度幽冥。师持诵，按数拜叩，自昏达旦，三载弗懈。辛丑，曹溪渠演和尚，过访阴那，开堂小参，开示大众。师觉此中廓然，每念名刹崎岖，游步踵至，行者无以息担，止者无以救渴。欲登道岸而反，入苦趣职，谁之咎。遂与余侄辰也，于伯公发设法创立茶亭，命曰：栖贤林。余额以望道若渴。并占"筇扶峻岭漫云劳还须进步，茗煮清泉聊止渴正好寻源"，为联悬其中，昭师接引至意。自此宝山

在仰，人知向上一着矣。本年复募购启平围谢家基地，造灵庄园一所，为那山脚庵，计费百金。壬寅冬，请方淡和尚说戒本山，师几经锻炼，未生前面目，庶几投投呈露。高峰之枕欲坠，三更之米渐熟。万法何归，只争一指。丙午秋，再往圆通究竟。一夕，闻敲板音，忙入。方丈和尚举问云：如何是佛？师答：云盘内明珠。和尚云：如何是明珠消息？师以偈答曰：要行便行，要歇便歇。盘内明珠，清净皎洁。不拨自转，真个圆活。师更问：如何拟捧打月？和尚微笑。师喝曰：冷面铁汉，怎么藏头遮脚。和尚云：惧尔这汉，月下张灯。师曾偈曰：本地风光，不增不减。何水无月，捞之益远。偈已，大笑而出。和尚以目送之，曰：且放尔踉跳。去师自得法后，常思谢嚣住静。一日，梦大士指白莲示师曰：此是尔未生前清净本来身，漫说根尘无有，即色香何著。师感其声，闻示现。于辛亥年间，闻诸兵备道曲沃仇公，邑侯黄海王公，倡募千金，造大悲阁，刻《法华经》一部，并《山志》载《祖师本传》，并前后名贤诸作。辛酉年，复承郡伯金陵林公，为师出簿，募造前堂，并禅堂方丈两廊，与钟鼓二楼。近始鸠工，仅覆一篑，而愿无退转。师缘此道心益坚，功行益深。虽未即倦于勤，而山门法徒恭侍多载，欲酬师恩，可令百年之后了无归宿，乃预建空塔，造予请铭。予谂其殷勤，爰为铭曰：

孤云一片，悠悠在天。出入灵空，无心往还。万象不著，道合自然。清风吹动，偶系山巅。惠而好我，与石同眠。非烟非雾，郁郁芊芊。阴那蒸瑞，缭绕大千。蔚为道者。惭愧齐肩。石住【往】云流，相为舒卷。合言为号，若池与莲。早达三乘，亦契三玄。如如面目，娘未生前。屡证名宿，是曰单传。廓然会悟，精进益坚。大事已了，月落川圆。须弥欲碎，囊胡不捐。功德难浸，塔造其全。归真还寂，道以永绵。稽首我师，可佛可仙。金刚不坏，塔何碍斾。精神长在，乾转坤旋。预为尔铭，用祝大年。

时康熙壬戌年端月，邑人李梗悔庵氏撰于立诚书院。

其后复系以先生子某《跋》曰：

右《塔铭》，盖先君于壬戌岁预为石云和尚而作也。再十年，而先君弃世。又二十年，师乃示寂。是壬戌后之功，与夫得法说法，体魄归塔之事，先君有不及记，与不及知者，予续以志之。岁癸亥冬，圆通九和尚法师号南屏者，半石和尚之长嗣。至阴那，知师深造。甲子元日，以从上源流衣拂付师，为临济三十六世孙。己巳岁，邑侯静庵刘公出簿，募装满堂诸佛金身。溯从前及此二十余载，计费二千余金，诸项乃稍就绪。己卯冬，防守与仁张公，燕人弘可贾君，敦请本山建坛说法。期开九载，凡皈依而求师戒法者千有余众。闻法顿悟者，亦不乏人。辛卯腊月十有二日，师忽告请诸檀那曰：僧欲解脱尘缘矣，随将住持灵光。六十年于中所增田园法器，条缕簿书。求予与兄瓮安令君为之序，付其元孙省非住持。待至壬辰正月，年登八十有八，就于初四晚酉时出坐。方丈命侍者恍舟系板，集众既齐，示以偈曰：团地七秋入灵光，廿八即任建名场。冒雨冲风六十载，违却人我还故乡。又云：来向南辰，去向北斗。坐大虚空，满天月晓。复付嘱曰：吾去后七日，当造一塔，将吾幻躯埋瘗其中，还乎天地，了此一生梦幻也。言毕，口念弥陀，端坐而寂。予族叔燕及公道号山子，其子恭廉，善堪舆。师来入梦，乞相塔所。就于五峰之左麓，名曰关寮。四山罗拱，恍若祇园。于斯建造宝塔，藏师法体。余赠额曰"名山并峙"云。

按：瓮安令为孝廉恒莹，为此跋者殆解元恒煓欤。

李士淳顺治《程乡县志序》被删者

清光绪间修志，搜访旧志《葛志》，已无存书，故不详其卷帙。仅载李文贞公一叙。而叙文又大加删削，非公原文。今从《王志》所载，据以校《吴志》被削去者如下：

夫史始于《春秋》，而不自《春秋》始也。昔孔子丁成周之季，学夏殷之礼，思欲阐明其说，以行于世，而苦于文献之不足，杞宋之无征。至于喟然发叹，旁皇咨嗟，而不能已已。于是周游列国，问礼老聃，问官郯子，遍访故老，搜集旧典，而世远年湮，时移势易。上世之事，若存若亡。间得十一于千百之中，而无征不信，终不可据以传世。夫子伤之，不其久而失传也，于是不得已而作《春秋》。《春秋》者，鲁国之史，载一十二公之行事，纂栝二百四十二年之故实。孔子因而笔之削之，寓赏罚于是非，寄褒贬于笔舌。不言夏殷，而夏殷之礼寓焉。夫子以为周之有鲁，犹夏殷之有杞宋也。杞宋往矣，不能征前代之文献，鲁史存焉。犹可征昭代之宪章。存鲁者，所以存周。而存周者，正所以存夏殷。总之，竟其欲存夏殷之初心耳。噫！此孔子作春秋之微旨也。

又曰：乃太史陈诗而观十五国之风，起于周南召南，终于秦风豳风。下至邶鄘曹桧，蕞尔附庸之小国。士女之讴吟，闾巷之歌谣，一切淫词亵语，足备采择者皆录而弗删。夫子奚取焉，取其足以寓劝惩而裨风化也。盖观于一乡而知一国，观于一国而知天下。乃夫子观射于乡，亦曰：吾观于乡，而知王道之易易也。苟其有关世教，则稗史之与正史等耳。国史与邑志何择焉？

吾程阻海滨，南距吴，北距燕，不啻数千里，而遥称为天末日出之区，若以拟十五国则亦犹卫之有邶鄘，鲁之有曹桧也。虽然，风与时移，今古递变。吾潮旧称海滨邹鲁，吾邑之冠裳文物，几于中原分道而驰。夫子删诗，不弃邶鄘。又曰：大约仿司马君实编年纪事之法，朱紫阳纲目发明之意，斟酌损益，自成一家之言，以佐朝家修史移风之万一，而不袭近来作志者，因陋就简，夸多斗靡，风云月露，藻缋无用之文。又曰：昔孔子不忘夏殷，因鲁史作《春秋》，存鲁以存杞宋。兹志也，盖亦犹仿此意。而行之事，固有异世而同揆者，正可为知者言耳。若夫殷因夏，周因殷，百世之后，云云。

以上俱公修志之本旨，及平日读经之心得，均于此数节文字，曲曲传之。《吴志》贸然削去，可谓无识。盖公以旧史官而修志，乘鼎革之际，自有难言之隐。而又虑易代事变，久而传闻失实，诬罔必多，故借此以寓其不忘故国之思。其情可想，其志弥可哀已。惜乎！《葛志》一书，今已不可得而读也。

李钟麟康熙《程乡县志序》

《吴志》又削去《刘志》潮州府李钟麟一叙、《王志》粤抚苏昌一叙、署州印光任一叙，今并录而存之，亦兹邦文献之一征也。

李序云：唐虞三代之治，考信于诗书而不谬。至孔子作《春秋》，因鲁史而操二百四十二年南面之权，以定万世之大经大法。自封建废而郡县兴，则朝廷有史，郡县有志，由来尚矣。史官所载，如礼、乐、兵、刑、律历、食货、五行、地理、百官、艺文之类，因革损益，是非劝戒，随时之宜，合于公论，文有其实，则称良史。维志亦然，星分壤错以辨方域，设险弛禁以致富强，出政之地所以临民，兴教之宫所以造士。生齿何以蕃庶，赋役何以均平。有祀典以崇德报功，有宦绩以经文纬武。至于隐居行义，潜跃亨贞，忠孝节烈，文章彪炳，以及二氏之源流，庶征之休咎，总贵于条分缕析，纲举目张。存信存疑，各得其所。

善乎，程乡县之新志也。首舆地，则建置沿革，山川风物无不详焉。次规制，则城池衙署、学校古迹无不备焉。次版籍，则丁徭田赋之则数列焉。次秩祀，则圣贤神鬼之祭享隆焉。次则官守，而长吏流铨，儒缨弁冕，宦游之名绩具存；次则人物，而辟召科目、孝弟力田、列女之志行咸著；艺文又次之，诗歌古文辞之英华博雅可观也。杂志又次之，仙释诸不经之顺逆、妖祥可识也。是志也，程令刘君服官之始，值今上重熙累恰，复唐虞三代之盛治，乃征天下舆图，大修《一统志》。刘君于是又奉宪檄纂修邑乘，缺者补之，讹者正之，繁芜者删削之。彬彬乎，遂成不刊之

121

书矣。

余来守潮半载，刘君力乞养亲，得予告，今解绶而归。以《志》来请序，余阅而善之。刘虽未竟其设施，而其所以兴利除害，劝善惩恶之意，悉寓于"志"中。后之令兹土者，鉴而行之，顺舆情以定民志。庶几移风易俗，不同于庸吏之所为，予将有厚望矣。

按：李为山东武定人，序署康熙三十年作。

印光任乾隆《嘉应州志序》

印序云：庚午秋仲，余友王午塘告致，将去梅州。余奉檄摄篆，甫下车，索《州志》。吏以程乡旧志进，窃讶是州之设已二十年，志乘何尚阙然。况午塘具文章经济才，所至有兴举，素称能任者。何守兹三载，亦竟因循若此，疑午塘不应尔也。因往晤而切诘之。午塘曰：州志固不可缺，自问非作手，不敢率尔操觚。第久于斯，竟置弗问，心甚愧焉。近集绅士之文行并优、老成有宿望者，相与咨其事，而纂集成稿。今予既赋归，其责在君矣。幸加商榷，以授梓人。余欣然曰：是乃不失为午塘也乎。我过矣，何急不待问，而即以因循疑午塘耶。然惟深信午塘之必不因循也，故敢面诘而卒如我意。窃自喜知人不爽，而取友不诬也。因索稿披阅，见其考核详慎，记载谨严，诚足信今而传后，益知午塘操行维谨，不肯以言笑假人，于此乘可见其梗概矣。嘉平月，梓将告竣，州尉唐君润，向余请序。余曰：余何言，然午塘我良友也。余始以不得《州志》而疑之，既观其成而信之，其能已于言乎？即书此以识。

时乾隆十五年嘉平，宝山印光任书于梅州官署。

据此，《王志》虽创始于王牧之正，而告成则在印牧署任时矣。是序又乌可削而不载耶。

苏昌乾隆《嘉应州志序》

苏抚序云：志即外史之遗，继《春秋》而作也。所以征信，非以传疑。故其事其文，固不贵摭拾粉饰，亦无取弇鄙缺遗。则文与质不至偏胜，自可跻于彬彬之列而靡难。嘉应，原梅州旧壤。前朝改为程乡县，隶潮郡。州岳诞灵，人物繁庑，夙号声华名胜之地。迨世宗宪皇帝御极之十一年，前任鄂制军以境处冲要，人丁殷庶，奏准改邑为直隶州，辖兴、长、平、镇四县，并蒙锡予嘉名。由是文庠广额，兵备拓增，一时顿为改观。十余年来，时和年丰，官清民乐，人文蔚起，甲第联绵，尤称鼎盛。即方之广潮诸大郡，殆无多让。前志自康熙庚午岁增修，阅六十年莫有踵其事者。《州志》创建以来，一切规模制度，较曩昔更犁然大备，诚不可不亟为纪载也。一旦，州守王牧慨然以为己任，出是编就质余。公余翻阅，复加厘订。见其分门别类，比事属辞，叙列详明，考据确凿，不支不漏，有本有原，足以信乎今而传乎后，庶能免于史野二者之讥，而骎骎可进于君子之林矣。余深喜王牧之有是举，实有关于风教之大者，即属其卜日鸠工，以光梨枣，且更望后之官绅，加意采风，踊跃从事，而随时增补于不衰，勿以典籍为无关吏治而置之膜外也。是为序。

时乾隆十五年岁次庚午良月上浣，抚粤使者长白苏昌撰。

按：苏昌，满人。与全谢山有姻戚，关系颇好，尚文学。至删改李二何先生叙，及削去李、印、苏三叙，不再刊入《志》内，查系出于《文志》之武断，非始于《吴志》也。

榕园续录

提　要

《榕园续录》四卷，初刻于民国三十三年（1944）梅县震旦印务公司。杨维徽名号、爵里、著述等已见前《榕园琐录·提要》。顾名思义，《榕园续录》为续《榕园琐录》而作，其新辑史料五十余则，继承了《榕园琐录》网罗地方史料、间亦考定的基本宗旨。如蒲寿宬、杨万里等《榕园琐录》已有涉及，但《榕园续录》史料更为深入。尤为可贵者，《榕园续录》在发掘珍稀史料上更见功力。如清梅州知州张曰衔的梅州诗歌，世所罕见；清李楩《李鲁炬余集序》及民国新出土李象元家族墓志三种，亦为绝世珍品。梅州素有福建宁化石壁村迁入的林氏，因耻与明嘉靖"贼寇"林朝曦同姓而易姓为杨，此说见载清杨懋建《嘉应识小书》。但《榕园续录》载宁化石壁林氏在元末明初避乱进入梅州，寄籍于阴那山半径村的杨氏，后顶替杨氏户籍为新杨。此说不争不论，而足以正本清源。其他如康熙三年（1664）参与梅州历史上的盛大诗会《梅州杂咏》的董剑锷等，亦为稀见史料。《榕园续录》也有可斟酌处，如认为程乡茧为明代物而论据不足，论钱仲联《人境庐诗笺注》时意气也多于证据等。虽然杨惟徽《榕园三录》六卷惜不得见，但是作者费尽心血于梅州历史达三十余年，对于地方史料的发掘可与清末温仲和比肩。

张应斌

自 序

嘉应《吴志》之修，任总纂者温太史慕柳。是书善于前志者夥矣，要其所特创标目一手撰述者，厥编有四：一曰方言；二曰礼俗，具足以见其平昔专治小学、精研三《礼》之心得；三曰叙志，冠之卷首，乃仿迁《史》、班《书》之序传而作者；四曰丛谈，以终篇焉。止署仲和辑，视他篇之署某某初辑、仲和复辑者有别，尤为是书之创作也。兹篇多采取前人成说，有关于吾梅掌故如黄氏钊《石窟一征》、张氏麟定《谈梅》为独多。间附己见，多所订正，亦即本叙志所云拾遗补阙，订误考文等意义，以为之鹄的焉。

余蛰居里间，恒喜研讨旧闻，爰窃师其意，有所掇拾，随得随录，亦不分类例。大抵多旧志之遗佚，散见于他书者；或旧志有讹误，间亦为之考订，积成十卷，名曰《榕园琐录》，由其所识者小，无关宏旨故也。谢子梅生见而好之，以为他日续修邑志，是录有取于拾遗补阙。既为之序，又收入于《梅州丛书》第一辑之目录中，而为之提要。余感其意，于燕闲之暇，网罗钩贯，不厌繁琐，遂成《续录》四卷。谢子于余撰著，有昌歜羊枣之嗜，均抄副本而什袭之。

噫，是录也，倘得起慕柳太史于九原而质证之，曾未知有当于太史当日修志创编丛谈之用意与否？然余更重有感者，谢子于余是录都十四卷屡欲为之付梓而不果。今春，东山校友复酝酿谋刊，而谢子墓草之宿久矣，不能亲见是书之得付印。此乃余濡笔为叙至此，所不禁涕下汍澜而沾襟者也。

癸未（民国三十二年，1943）夏月榕园老人自序

卷 一

宋蒲寿宬梅州诗

《四库提要》有蒲寿宬撰《心泉学诗稿》六卷，并据诗稿内载梅县《梅阳壬申劝农偶成书呈同官》诗，证明《万姓统谱》称宬于咸淳七年知蒲州之误。今复得《四库珍本》印出之《心泉学诗稿》全集读之，知蒲公官梅州时，所作不仅《壬申劝农》一诗，其中足补志乘之阙佚者尚多。披览之下，如入矿山得大宝藏，爰衷录之，以志欣幸。

《梅阳壬申劝农偶成书呈同官》云：举酒劝尔农，更为我侬劝。车笠虽不同，所谐此盂饭。或耕在畲畬，或耕在方寸。膏雨足一犁，田头怯呼唤。五百维莠骄，胥徒乃蟊患。与国充耘籽，勿使地蒿蔓。幻体饥渴同，世味甘苦半。盘中一粒餐，锄下几滴汗。光阴驶历块，彼此不可玩。岂为许行言，劝课在兹旦。老人倾耳听，童稚绕屏看。相顾持我语，取信如执券。安得慵耕人，从今不言倦。

此诗循良之意，溢于言表。其"五百"二字，当为"伍伯"之省。伍伯，乃隶役也。

《七爱诗赠程乡令赵君》云：吾爱西门豹，其事深可效。波神岂荒淫，巫言亦机巧。大姬去不来，小姬足踯躅。豪长涕叩头，从此识政教（右魏邺令西门豹）。

吾爱鲁仲康，治效多致祥。害稼螟犬牙，中牟了无伤。搽惊雉驯扰，

儿念雏方将。河南有府尹，其美乃播扬（右汉中牟令鲁恭）。

吾爱卓子康，作邑非寻常。口不及人恶，抚字若弗遑。礼律乃并用，化嚚以为良。解马以与人，不较人自偿（右汉密令卓茂）。

吾爱钟离意，锦制与人异。荒县民无庐，茅竹毕缮事。亦有多怖人，惛惛惑祸祟。祝土矢乃尽，神谴不敢避（右汉堂邑令钟离意）。

吾爱刘淑芳，礼逊以化疆。谆谆耳提训，语味深且长。忿恚为可忍，莫入鸣弦堂。讼者各感去，从今无他肠（右汉雍丘令刘矩）。

吾爱傅季珪，为事求端倪。群愚亦智诈，不辨祛厥迷。感深卖针媪，脪以食豆鸡。一县称神明，鼠辈榛其蹊（右齐山阴令傅琰）。

吾爱元紫芝，卓尔不可移。盗虎孰小大，许囚虎归尸。音乐第胜负，蒍于遭殊知。岁满何所为，柴车一缣随（右唐鲁山令元德秀）。

先生身膺监牧，以此诗箴规属吏，可谓良二千石。即千载下，为牧令者亦可书之厅事，为座右铭。惜赵令诗缺其名字，《州志·官师表》度宗咸淳间亦无其人也。

《梅阳寄委顺赵君》云：别来柳初苗，今见兰吐芳。怀哉佩兰人，欲制芙蓉裳。山空蕙帐冷，鹤怨秋晨长。群蜂【峰】暮耸峭，蚁梦犹一场。乘传愧已添，刻意思所偿。蚩蚩瘝土氓，见者泪欲滂。针石一时投，若为起羸尪。常恐二竖黠，神被膏与肓。欲尽弃其旧，安得师之良。夜梦每插羽，飞到琴册旁。非贪舐鼎事，欲窥枕中方。缄滕倘寄翼，宽此百回肠。

此诗"蚩蚩瘝土氓"以下八句，似是以治病喻治民。"神被"，当为"神疲"之讹。委顺，疑即赵令，决非医师。

公又有《神骏歌送赵委顺就漕》一首诗云：神骏不受羁，岂知日千里。小试秋风前，烁烁电光起。何须金络脑，不用珊瑚鞭。徐看血汗沫，透出青连钱。飞去渡赤水，横行抹燕山。持归献天子，高列十二闲。渴饮水底月，饥餐草头珠。轻摇玉麈尾，侧碾青氍毹。振鬛长鸣谢伯乐，千秋万古八骏图。

按："抹燕山"句，"抹"当作"秣"。此诗当是送委顺赴试之作。

《梅阳郡斋铁庵梅花》五首云：广平一寸铁，不信句【旬】练柔。犹疑雪月竞，韬玉无处求。神人藐姑射，夜趁嫦娥游。缥缈不可见，天风想琳璆。

其二云：孤山隐君子，搜索入幻渺。方且判鸿蒙，倏尔得一窍。童鹤俱不知，吟成忽自笑。翛然脱情尘，高标立寒峭。

其三云：江南擅名胜，雅爱陆敬风。岂无可以赠，折枝寄邮筒。缄香不敢泄，千里一寸衷。对雪感岁暮，白头谩西东。

其四云：卓哉诚斋老，驱车陟崔嵬。清风欲洗瘴，驾言为花来。仰止冰玉人，念彼同根荄。思翁不可说，江边重徘徊。

其五云：枯株类铁汉，瘴疠不敢侵。岁寒叶落尽，微见天地心。阳和一点力，生意满故林。至仁雨露泽，不觉沦肌深。

往者读志，载知州杨应己《铁庵铭》，未知铁庵地在何所，疑当在元城书院中。读此诗，乃知铁庵盖在梅州官署也。

《仲冬下澣会同僚游东岩》（题下小注：《图经》云，此乃仙人蜕骨之地。中有石鼓，扣之震响）诗云：羽人蜕（蜕，当为脱之误）屟去，古洞留嵌岩。白云亦世态，随风蜕其缄。石饴已何许，谁能味其甘。土偶寂不语，樵牧同此龛。坎坎击石鼓，归去夸彼谈。遂使蜡屐人，于此移其贪。猗桐植翠盖，翳翳当薰南。琤然激石流，燕坐心默参。朝暮岂异理，莫诳狙四三。暄凉【凉】得其适，所讶非瘴岚。梅花对白发，风前雪鬖鬖。挥觞属同僚，出语谐酸咸。犹拘铁汉语，饮之不至酣。托时纪曾游，谁将铁为庵。

按：此诗及自注兹岩故实，均为历来志书所未载。今岩额有"石釜灵响"四大字，殆取义于中有石鼓耶？宋蓝奎在兹岩读书故事，诗不之及，而独不忘"铁汉""铁庵"，何耶？

《游西岩》（小注：刘元城赴贬侨居之所）诗云：谁扇洪炉欲煮铁，一寸如冰不曾热。岁寒心事梅花知，炭事如何与冰说。西岩结屋烟作罩，斑斑不露如隐豹。人生大欲刚断除，静处生涯乃仁乐。碧梧翠竹如琅玕，寒

泉玉佩鸣珊珊。终焉为计亦不恶，岂知白日生羽翰。翻思一夜钟鸣时，先生高卧如希夷。何人更喷瘴鬼疟，及锋而用皆惊疑。荐泉采菊想遗迹，奚其与侣昌黎伯。薰犹【蕕】已定人所知，聊把曾游纪岩石。

玩此诗末句，当时与公同游者，岩石上必有题名，惜乎今不可考也。

又《西岩》七律一首（小注：有蜂巢鹤栅）诗云：石路层层碧藓花，矮窗低户足烟霞。愁闻独鹤悲寒角，静阅群蜂凑晚衙。野菜旋挑奚待糁，石泉新汲自煎茶。炉薰飘【销】尽抛书卷，闲倚阑干看日斜。

按：此二诗，于大慧编管于此事均未之及。岂大慧当日只居梅城兵马司东偏，并未卓锡于兹岩耶？

《百花洲梅》绝句云：孤根宁不在栽培，枝北枝南春一回。尽道游鱼是佳谶，不知洲上有花魁（按：此诗系暗用"百花洲尾齐洲前，此地出状元"谶语）。他处咏梅题，自然移掇不去。

宋杨万里梅州诗

余前录据《宋诗钞》谓诚斋来梅，其程途至龙川后分水陆两途，而皆取径于房溪。今得先生《南海集》全诗读之，而知余前说之未确也。盖先生来梅，纯为平沈师之乱而来。

按：集中有《督诸军求盗梅州宿曹溪呈叶景伯陈守正溥禅师》诗云：南斗东偏第一山，白头初得叩禅关。祖衣半似云来薄，金钥才开雾作团。一钵可能盈尺许，千年有底万人看。今宵雪乳分龙焙，明日黄泥又马鞍。

又《古路》诗云：我生倦行路，此行欣不辞。我岂与人异，厌闲乐驱驰。壬【王】事当有行，忘身那自知。闽盗入吾部，梅川作潢池。白羽飞赤囊，碧油走红旗。履霜戒不早，蔓草要勿滋。士皆冲冠怒，人挟报国私。我行梅始花，我归柳应丝。会当挥蜃弧，一笑封鲸鲵。休笑荦确路，即赋竞病诗。

读此诗，知沈师系闽盗，由闽先入，扰梅州。及先生督诸军，由曹溪兼程疾趋至梅，贼乃退据潮州，非潮贼也。阮《通志》谓"潮州贼沈师为乱"，殊误。

又《羽檄召诸郡兵》诗云：闽盗宵窥粤，南兵晓尽东。军声动岩谷，旗影喜霜风。貔虎诸方集，欃枪一扫空。区区鼠子辈，不足奏肤公。此诗又足证沈师非潮贼也。

其《宿长乐县驿》（榔自注：驿皆用葵叶盖屋，状如棕叶云）诗云：都将葵叶盖亭中，树似桃树榔叶似棕。欲向天公觅微雪，装成急响打船篷。

《明发梅州》诗云：市小山城寂，船稀野渡忙。金喧梅蕊日，玉冷草根霜。

读此诗，知先生入梅城时，梅已无沈贼踪，盖闻风先窜至潮矣。先生在梅，尚有数诗为前录所无，今补录之。

《霜草》云：霜前乱碧未全枯，霜后纷黄却更苏。偷吃瑶台青女粉，都生琼发与银须。

《瘴雾》云：午时犹未识金乌，对面看人一似无。腊月黄茅犹尔许，不知八月却何如（自注云：南中八月，黄茅瘴盛之时）。

《过水车铺》云：尽日途中断客行，两边山色到云青。溪光摇碎黄金日，波面跳成白玉星。轿里看书得昼眠，梦中惊浪撼渔船。觉来书卷风吹乱，忘却前篇与后篇。

《宿万安铺》云：来朝还入鳄鱼乡，未到潮阳到揭阳。休说春风吹路远，只今去路不胜长。

万安铺，即万安都也。此地未设置丰顺县时，尚属梅境。

《观汤田铺溪边汤泉》云：下泓堪浴上堪煎，阴火熬成未必然。海底月升波自沸，偶分一眼作汤泉。

按：汤泉，在丰顺县北部，与梅之马头、南坑相近。昔日万安都未割隶丰顺时，自当属之梅境，与揭阳之汤坑有别。

《汤田早行见李花甚盛二首》云：此地先春信，年年只是梅。南中春更早，腊日李花开。似妒梅花早，同时斗雪肤。新年三二月，还解再开无。

《雨中道旁丛竹》云：竹也岂不好，道旁端可嗔。只教寒雨里，将冷洒行人。

《雨中梅花》云：霜晴三日不胜佳，忽作阴霖逆岁华。客里清愁自无奈，却教和雨看梅花。

按：此二诗，系从汤田至瘦牛岭途中作。

《平贼班师明发潮州》云：不是潢池赤白囊，何缘杖屦到潮阳。官军已扫狐兔窟，归路莫孤山水乡。便去罗浮参玉局，更登浴日折扶桑。还家儿女搜行旅，满袖云烟雪月香。

先生过瘦牛岭后，中间尚有《过金沙洋望小海》《揭阳道中》及《宿潮州海阳馆独夜不寐》诸诗，未录。

宋王式知梅州

宗【宋】仁宗朝，王式知梅州，《王志》《文志》均不载。《吴志》据阮《通志》引余靖撰墓志略采入宦绩门及《官师表》，足补前志之阙。惟宦绩门王式小传，仅依《通志》引余撰墓志之略而成之者。今读余公《武溪集》，得所撰墓志，全文录之。题为《大理寺丞知梅州王君墓志铭》，文曰：

王氏之盛于天下，旧矣。以望别族者，秦之郡五，汉之郡一十六，公之望实出太原。自司马氏南渡，而诸王世为辅弼。梁永宁郡公、侍中尚书令僧辩生颙，颙生珪。唐贞观中，宰相以亮直称为名臣。珪子敬直，尚南屏公主，拜驸马都尉。坐事，贬岭南。子孙留者，因为曲江著姓，虽世袭簪绅而禄卑，不得谱于国史。曾大父讳某，大父讳某，父讳某。当刘氏自即尊号，族人仕者皆得美官，独公父子幅巾高蹈，不嗅其饵。考讳临，字嘉谋。皇朝以乡邑器望，署潮州司理参军，卒官。

公讳式，字用之。十四而孤，耿介自立，以学行见称。举进士，得秘书省校书郎。历广州、虔州、南安州司理参军，入朝除大理寺丞、知吉州永新县，以能闻。明年移知梅州，景祐五年七月卒于官，享年六十五。公沉厚方直，敦尚名教，自幼孤至白首贯于一节。旧志：岭表按察官，岁调郡县椽【掾】佐阙员，取进士，再举明经，三举不入太常第者，试摄其事。三载不框阙职，乃送吏部，为品官。邦人目为南选，常才趋之唯恐不及。公尝喟然曰："曲江自张文献公后，士大夫鲜复以科第取显爵于朝，岂南方以此选诱人为卑耶？吾为州党项领，期于展力从官，讵宜碌碌齿其间。"由是自弱冠捧乡书，游场屋三十年，终不屈意。暨上第时，母夫人犹在，升堂拜嘉，闾里始归其高焉。

今天子初践祚，在谅暗，不待祥禫，即临轩，急于采撷天下俊异。而曲江联翩六人中第，皆公之力。六人，即公及子陶，余若靖辈，悉尝趋函丈焉。郡守嘉尚缕陈其事，乞改公所居之乡曰兴文，里曰折桂。诏可其奏，邦邑荣之。三为决曹椽【掾】，以清慎自守，发摘奸覆【伏】，湔洗良善，期以详允。狱无隐情，虽苛吏犯其上，尧胥狡其下，不敢簪毫夺其理，卒于雪枉改官。其宰永新也，俗固好讼，而当官者复侵渔之。公一皆痛刮其弊，民戴之如父母焉。公始篆南海，遭内难解官。在始衰之年，而致毁过制，遂以气恙。到梅之三月，疾作，不及成政，而捐馆舍。

公志尚高洁，义不苟合，训子弟有常检，接僚友无戏言。闻人之善，谈不能【绝】口，其不善者，疾如仇雠，所谓古之君子也。夫人余氏，乡邦令望，明淑贤懿。上奉其姑，下抚其族，于公内助为多。二子，长曰陶，信州军事推官；次曰防，亦举进士。孙男六人，孙女五人，皆幼。公之丧也，引枢西还，稿葬其郊居之侧。至某年月日，以礼襄事于兴文乡折桂里之厚富原。以靖幸而交其父子间，兼师友之重，使来索铭，以表其墓。铭曰：

韶山之秀，发为俊茂。清识懿文，南州领袖。人趋禄仕，不羞苟得。公独夷由，决于翰墨。五试文昌，晚成之光。三掾使曹，罔私毫芒。明照隐诋，民不冤死。入奏天子，乃丞大理。试政蒲卢，五柳双凫。锄强息弱，百里以苏。期年成绩，部符岭隰。车茵未温，卧篑已易。旌旗西还，霜凄露泞。福不盈眚，俄归九原。惟公之德，倜傥殊特。身虽云亡，留为规则。词学起家，义方教子。有诏旌之，文乡桂里。胡为硕彦，累世弗显。才不谁知，卒于遐远。势薄地寒，不贵不年。廷尉高门，在于后昆。

按：此文"岂南方以此选诱人为卑耶"句，依《州志》，"卑"字下漏去一"职"字。又《州志》"司理参军"下，有"清谨详明，狱无隐情"八字，原文无之，阮《通志》不知何所据而云然也。又"六人中第，即式及子陶"，而《志铭》文内，第进士者公次子防，陶但云"信州军事推官"。岂原文本已有错谬欤？抑陶亦曾第进士欤？

宋陈坦然知梅州

又余襄公《武溪集》卷十九目录有《殿中丞知梅州陈公墓碣铭》一目，按：其文标题仍与目录同。陈公讳坦然，文内称：知潭州攸县，移知梅州，累转太子赞善大夫、殿中丞，卒官。又曰：公之宰攸县也，政无不革，乃经度署表而鼎新之。落成之日而诏书至，徙梅州。末又曰：公以明道元年四月甲辰，终于海州官舍。海字或梅字之讹，未敢武断。但目及文，梅字已四见，以理推之，自当以梅为是。余今所据近人香山黄慈博氏校正本、其明嘉靖唐胄翻刻本，及康熙程德基翻刻本，均未之见，无从考校而是正之也。兹录其全文如下：

公讳坦然，字某其，先颍【颖】川人。高祖父效官邕管，属唐季之乱，岭道梗塞，不克北还，遂为普宁郡人。曾祖讳某，祖讳某，考讳某，并仕刘氏，为私署官。考，终于知绣州营田事。皇朝赠大理评事。妣陶氏，赠永昌县太君。公即绣州第三子，博学善属词，有胆勇，多权谋，尚然诺。举进士不第，归乡里。景德中，宜州兵杀守帅，胁判官卢成均以叛，伪称南平王，拥众数千人，北攻象州。成均者，公同郡人也。公乃单骑行贼围，为书约矢，射成均帐下，为陈祸福。其略曰："国有患难，乃见忠良。贪人之利而背其君，非忠也。怯人之威而失其志，非勇也。君甲科进士，当以材识济理。今佐一郡，不能抚众以致于乱。又不能死，乃更甘心伪号提乌合之徒，剽劫郡县。朝廷封疆万里，带甲百万，遣偏师取狂寇，如举泰山压卵耳。奈何赤族从叛人入汤镬中耶？"初，象城疏弱无守备，将陷者数矣。成均得书，欲自拔归顺，计未决而王师至，城乃全。又别遣一屯，分掠南路，径趋容境，所至摧陷。公入语容守陈延赏曰："贼势剽悍，难以力竞，且胁从之人本无战心。愿假衙兵数辈见从，抵贼营，谕以逆顺，当使解甲而归我矣。"公去贼垒数十步，下马直前为言："本朝正朔被四海，汝徒无故噪聚。今有诏，止诛首恶，苟能束身改图，自当荣以爵赏，何苦草间觅活？"是时，贼中伪补屯卫之职陈、贾二帅私相语曰："此飞檄生也。"于是率首领以甲卒数百诣郡降。贼失腹心，皆不战而自溃。贼平论功，大将以状闻。中旨令本郡敦遣赴阙，与官，仍赐锦袍银带。公悉让而不受，愿回前恩，以就殿廷一试。朝命嘉之，诏贡部，别名闻奏。中途被疾，且遭家难以归。服除，急于禄养，摄主化州吴川簿。秩满，调授杭州余杭簿，擢漳浦令。再以吏能，佐桂州幕。初为节度判官，以母丧解官。后以观察支使知春州，迁著作佐郎，知潭州攸县。移知梅州，累转太子赞善大夫，殿中丞，卒官。

其佐余杭也，市有丐者杜氏夫妇，皆八十余。杜氏名暹，尝为忠懿王幕府官，老而无子，遂乞于市。公闻之恻然，为辍俸钱，构草堂数楹以居之。语同僚及右族，合币二十万与其夫妇，足日廪市什器，营寿藏，识者义之。其令漳浦也，有海口石门居风冲道，岁坏舟楫甚众。公乃相地徙□以避涛怒，商旅至今赖焉。邑西有陈将军祠者，《郡图》云：仪凤中，勋府中郎将陈元光也。年少强魂，邦人立庙，享祀甚谨，日奉牲币无算。岁

大旱，遍走群望弗雨。公乃斋洁诣祠下，祷云："政不修者，令之责；祷无验者，神之羞。国家重祀典，所以祈民福也。祀苟弗应，何用神为。"即钥扉与神约曰：七日不雨，此门不复开，丛祠为烬矣。行未百步，霾风拔树，仆于道。俗素信鬼，及是吏民股战神之怒。公徐曰："民方嗷嗷，何怒之为？"乃缓辔截树而去。果大雨，田收皆倍，邑人刻祠以纪其异。其在桂林也，役徒不足，借禁卒五百，伐林以修守具。郡帅会宾客，饮于堂。外有告变者曰："役卒二百，挟刃群噪，入屯营为逆。"在坐相顾失色。郡帅曰："当闭城，以虎翼五百擒之。"公即屏人，语帅曰："今以乱擒之，彼知就擒则死，必力斗，适所以坚其叛意耳。及其衅尚浅，若诱而致之，可无患。"乃从白直数人，直趋其屯，责其主校苛刻。乃复人人恩慰，问其劳苦。叛卒环泣曰："苦则思乱，人之常情。若从公命，得免于役，以全视息，为再造矣。"皆释兵，随公而归，帅亦原之。其罢【官】阳春也，有张氏女者，父为供奉官，夫吏，辇下犯贿，流岭南。夫死，家属当还都。邵阳邮卒以刃胁为妇，留且半岁。公经途闻，执卒送官抵罪。公解骖及万钱赒之，官遣部送还其父。皆章章在人视听者。

公历七官，干局外职司，符牒劾事，凡九十余狱，民无一辞为怨，其周才也如此。公之宰攸县也，政无不革，经度署表而鼎新之。落成之日而诏书至，徙梅州，心常恋恋焉。捐馆之夕，攸之宿吏数十，见公朱衣银鱼，据案导从，嚄唶入门，升厅如平生。厅帘坠地如割，众惊异之。后半月，而凶问至。邑人塑其像，立祠于邑西云：公以明道元年四月甲辰终于海（海，当作梅）州官舍，某月某日归葬于某。夫人杨氏，祔焉。杨氏先□早世。子六人，曰直方、有方、知方、居方、义方、应方。居方应进士，有方补郊社斋郎，为曲江簿，亦能官；义方、应方尚幼。女二人，长适某。康定元年，曲江君因方跌圆首之令，泣以状请铭。故铭曰：

古之为吏，不专禄仕。器能轶群，名不坠矣。后之为吏，去才取位。官品不登，善斯委矣。吁嗟陈公，识优命否。勒铭幽石，以颂遗美。

按：公此文作于康定元年，康定亦仁宗年号，上距陈公之殁已九年矣。陈公终梅州官舍，为明道元年四月。在梅政绩，文所不详。其官梅，当必不久。明道之前，为仁宗天圣九年。明道二年之后，改元景祐。景祐四年后，又改元宝元。宝元二年后，又改元康定。由此推之，陈公官梅，又先于王式景祐五年之知梅州七年矣。而二贤牧来梅，均不获久任施政，何是时梅人之不幸耶？《吴志》宦绩及官师表，于王式均已补入。而陈公守梅，又在王公之先。后之修志者，似宜依《武溪集》补志之也。

清长乐知县孙檠权梅州

黄香铁《读白华草堂诗苜蓿集》有《次韵奉酬孙小芗明府》诗一篇，诗云：昌黎爱东野，愿为云龙逐。雄文本如潮，虚怀乃若谷。峨峨孙江东，策对昆山玉。帝命来炎陬，郎官应列宿。飞凫蹑朱舄，画熊假丹毂（自注：代理梅州刺史事）。培风（自注：书院名）盼扶摇，化雨闻长育。梅州擢秀翘，李生（自注：载熙）最淳穆。一朝报领解，到耳名姓熟。维公尝识真，不负再三告。此君殊妙才，翰苑当可卜。翳余近颓唐，何因荷倾属。抚今尚沉吟，望古费遐瞩。舒舒淮水头，绵绵海山麓。当今鲁仲连（自注：兰岑），人尽仰高躅。云何王景略（自注：慈雨），天遽夺之速。以我续旧铭，毋亦貂不足。琴匪爨下桐，笛异柯亭竹。况今齐廷竽，非昔燕市筑。公何爱之深，一诗必三复。瀹茗舒君眉，煮笋出天目。贲禺八桂林，开樽漉金粟。宰官自在身，酸咸嗜殊俗。好客故自豪，说士抑何笃。居然吕山人，三薰而三沐。形骸已脱略，谈笑不局缩。古风讵无存，今雨仍可续。长烦饮啄呼，未向樊笼触。暖冬两鸟鸣，借以通款曲。

集又有《安东孙小芗明府檠以名进士出宰长乐因王慈雨吏部知余名己亥七月遇于羊城邀至禺山第一楼小集即事》一首云：缟纻先从梦寐投，何因覆鹿得盟鸥。且征淮海无双士，同上禺山第一楼。楚雨荒凉凄断笛，（自注：慈雨下世已二年矣）粤风靡曼喜盲讴。使君好为苍生起（自注：

时将起病入都），谈到奇材泪共流。

读此二诗，知道光朝己亥间，孙公檠曾以长乐县尹来梅代知州事，甄别培风院试，又能识拔李采卿学使（采卿，己亥领解），其为文章宗匠可知也。《州志·官师表》于代理州事者，如咸丰朝之帖临藻、张邦泰等，均列入表，而于孙公独阙然，其为漏略无疑。向闻代理州事，均以长乐令檄委之。光绪朝继吴公宗绰代理者为长乐令蒋公鸣庆，证之孙公，其信然已。

清梅州知州张曰衔《步刘廷南嘉庆戊寅科举宾兴韵》及杨惟徽父杨瑛的唱和诗

《吴志》"丛谈"门据《谈梅》载，培风书院讲堂木牓，镌河间刘云冈（廷楠）牧伯所作《嘉庆戊寅科举宾兴》六律（按：此木牓，辛亥光复失去）。同治癸酉，仁和张公秋粟（讳曰衔）来牧吾州，见云冈诗于书院，课士步韵首唱，并命诸生属和。其诗云：

学惟温故始知新，主敬身常懔大宾。相士固宜先器识，读书也要富精神。心酣六籍方穷趣，时惜三余敢旷旬。漫奉兔园矜秘册，昌黎论早鄙言陈。槐黄屈指届宾兴，暂敛才华就尺绳。海国久潜鱼试跃，云衢忽步骥同乘。玉沽应待无双价，楼迥须窥最上层。遥计三条银烛夜，生花笔底各呈能。坐接春风觌面新，谈经讲舍屡留宾。一科秋榜惭先路，二妙诗才得替人。名理喜抽丝乙乙，谦衷快挹度中申。孝廉船近容亲炙，交订文章倍有神。英雄联袂似云兴，屈就皋比奉准绳。（家君附注：此指院长张眉叔先生）蓬荜岂终淹国士，梓桑难得聚良朋。会看赏识逢杨亿，休欢穷愁拟杜陵。培养异时成大用，才华经济任兼胜。下帷伏案肯嫌贫，同学观摩俨主宾。奥衍漫夸文似子，端方须励志惟寅。鲲鹏终望腾千里，乌兔休教负两轮。他日榜头成一笑，竟将张禄诳秦人。袞袞英才本代兴，雕虫小技敢凭陵。赏心桃李新阴在，回首蓬莱旧梦仍。制锦频年叨大邑，焚膏此日忆孤灯。开元相业垂金鉴，幸赖吾宗武是绳。

张公为名翰林，下车伊始，即以观风试士。是时吾翁年才弱冠，被拔置榜首，故公诗有"会看赏识逢杨亿"句。吾翁《奉和步韵》诗云：

鹿洞年年化雨新，谁传墨宝有龙宾。侯芭问字从携酒，白傅裁诗助有神。敬祝香曾焚一瓣，学吟功辄费兼旬。河阳不遇栽花令，桃李何缘在后陈。翘秀风培特地兴，未曾朽木总从绳。诗怀前令留余韵，法记吾师演上乘。艺府尚须六百日，云梯那管几千层。只从到有蓬莱客，免俗应惭尚未能。披鸾文章花样新，飞蓬自恐不为宾。三余董子徒勤学，一字山公竟拔人。衮衮英才来上已，谆谆钧诲望重申。鳣堂那日曾瞻拜，默识谈经确有神。文昌星耀运方兴，刘贲何堪并约绳。首座执经初入学，踵门负笈远来朋。诵诗闻政推燕国，画掌学书惭武陵。自信幽兰非小草，弥天雨露亦能胜。东壁西园过亦频，门生入幕愧嘉宾。校书月夜藜燃乙，入座春风柄指寅。那有奇才储八斗，敢荒旧业负（有）重轮。少年他日数同学，艳说栖筍会树人。年来伪体更滋兴，琴散谁知有广陵。举世典型多已坠，何人宗派尚相仍。欣传仙嶂花千朵，愧对孤窗夜一灯。欲向诗公听说法，恐教曲直笑钩绳。

公阅之，大加赞赏，亦科举时代一段佳话也。公莅梅仅数月，未及州试而卒，士林惜之。

清张日衔《镇平大地查看银矿诗》

又张公秋粟莅梅后，有《奉檄与司马吴光荣同赴镇平查看银矿取山石而还有作》七律二首。

其一云：飞来片檄海云东，美利原归大地中（自注：矿山在大地）。望入金银疑有气，方求炉火恐无功。纵云石可鞭秦政，堪笑钱应铸邓通。

千古生财由俭德，枉教岩壑损葱茏。

其二云：松篁一路翠交森，椎凿俄流满谷音。不信神仙工点石，真宜校尉署摸金。五丁易逞恢奇说，四野谁传疾苦心。安得绿章连夜奏，免他猿鹤苦悲吟。

张眉叔大令依韵和之云：杼轴曾悲大小东，荆榛莽莽十年中。雨金未必苏沉疴，炼石何因计近功。五岭精华久销歇，六丁敕革大神运。荒陬默喻痌瘝抱，蚕女连村竟舍笼（原注：履勘日，男女辍业请罢采者千余人）。

如雪铤戈武卫森，蜚鸿满野矢哀音。将军扶服惭飞镪（原注：《粤东新语》有"飞镪将军"之称），老佛慈悲合铸金。好句故应推巨手，饮泉真不易初心。朝来试向田间听，到处都传五绔吟。（以上秋粟牧伯、眉叔大令二诗，均从家君所著《梓里述闻》抄出）

黄香铁《读白华草堂集》亦有《封矿行》五古长篇，痛论开矿之害。当未受外力压迫及科学未发达时代，【乡】贤官绅之见解，大都如是。较之关牧广槐因西坑开矿一案致梅人有《西坑感事诗》之作，传诵一时。其贤不肖，相去为何如耶？附录《西坑感事诗》四律。

其一云：铁案翻时利薮开（原注：西坑炭山曾经封禁，有案），崇冈峻岭五丁来。岩岩有石何忧卵，赫赫多金拟筑台。况复叩关（指关州牧广槐）投拱璧，俄惊奇货作残灰。未知斯狱何年折，糜烂而今己【已】可哀。

其二云：呼吁无门一剑鸣，朱家豪侠旧知名（事因浊水朱姓有祖坟在该山之故）。合围鼓响狐难窜，仄经风腥虎夜行。故触网罗忘首尾，谁司刀笔颇纵横。冤禽无语波澜壮，此错何人铁铸成。

其三云：报道黄阍（关牧所用门阍姓黄，被杀）卫醢同，而公当席食难终。先驱免胄频烦叶（城守千总叶竹修），攘臂撄锋莫望冯（冯游击兆玉）。一路哭声晨已沸，数堆残血午犹红。宝山再入怜空手，驻马停车夕照中。

其四云：贪泉祸水不须论，番佛居然五百尊。尚说有关（此关亦指关广槐）能御暴，漫夸无李不成村（李茂才克成，龙头村人，被杀，并灭其尸）。东邻致慨狼纷至，西舍犹憎犬吠昏。辽海生还名利客，可能清夜把心扪。

闻此诗，系张茂才树甲所作，杨问渠大令改笔也。

清广东学政夏之容在嘉应平反考生冤狱

郑醒愚氏著《虞初续志》中有夏之蓉学使《丙子六秩自述书付子侄文》一篇，其文至佳妙。中有一段，述使粤时按临程乡事，足备异闻，爰具录之。文曰：

投老残年，忽忽六十。抚念畴昔，慨然【焉】兴怀。为仿史公自叙之例，述一生梗概，以告我后昆。

余八九岁时，不与群儿伍。闻诸兄读古书，辄窃听之，录于矮纸中，作课诵。尝随大父食蟹匡，积膏不食。问：何为？将以奉母对。大父喜，语人曰：是儿有至性。比长，从诸兄学，一目五行可下。见古人篇籍，似有夙契。年十九，吾父见背。家道中落，益刻苦学问。《周易》《尚书》《三礼》一抄；《毛诗》《左氏春秋》再抄；《史记》《汉书》节抄；汉唐宋元明诸家文汇抄。今诸本具存，凡详批密注，逐加丹黄者，悉吾二十岁以前所诵习也。

大父嘉予好学，钟爱特甚，频以衣衣我，以酒食劳我。时值岁祲，益贫困。诸兄舌耕于外，吾母摒挡家计，日苦不给。予与啸门居一柳书屋中，枵腹呷【咿】唔，不敢使母知。时或分半饼作食，日当午，忘栉发盥面。寒夜无膏油，尝拥被坐月光下，手持一编，冥思苦吟，不知鸡之三唱。

丁酉岁，与啸门同入乡学。明年，渡湖，馆龙岗吴氏。地僻无交游，得纵观古人之书。积勤致疾，鼻血涌出，左目不见物。归而调息者岁余，得复明。乃更锐意进取，与同学罗君□思、茅君心友辈联文社，张设旗

鼓，各不相让。予性喜朴素，衣服不求靡丽，少时一布袍，服之近二十年。儿辈每以为言，予曰：人之重轻，岂关服饰。太【大】凡内不足，乃借资于外。每见后生冠綦鲜好者，卜其中无有也。饮酒可三升许，食不计丰腆，醢韭【菹】盐豉，怡然甘之。一切丝竹之娱、禽鸟之玩，皆深恶痛绝，非其所好。

足迹所经，及天下之大半。其在北者，为齐、鲁、燕、赵；在东南者，为吴越、闽南、粤、楚、豫。所过名山大川，如泰岱、匡庐、金焦、武夷、祝融、罗浮、九疑【嶷】、太室、少室，以及南海之大，盘江之长，沅湘之清，钱塘之壮，黄河之阔，洞庭、彭蠡、震泽之汪洋荡汩，或登陟其巅，或挂帆荡浆【桨】于芦洲蓼渚之曲。遇会心处，悠然神远。尤喜中夜欸乃声，以为霜清月白，听之生人遐想也。遭时盛【圣】明，四膺衡文之任。所在援孤寒，遴英俊，砭俗己庸，立之准的。紫夺朱者，斥之；郑乱雅者，黜之。当时士子有为骈语颂予者曰：机优云劣，辨以几微。卢后王前，处之确当。盖实录，非虚语已。

且其为功，亦有不止于文章之事者。当在程乡时，平乐令某，党于乡之豪暴，诬诸生姚泉、张湘以下七人罪，幽之图圄，凡六阅月，数请褫。予廉得其状，按郡日，趋赴试。为令所格，不得前。复严檄之，三日乃至。至则发长五六寸，累累然盗囚也。诸生号哭，伏地陈冤状，予为力请于中丞策公，得释。令旋夺官，平乐人谬欲以生祠祀我。当在岳州时，华容令某，贪酷吏也，士民疾之如仇。予校士演武厅，突拥千余人，环控声言：令且出，当群殴之。众口汹汹，莫敢谁何。予从客下阶立，叱之曰：尔辈何为，将为□法之民耶？□法者，当斩！丞【亟】还其牍，众俯首避去。后中丞开公欲按其事，以状询予，复之曰：所谓千余人者，盖环立观射者也。牍已还，无由得主名者，事遂寝。未几，令亦夺官。是其为功，殆亦不止于文章之事也。先是，予秉铎监督（"督"疑为"利"之讹），值岁荒，宪司委令捕蝗，查饥户，平籴粜，给南北二厂糜粥，随在整饬，皆有裨益。

生平叨国士之目者四人。十九岁时，从西受王先生游，以传灯见许。批予文曰：视之若近，即之始远，眼中未见如此人。癸丑捷南宫，谒座主溧阳任先生，谓予曰：子之文，在近日为《广陵散》矣！为嘉叹者久之。丙辰，拟《南郊瑞雪赋》，孝感涂先生，【一】见爱赏，目为轶材，即保送鸿词科。甲子，列试差第一。鄂相国西林，谓予文蕴籍【藉】深远，迥【迴】出时辈。此四先生者，品骘各殊，而叨国士之目一也。

生平知己三人。少未闻道，多汩溺于词章。迨与王君书臣交，从事关闽濂洛之学，戏言戏动，必正色规之，此直友也。滇南傅君谨斋，予同年生，俶居近三载，庞鸿之气，入我肺腑，此谅友也。息园齐君，博雅之士，每与商榷，经史，穷源竟流，若绳贯而玑组，此多闻友也。孔子所云益友，不綦备矣乎？

生平所得士凡四人。其一为盐城乐宁侗，字孩夫，品端学邃，力追古人，今以明经老矣。其一为建宁朱士琇，字梅崖，甲子科取解元也。其一为南海茹敦和，字三樵，本浙人，侨居粤东，今成进士。其一为山阴周大枢，字元本，壬申北直乡闱本房卷。是皆沉冥幽默、不求闻达之士，而吾独于语言文字外，窥其本原，识其底里，抠衣北面，用以自豪，然终不敢以门弟子之礼礼之者也。

昔人恒言险厄中有鬼神，予亲历之。丁酉乡试，病卧号舍中，闻有呼起起者。再少顷，啸门至，以羹汤迫予饮，甫起而壁崩，得免压焉。泊苏州宝带桥，飓风作，船缆绝。昏黑中，掀荡十余里，得淤沙泥之止。比晓阅视，则上下乱石齿齿，仅一隙可容舟。粤东院署旧有祠，祝【祀】鬼神无主者。数为厉，以文祷之，厉遂灭。过洞庭湖，惊风拍天，遥见波涛中二巨人，逐水而行如飞，既乃掠舟去。此类圣贤所不道，而事迹彰彰如是。天道恢恢，亦可畏哉。

予素以迂拙自守。与人交，不为溪刻崭绝之行，亦不喜发人阴私。有欺我者，虽觉，未尝发露。下逮臧获，悉御以宽。见人不足，恒矜怜之。纵解推无多，而意常有余。不善营殖，亦不工会计。凡器用价值之低昂，

米盐出纳之多寡，惟人指挥，不屑屑综核。然财用竭则复来，生平亦未尝匮乏。

少学为诗，十二岁咏中秋月，即为大父所赏。所著诗二十卷、古文八卷、经解八卷、史论十二卷、杂记八卷，俱己【已】成帙。近复手自料拣，稍不惬即重加厘正。欧阳子有言：吾不畏先生，畏后生耳。正今日之谓也。

予所居宅，即鹤来堂旧址，大父所经营创造之者。析箸时，分属吾伯，今归予。宅东隙地数亩，向为菜圃。乙亥仲春，斩荒疏秽，构别业九间。短檐净几，其窗四辟，中积古书数百卷，栉比鳞次，坐卧其中，足以娱老。子侄数辈，萃处课艺，间亦陈说古今，夜分不寐。长孙十龄，解行文，为条疏其义例。幼小者，牵绕衣裾，分枣栗与之。古云名教中有乐地，诚哉是言。

老而视不加眊，灯下能于红笺上作细楷。耳亦聪，喁喁私语，虽远必闻。齿仅脱其二，余皆牢固。蟹螯菱角，尚能自吃。须有一茎两茎白者，拔之亦不复生。腰脚甚健，前登紫琅山，扪萝跻险，不见苦支。宾客誉我，皆云四十以上人。揽镜自照，无龙钟态，或者其亦非谀我也。今年七月，值六十生辰，儿侄辈谋作梨园之戏。或云当乞言亲串，予笑谓之曰：嘻，尔之所以□我者，未若我之自祝也。昔大父六十有五，神明不衰。一时钦为国瑞，此于百中什一耳。吾父【捐】馆舍时，仅五十有二。吾同怀兄弟七人，或二十余而卒，或三十或四十余而卒，惟筠庄兄五十有八，皆未有至六十者。今独予与啸门两人存，而予得先周甲子。

缅怀往事，致为难矣。况齐眉老妻，矍铄犹昔。尔辈显名科第，不坠家声，孙枝骈联绕膝。予以康强之身，生太平无事之日，仰蒙帝泽，退归乡园。坐半舫斋，于于徐徐。看花玩月，但酌我大觥。我乐已极，何事扮演子弟耶？至亲串寿言，太半敷陈套语。其于我一生力学之勤、秉性之俭、居官之慎、取友之端、待物之诚、邀福之厚，未必能如自道者之亲切有味也。用是约撮梗概，具述于斯，以为今日祝福【嘏】之词也，可以为他日作行状、作墓志之取资，亦无不可。

按：先生字芙裳，号醴谷，高邮人。雍正癸丑进士，乾隆丙辰召试鸿博，授检讨。解组后主讲钟山、丽正书院，著有《半舫斋集》（节《尚友录》）。此篇自述，行文随起随束，有总有分，纡曲平直，可谓各尽其妙，的是亲切有味之作。其使粤时，当乾隆十一年，距程乡改升嘉应州已近二十年矣。丙寅岁试，先生取录州案生员榜首为张耿。丁卯科试，取录州案生员榜首为梁英佐。梁官至大常寺卿，吾梅清代位登卿贰者，仅有梁公与杨公勋二人。先生摸索得其一，可谓独具只眼。父老相传，科试题为："富贵在天"。先生得梁者，以为宿儒，取冠榜首。及簪挂日，见梁乃一童（梁年仅十五），特别击赏。出扇一柄，命梁书之。梁以己字不佳，请一僧工书者书之。送阅后，以子时【字】不类梁书诘之。梁以实对。先生怫然曰："余讵以尔字佳命尔书耶？"盖先生意欲梁书此，以为所识拔之纪念耳。至此自述文内所云，按临程乡平反姚张二生等狱事，令其曰平乐者，当为平远之误，抑为长乐之误。未见先生文集原本，无从校正。① 但姚则为平远大柘著姓，他县姓此者殊少。当日二生等究犯何嫌疑罪，致遭缧绁，向未有传闻。得先生此文读之，亦地方一段故事也。

清李梗《李鲁烬余集序》

上杭李弘庵鲁《烬余集》有李孝廉梗《序》一文及二何太史所撰《家状》，其拔仪曹《挽诗》。仪曹诗尤为罕觏，《家状》则于隆武当日被执情事及明季程乡寇变有关，可供考证者亦多。爰汇录之如次：

李孝廉梗《【烬余集】原刻旧叙》曰：嗟夫！死生之际大矣哉！惟志士之能文章竖节义者，其生可以无忝，亦不以没事而遂已焉。盖文章撷日

---

① 张应斌按：此文见夏之蓉《半舫斋古文》卷八，原文亦作"平乐"，故对其是指平远还是长乐，无法校正。

月之精华,节义留乾坤之正气。兼斯二者,乃称古今全人。间尝览史传而怀想,欲绝代有其人,人不数见。兹于甲子秋,展诵先太史所撰《枢部公弘庵叔父家状》,不禁泫然流涕。迹公当年所经画,忠肝义胆,直从君父起见,遑顾利害死生。迨夫时不可为,鞠躬尽瘁,不少挫沮,冀一死以尽报国心,夫复何憾?故计其捐躯之日,迄今三十余载,而英烈之概,凛凛如生。在汉为诸葛武侯,在唐为睢阳张中丞,在宋为文信国,在公则卧庐方出而未躬膺重任,大厦仆犹将起之,神器坠犹将举之。义激于中,大节不夺,安见古今人之不相及也。然而节义者,文章之所自出。是所愿读其文者,恍惚其人。不必《离骚》行吟于楚,《正气》长歌于宋,而血气迸露,崩迫矢音,动天地,泣鬼神,即为莫大之文章。五君画也,持抄袟过程,属予一言冠简端。予卒览之,乃公《烬余文集》也。夫文集以烬余名,时经兵燹,石渠大禄之藏,残缺失传。公之条对诗歌,若有物焉护之,而不至于悉付劫灰。是犹简余于爨,书出于壁。虽所余无几,而节义文章,炳若日星。人具心胸,孰不深其慨慕欤?

记甲乙变更之遭,予侍先太史东归,舟次杭川【州】,公仓皇出晤。弟兄相抱,痛倒鼎湖。血泪未干,半壁孤危奚恃。曾几何时,先太史与公握手追叙生前,当复饮泣夜台耳。予齿衰,自愧不文。即言之长如游夏,亦不能强赘一辞。惟叔父忠愤弗彰,致轶事无传,咎在犹子。谨于先太史《家状》后,据公文章节义之实,濡毫敬书,以垂百世,宁一姓之私言也乎。时康熙甲子岁初秋,古梅州侄悔庵楗,盥题于城东立诚书院。

按:先生《函秘斋文集》,今已不可得而见。而兹篇录存之,亦可为先生之吉光片羽矣。

清李士淳《明兵部职方司李公家状》

《明兵部职方司主事李公家状》曰:家仲氏鲁,字得之,号弘庵,闽汀上杭人也。生三日，而【母】后赠安人廖氏见背。期月，而【父】移赠承德郎北江公讳尧信见弃。大父竹塘公命嗣赠承德郎忆塘公，讳尧智。资赋聪颖，髫龄出就外傅。塾师命对曰：执竿驱雀。仲应声曰：拔剑斩蛇。塾师异之，知仲非凡人。稍长，读书见忠臣孝子则拍案起舞，至奸臣佞士则以指裂其名。及做秀才，雅怀经济。虽在畎亩，不忘天下之忧。且骨鲠性成，不随人俯仰。每敷陈古今治乱成败，指切当世邪正贤奸，侃侃无忌讳。先达皆敬服之，而匪类则嫉恶之如仇。仲独行己意，不为改。曰：吾道固如是也。尝语人：读圣贤书须以身体之，身圣贤之身，方能行圣贤之行、言圣贤之言也。至天启甲子登贤书，益励素志不少变塞。其虑厥子之以逸豫陨厥家、辱厥先也，则述艰难以教之而为之训。其虑厥子之以淫佚丧厥身、伤厥先也，则录尊生格言以诲之而为之引。其虑族人之涣散而祖灵无妥【馁】也，则立合祠以祀之而为之记。凡世代源流，昭穆位次，寝堂轩肃，坊墀峻整，而云礽萃涣，水木归源，皆仲氏精神所注也。

崇祯戊辰，镇平寇乱，突攻杭城。承平久，人不知兵，举邑皇皇，谋敛钱物抚之，仲独不可。亲刁斗，率游徼，矢必灭此朝食。会兵巡使者曾公樱、邑侯吴公南灏，力任危事而战，果克，斩级二百余。惜西城钥开独后，堵截稍迟，致贼得奔逸，复啸聚于粤界员子山。仲曰：贼胆虽落，若不乘胜归穴，终为隐忧。乃请命二公，慷慨如潮，请兵会剿。兵备谢公琏遂协兵荡贼巢。巢平，曾公改容礼仲，以祖逖击楫期之，旌匾"义侠凌霄"。

按：《州志》"寇变"门云：崇祯元年十二月，巡道曾樱先期令举人李鲁、贡生詹弥高，赴潮州谒兵道谢琏，会兵捣巢，许期还报云云，正与此《状》合。其曰崇祯戊辰者，即崇祯元年也。

又按：《状》贼扰杭城，突围轶出后，即遁回员子山老巢。自是当时事实。《州志》乃云：先是五月，巡道偕知县吴南灏、督领守备张问行浙兵千人，把总韩应琦、曹经、许务等兵千余人，至上登、象峒等处，分营犄角，散应贼之胁从者二千余人。及战，大败于铜盘岭，遂直捣员子山、

石骨砦、梅子畲等巢，悉焚之，余党遁去。果尔，则贼巢已破，又何必遣鲁等赴潮谒谢道请兵，约期会剿乎？

崇祯辛未九月，中丞熊公文灿提师驻杭，画疆洗巢。抵粤境松口乡，与员子山接壤。误欲加兵，仲氏力言于熊公，此地从无匪人，堪称仁里。午夜驰书，告于淳兄士濂，濂兄会众，择耆衿，躬投军门，分诉熊公。始委宪副顾公元镜，亲历松口察访。松父老子弟相庆更生，阖境稽首迎顾公，耄倪塞路二十里许。顾公太息曰：几枉此十万生灵。即给示安民。内云松民之无比【此】匪，始得于李孝廉，今得于目击。回报熊公，大师乃止。向非仲氏排解之，则松民岂有噍类哉？《书》曰：惟天阴骘下民。余每为仲颂之。

按：《州志》云：四年三月，钟凌秀等数千人复聚石骨砦。九月，巡抚熊文灿驻上杭县，檄岛将郑芝龙等剿之。凌秀就缚。《状》言崇祯辛未者，即崇祯四年也。是时，松得免于大兵清剿者，鲁盖大有造于松人矣。但此一段轶闻，亦旧志所未载也。

及甲申之变，燕鼎沦没。所在山寇窃发，上杭尤甚。朝廷兵空饷绌，当事计无所出，召募乡兵以图战守。奈四乡多寇，地方召募之兵非寇，则兄弟姻亲为寇，兵寇往来，寇日益炽，兵日益骄，城池危如累卵，乡落烂若泥涂。

按：读此文，兵贼一家，明末情事，确是如此。

仲氏劝大户捐赀财，结忠义，固城池。有鄙吝者，借口城坚，嘲仲氏张皇好事。仲氏曰：北京城高池深，雄师百万，一着疏虞，沦亡莫救。城陷之日，贵贱贫富，无不屠戮。杭城斗大，流寇出没二三十里间，城能坚于北京乎？其恃之也，江南江北郡县，不图坚守，从风媚贼。至于城破，人靡孑遗。彼亦自谓：不与贼抗，贼即饶我。岂知我饶贼，贼竟不我饶哉？故恃城坚，谓贼不能破者，可哀也；恃媚贼谓贼不我害者，尤可哀也。与其城破而金银妻子尽为贼有，何如豫捐千百之一，绸缪牖户，可恃无恐乎？乃上其议于张公肯堂。书上，而中丞善之，委官奉行。

乙酉留都复陷，唐藩正位闽中，即于乙酉七月初一改元隆武。鲁会邑文学黄三锡，集同志为贞社之约。盖于考德问业之侣，订恢疆勤王之事，爰著说以勖之。仲氏腔血虽热，事权不属，辄念时艰，徒劳扪膺。乃诛茅缚屋于福员山巅，誓抱槁木而死。邑人有不悦仲氏者，因而造谤，谓城乡分守之议，欲解散大户，以单薄邑城。故先寨居，以为民望耳。仲氏解之。

按：集中有《寨居解》一文。

时国家疆土日蹙，江南江右尽皆陷没。阁部曾洪川（即前巡道曾樱也），旧与仲氏莫逆。知仲氏尚隐在田，七月，乃遗书于仲氏曰：时艰急矣，非长材莫济。子之经纶，戊辰具见一斑。其勉出而图吾君，身名俱全，上也；身不幸而名存，次也。奈何汶汶没身，坐视沦丧乎？仲得书，乃幡然改曰：剥床以肤，不思固圉，非智也；君父殷忧，不念捐躯，非义也。九月，乃与家人诀别，诣行在，上封事疏奏。上深嘉悦曰：李鲁所陈六款，具见学识老成。如简忠诚以救时，加守令以兵柄，达民情以禁贪暴，罢捐借、讲屯练以足兵食，尤为今日急着。暂临建水，锐意恢疆，宁进毋退，谁敢旁挠？召对御前，上面谕曰：尔留心世务，乃有用之才，留在兵部候用。时铨部路振飞恶鲁无先容，固不授职。迟至郭公维经掌铨，乃授鲁工部屯田司主事。丙戌之夏，鲁伤时事日非，再疏：国势有难言之隐，门庭急守御之计。痛哭流涕，言人不敢言。内指斥要人，留中不下。会汀报流寇递攻杭永，又切言：汀之关兵不可不早设，汀之乡兵不可不早团，汀民困敝不可不早为之所，汀寇充斥不可不早为之防。盖隐然以汀为虔粤之通道，即全闽之后户，当设重兵于此为护卫。上重谕之曰：李鲁虑深而谋审，非掇拾邀名者。即乡绅练乡兵，就乡【举】众设乡团，分明守御至计。特改鲁【兵】部职方司主事，畀以关防加之。敕谕曰：屯练乡勇，因其各保身家之心为捍卫封疆之用。设法劝捐，团结保聚，于汀绅中有才猷堪倚任者，据实奏闻。知尔以汀人办汀事，自不致胡越相视，尚其勉旃，毋负任使，钦哉。特敕鲁奉简书。

八月初二日至汀，而县报贼首张恩选等围攻上杭，危在旦夕。汀帅周之蕃奉督军务，司礼监王礼、汀州知府汪指南，推鲁速赴杭境，设策退贼为急。鲁密白之蕃曰：大驾旦晚且至，公其爱整师旅，扈从踰岭。倘上杭不守，则风声遥沸，驾行又复次且，切虑变生意外。

按：隆武为郑芝龙等所拥立，政令皆由郑氏。王虽奋忠有为，而无如之何。常欲弃闽，由赣入楚，而芝龙又设计沮之。当时或有幸粤之谋，鲁盖奉密谕回汀，以为之地。观鲁密白周帅之言，其为【亲】受口敕，可以想见。不然，鲁以新进末职，何以事先能知将有幸汀逾岭之举耶。

鲁今委身，先解杭围，即同扈驾而东。初四日，星驰发棹，舟次干畲。时主仆八人，无一矢一兵。崎岖于风声鹤唳间，经营八昼夜，号召四乡义勇，痛哭披诚，商度救援。乡勇悉感激，领牛酒。值濮总戎逃兵千余，奔过桃里乡，欲附贼垒。仲遣二力，遮道招之。群疑张弧，二力几委身乱刃。顷辨兵部令箭，知为招使，始顿兵受命。仲敷心告，以合众为解杭围有功，提叙优擢。兵中有张孟谈者，力赞之。即令潜书贞社黄三锡，要约同盟。婴城固守，以待援师。又投檄贼营，晓谕沦肌，若刘琨之笳、朝云之篪也。随单骑至其垒，把臂以谈，激以功勋，动以富贵，无不若崩厥角者。

十四日，仲乃入城，寝不安席。半月之内，屯节目次第有绪。仲氏眷投栖福员，所以投身险阻，不遑宁处者。惟以急守，莫如汀城；急练，莫如汀兵。此为岭峤咽喉，欲成一旅缓急扈驾也。（观此，益可证鲁受密敕而布汀防，为幸粤计也明甚。）乃城围虽解，四乡仍多反侧。仲复披诚以谕之，又宣上德意，布告搢绅士庶。

三十日，鲁戴星反汀，未至而闽关不守。銮舆奔汀，甫入行营朝见文武，上即问李鲁何在。汀守汪指南奏曰：李鲁往援上杭，事济即可还汀。上惘然曰：今谁为朕借箸者？唐德宗狩山南，与从官相失，夜召陆贽不得，惊且泣，诏军中得陆贽者赏千金。嗟乎！颠沛思贤臣，何古今一辙也。清兵蹑驾者，不二日至汀城，城启驾陷，九月朔日也。鲁号泣还杭，一月之内，奔走不暇，岂知徒尔致身。呜呼！乾坤颠覆，日月昏暗，臣子际此，尚忍言哉？

初四日，贝勒遣使持檄至杭，谕薙发归顺。使者知仲氏不屈，先投檄啗以高官，怵以利害，劝仲氏为之率先。仲氏放声大哭，痛愤欲绝，曰：吾生平学《易》，惟【唯】知致命遂志，他言毋污吾耳。即到宪署，疾呼巡道傅天祐，正醺醺醉梦间。仲氏厉声叱之曰：主辱臣死之日，岂臣子息偃在床时耶！拂衣归。邑令杨惟中来商，约即夜同遁福员。届期招之，只授以城钥，始知其诡言相饴也。厥明，杨惟中率杭人薙发结辫，悉遵清制。仲氏叹曰：将伯徒呼，至于此极，吾求不死。降城中，负印敕返福员。

杭人虑仲氏起义必致屠城之惨，且虑贝勒必索仲氏。先是，枭獍丁天相者，谋嗣富室丁启元。启元为仲氏姻亲，其妻张氏，生子天使，已有室矣。母子恳托阻止，仲氏诺之，援经据义为语启元曰：古今来从无己子长成，另立继子之理。况天相为人长子，年垂抱孙，突弃所生，而谓他人父。孔子所谓不爱其亲而爱他人者。谓之悖德，绝三纲，灭一本，与豺狼何异？岂可听其蛊惑而收豺狼以噬天性乎？天相衔恨入髓，及是乃倡言煽众曰：清令如山，一夫作梗，全城屠戮，谁堪此惨乎？挟党数十人追拥仲氏还城护守之。仲氏捶胸痛哭，呕血绝吭死。悲夫！时隆武二年九月初五日也。时德配安人罗氏，以孝以顺，以俭以勤，克正家道。子男五：方泰、方复、方壮、方晋、方益。女子二：长适云南永昌府通判刘公廷标次子刘为之，次适陕西【甘肃】秦州同知杨公岸次子庠生杨防。

呜呼，君亲之际，亦难言矣。方平居无事，家家曾闵，人人箕干。及一旦利害当前，死心丧气，反颜屈膝者比比也。若仲氏之不辱其身，以【不】辱其君，以【不】辱其亲，其天性固然。故见利不趋，临难不避，死亦生也。夫复何憾哉？淳所憾者，旧忝国史，职任纂修，而遗逸海陬，珥笔无责，不得大书其事，以诏来兹。忠魂暗惨，纶绋尚悬，后之君子，奉简采风，其无阙文以继余之未逮，是则淳之厚望也夫。是则淳之厚望也夫！愚兄士淳顿首拜撰，侄礼部祠祭司主事梓谨书。

清李梓《挽明兵部职方司李公诗》

　　附录：《挽诗》侄梓（原注：其拔，礼部祠祭司主事）七律一首云：赐对平台天语温，微躬共许答殊恩。壮猷未遂先生愿，古道曾同小子论。贞社当年明《易》义，浮生此日愧忠魂。重来烟雨满江渚，入夜西风洒泪痕。

　　按：《州志·谈丛》据《葛志·选举表》注云：李梓，崇祯十六年选贡，初任工部屯田司主事，再任职方司主事，三任祠祭司主事。近人温廷敬（大埔人）所编《明季潮州忠逸传》：梓，为淳季子，选贡生。隆武时，官兵部职方司主事。张家玉创立武兴营，用其监军。疏称其公忠端介，与此《家状》及《挽诗》附注职衔不符。由此推知，梓之礼部祠祭司主事，其为永历时所授无疑也。《王志》以后，俱削而不载，亦过矣。

卷　二

宋文天祥开府梅州，部属缪朝宗等在梅州

旧志"寓贤"下载文信国公天祥寓梅事，仅节取《宋史》公本传，至为简略。其于公间关开府，谋兴复，次梅州时得会家人，以及会集幕僚部曲赴义之士在梅者，均未之及。今从《文山集》刺取公当日随从在梅有确证者，汇录如下。而志所谓《忆梅州》集杜诸诗并序引，亦全录焉。

按：公《集杜诗》自序云：予所集杜诗，自余颠沛以来，世变人事，概见于此矣。是非有意于为诗者，由后之良史，尚庶几有考焉云云。即此可见，公《集杜诗》之作，全以纪事为主。

其《南剑州督》第六十四云：始，余至永嘉，留一月候命，永嘉及台处豪杰皆来自献，愿从海道作战守规模。予至福安，欲还永嘉，谋进取。庙谟不以为然，遂议开督于广。广陷，乃出南剑开府（南剑，今福建延平府）。聚兵为收复江西计，于时幕府选辟，皆一时名士。宜中既弃临安，及三山登极（三山，今福州府），欲倚世杰，复浙东西以自洗濯，所以阻予永嘉之行。后取定海，兵败，李珏为制阃。众方思用予，悔已不及。惜哉。诗曰：剑外春天远（《送班司马入京》），江阁邻石面（《简严云》）。幕府盛才贤（《古城店》），意气今谁见（《白马》）。

读此诗，可见公开府南剑时，幕中赴义人才之盛矣。

《汀州》第六十五：予在剑，朝廷严趋之汀。十月行，十一月至汀州，

而福安随陷，车驾幸海道矣。事会之不齐如此，哀哉。诗曰：雷霆走精锐（《送樊侍卿》），斧钺下青冥（《送李大夫》）。江城今夜客（《出郭》），惨淡飞云汀（《薛判官》）。

《梅州》第六十六：予至汀，汀守可疑。汀兵非素所拊循，寇兵自剑、自赣交。至丁丑正月，行府遂引兵趋漳州龙岩，谋入卫漳、潮。道阻，三月入梅州。时麾下颇不循法，斩二都统，军政一新焉。诗曰：楼阁【角】凌风迥（《东楼》），孤城隐雾深（《野望》）。万事随转烛（《隹【佳】人》），秋光近青岑（《伐木》）。

读此二诗，知公行府，由汀入梅，道出龙岩。但梅已【已】于至正十四年（即景炎三年）正月，为元将易正【大】所陷，知州钱荣之以城降。行府至梅，何以不须用兵而安然入城？岂是时元兵得之而不守欤？抑守城官吏闻公来而反正欤？《宋史》公本传言四月入梅州，而此言三月，《续通鉴》亦言三月复梅州。余意：入梅年月，当以公所自述者为是（又按：元刘岳申撰公传与明胡广撰公传，均作三月）。

《赣州》第六十七：五月，引兵自梅出岭。时赣、吉兵皆来会。六月，大捷于雩都，进攻兴国县。县反正，于是驻屯，遣大兵攻赣州。又以偏师出吉州，赣诸县皆复，虏号令唯行于城中。吉水、永丰、万安、永新、龙泉，以次皆复。临、洪、袁、瑞，莫不响应，诣军门请约束者相继。兴国、黄州新复，皆来请命。汀州有伪天子黄从，斩首。至府上下翕合，气势甚盛。天若祚宋，则是举也，幸而一捷，国事垂成之候也。诗曰：崆峒杀气黑（《壮游》），洒血暗郊坰（《薛判官》）。哀笳晓幽咽（《留花门》），石壁断空青（《西阁》）。

《江西》第六十八：行府偏师出吉州者，战于钟步。不利，攻赣。兵不幸相继而败，行府孤立。时处置安抚邹㵯，聚兵数万在永丰境。行府引兵就之，会其军亦溃而虏自后追及，不可支。虽人谋之不臧，殆天意之未顺。每一念此，气噎欲绝，哀哉！诗曰：东望西江水（《弟观》），高义在云台（《建封》）。到今用钺地（《草堂》），霜鸿有余哀（《金华山》）。

《江西》第六十九，诗曰：旄头初俶扰（将迁【适】江陵），义士皆痛愤（《草堂》）。乾坤空峥嵘（《画鹘》），向者留遗恨（《空灵岸》）。

《复入广》第七十：行府败于江西，收散兵复入汀。寻出会昌，入安远，趋循州。是冬，屯南岭。戊寅二月，出惠州海丰县，驻于丽江涌。遍遣间使，沿海访问车驾。六月，翠华至崖山，行府移船澳。八月，进少保信国公，职任依旧。行府欲赴阙，张世杰阻隔于中，不果行。诗曰：东浮沧海漘（薛郎中），南为祝融客（《咏怀》）。漂转混泥沙（《柴门》），迫此短景急（《龙门》）。

读此数诗，行府由梅出兵江西，声势壮赫。兵败，收众保汀。再由汀入循，取道迂回。虽未复入梅城，要不离乎梅之北境毗连闽赣者，可断言已。

《怀旧》第一百五，自百五至百九，皆怀念故人，为王事而殁者固多，不能尽纪。呜呼哀哉！自百二十六至百三十八，皆师友之际，同列之情，死生契阔，不能自已也。诗曰：风尘淹白日（《寄第五弟》），乾坤霾涨海（《将适江陵》）。为我问故人（《送高司直》），离别今谁在（《怀灞上游》）。

《吕武》第一百一十三，环卫官吕武，太平人，面旗为军。余陷虏，应募随从北行。其人劲烈，面折人，触忌讳不避。然忠鲠，人皆服之。余与同脱镇江，行淮东。患难中，赖以自壮。及开府南剑，遣其结约江淮道。寻阻武，间关数千里，即余于汀梅，挺身寇寨，化贼为兵。方将将数千人出江西，以无礼于士大夫，遭横逆死。死之日，一军为流涕。哀哉！诗曰：疾恶怀刚肠（《壮游》），世人皆欲杀（《不见》）。魂魄犹正直（《南池》），回首肺肝热（《铁堂》）。

《缪朝宗》第一百一十六：环卫官，知梅州缪朝宗，淮人，有意气，尝为常熟邰氏客，从余于平江。予归福安，自婺间道来相从，精练干实，孜孜奉公。军府器械，悉出其手。空坑之败，自经于山间，哀哉！诗曰：空荒咆熊罴（《课伐木》），摧残没藜莠（《枯栖【棕】》）。平生江海心

（《破船》），其人骨已朽（《喜晴》）。

《刘沐》第一百二十：宣告郎，督府机宜，带行大【太】府寺簿刘沐，字渊伯，予邻曲朋友，从勤王补官。予陷，渊伯领诸军还。及予归国，渊伯收部曲赴府，会于汀。专将一军，为督帐亲卫。沉实有谋，圆机应物。凡江西忠义，皆渊伯所号召。昼夜酬应，精力【不】倦。会（不）病剧乍起，空坑之败不得脱，遇害于隆兴。长子同日刑，次子贡元，死空坑乱兵。余收其第三幼子，亦殁于广，哀哉！诗曰：王翰愿卜邻（《赠韦左丞》），嵇康不得死（《遣兴》）。落月满屋梁（《梦李白》），悲风为我起（《金华山观》）。

《萧架阁》第一百二十四：督干架阁监军萧明哲，字元甫，吉州贡生。性刚毅，遇事有胆气，明于大节。予至汀梅，来从督府幕。及出江西，监赣县义兵，收复万安县。寻复龙泉行府，败元甫，入野陂，连结诸寨拒虏。被执，死于洪，哀哉！诗曰：诸生旧短褐（《桥陵》），张目视寇雠（《送韦评事》）。高义终焉在（《送黄信州》），白骨更何忧（《得观书》）。

《陈少卿》第一百二十六：带行大【太】府少卿、福建提刑、督府参议官陈龙复，泉州老儒，号清陂先生。丙辰登科，沉厚朴茂，有前辈风流。平生所历州县，皆以清俭著名。余开府南剑，辟入幕，老成重一府，寻遣往漳潮计事。行府自江西再入广，先生聚兵循梅来会。后分司潮阳，应接诸路，四方豪杰，翕然响应。积粮治兵，行府由是趋潮阳。及移屯，为虏所追袭，先生遂不免，时年七十三，哀哉！诗曰：卿月升金掌（《江陵送高大卿》），老气横九州（《送韦评事》）。前辈复谁纪（《李公邕》），吾道长悠悠（《发秦州》）。

《曾先生》第一百三十六：秀峰曾先生凤，予师也。大学释褐，累迁监丞。会京师乱，走衢，衢寻陷。及景炎登极，衢添倅萧雷龙首倡反正。先生自衢来剑，随行府之汀。丁丑春，以梅州添差通判。将行，会行府移屯，先生挈家避地于汀之乡落。六月，以病死。其子三贵，自吉来奔丧，不能返葬，幸其一家返至瑞金。三贵复病死于道，先生妻亦卒。唯女在，不知所之。先生遭值虏难，以清文粹德，一不施于世。流落以死，家乃俱丧，哀哉。诗曰：江海日凄凉（《遣兴》），贤圣尽萧索（《西关》）。西河共风味（《衡山县学》），顾步涕横落（《郭代公故宅》）。

《母》第一百四十一：先母齐魏国太夫人，盖自虏难后，弟璧奉侍赴惠州，弟璋从焉。已而之广、之循、之梅。余来梅州，母子兄弟始相见。既而鱼轩出江西，寻复入广。夫人游二子间，无适无莫。虽兵革纷扰，处之怡然。戊寅，行府驻船澳，弟璧仍知惠州。弟璋复在，侍夫人药。八月，两国之命下，时已得疾。九日七日寅时，薨逝。弟璧卜葬于惠循之深山间，不肖孤已矣，未有返葬夫人期，不知二弟何时毕此大事。身陷万里缧绁中，岁时南望呜咽云。诗曰：何时太夫人（《送李校书》），上天回哀眷（《大雨》）。墓久狐兔邻（《汝阳王琎》），呜呼泪如霰（《白马》）。

读公以上集杜诸诗并小序，知公之母曾太夫人，及弟文璧、文璋暨家人，先公来梅有日。逮公北还，间关由汀入梅，始得与家人相会。行府旋由梅移江西，家属亦相随赴。及空坑兵败，公与家属流离奔窜，复死亡散失于潮循间焉。其幕府僚属如缪朝宗之知梅州，曾凤之添差通判梅州，当以三月收复梅州后，由行府承制就幕僚檄委之者。吕武，以环卫官随行府来梅，被人仇杀。萧明哲，以督干监军随行府来梅。二人为幕僚，随公主梅之较有确证者。而吕武似不得其死于梅，为尤可悲也。刘渊伯专将一军，为督帐亲卫。会汀之后，当然护公入梅。比返江西后，乃遇难于空坑也。陈少卿龙复，积粮聚兵于循梅。任行府军事后方，尤为幕僚中之主干人物。行府入江西后，其往来于梅之日必不浅，读公诗序可推而知之也。考当时公幕中赴义之士，固不止此。而兹数公者，皆于公自述序咏中，赞叹其随侍在梅，同谋兴复，死于王事，彰彰可信如此。吾梅志乘，固不可任其遗佚而弗传也。

又《文山集》后附录邓光荐所撰《文丞相督府忠义传》，兹节录陈龙复诸人传，更足与公诗序互相证明也（邓光荐，字中甫，宋礼部侍郎，在崖山被虏，与公同时因絷至金陵者）。

陈龙复，泉州老儒也。登丙辰进士第，沉厚朴茂，有前辈风流。扬历州县，以清勤著名。丞相开府南剑，举辟多知名士，如三山林俞、林元甫，皆卒汀州。龙复以老成重一府，聚兵积粮循梅，行府趋潮阳，北兵追龙复，被执遇害，年七十有三。

吕武，太平人。丞相陷北营，应募随从北行。劲烈，喜面折人。然忠鲠，人皆服之。丞相脱镇江，走淮东。患难中，赖武自壮。及开府南剑，遣武结约江淮，间关数千里，至汀梅。以环卫官将数千，将出江西。死，一军为之流涕。

缪朝宗，淮人，有意气。从丞相于平江反归福安。朝宗自婺间道来归，精练干实，孜孜奉公。空坑之败，自缢而死。官至环卫，知梅州。

萧明哲，字元甫，吉之泰和人。尝预乡贡，刚毅有胆气。从丞相汀梅幕府，出江西，以架阁监军。收复万安、龙泉。行府败，元甫入野陂，连结诸寨，为乡豪所陷，走败被执，遇害于隆兴。临刑，大骂不绝口，南北壮之。

刘洙，字渊伯，丞相邻曲。丞相喜象弈，洙虽不敌，然穷思忘日夜。言趣俚下，亦以是好之。从勤王，号刘监军。专将一军，为督帐亲卫。圆机应物，酬答不倦。会病剧，乍起。空坑之败，执诣隆兴，与长子同日受害。次子死乱兵，幼子没于广。

曾凤，字朝阳，庐陵人。丞相尝从凤学，自大学释褐，为衢州教授，累迁国子监丞。随行府之汀。丁丑春，添差梅州通判，以病卒于汀（丁丑，为景炎二年）。

又据《宋少保右丞相兼枢密使信国公文山先生纪年录》，盖公狱中手书也。中有曰：丁丑，宋景炎二年正月，移屯漳州龙岩县。三月，至梅州，始与一家相见。旨授银青光禄大夫，职任依旧，时经略江西。五月，入赣州会昌县。六月三日，战雩都，大捷。二十一日，入兴国县，遣兵攻赣吉，斩汀州伪天子黄从。临、洪、袁、瑞，豪杰响应。兴国军黄州新复，号令通于江淮。不幸攻赣吉兵败，行府趋永丰，就处置司会兵。寻为追骑所及，至空坑，失欧阳夫人、一子二女，行府收拾散兵。十月，入汀州。十一月，至循州，屯南岭（《纪年录》本文）。疏曰：正月，北兵大入汀。关不守，公据城拒敌。汀守黄去疾，闻车驾航海，拥郡兵，有异志。公移次漳州龙岩县，时赏孟濼还军，追及于中途。吴浚以虏命来招降，人情汹汹，殛浚乃定。时唆都右丞阿剌罕，左丞董参政入闽，李珏、王积翁等已降，仍为福建宣慰招抚等使。乃使淮军罗辉持书来。二月，复梅州。四月，斩二大将之跋扈者，曰都统钱汉、王福，以衅鼓。出江西，开府兴国县。淮西野人原寨刘源等兵，复黄州寿昌军。用景炎正朔者，四十日。漳州衡山县赵璠等，起兵岳下。张琥起兵邵永间，跨数县。抚州何时起兵应，同都督府分宁、武宁、建昌三县，豪杰皆遣使诣军门，受约束。七月，督谋张汴监军，率赵时赏、赵孟濼等，盛兵薄赣城。招谕邹沨，率赣诸县兵捣永丰、吉水。招抚副使黎贵达，率吉诸县兵，攻泰和。时赣唯存孤城，吉八县复其半，半垂下。临洪诸郡豪杰，送款无虚日。大江以西，有席卷包举之势。福建斩汀州伪天子黄从，淮西兵复兴国军，黄州复寿昌军，湖南所在起义兵，不可数计，四方响应。孔明有云"汉事将成也"，天未悔祸，相望旬日间，赣吉州皆以惊溃。北兵自隆兴来，适乘其弊，战于庐陵方石岭下。我师不利，及永丰空坑，军士解散，妻子为虏。公收拾余众，奉老母入汀州，转移诸州，将请命行朝，请益兵再举。会北师刘深自海至，唆都自陆至。道路梗塞，朝讯断绝。公驻循之南岭，栅险以自全。黎贵达观望，有阴谋，事觉伏诛。

按：此言梅州以二月告复，故公得于三月安然入梅州。自较《宋史》公本传"四月入梅州"者详核。以此疏分年附编于公《纪年录》后，实出于乡人、元辽阳儒学副提举刘岳申所编次，自较为翔实也。明胡广撰公传，后加以识跋，亦曰：《宋史·文丞相传》简略失实。乡先生前辽阳儒学副提举刘岳申为丞相传，比国史为详。大要参诸丞相年谱，及《指南录》诸编，故事迹核实可征云。

又按：公《纪年录》宋景炎三年下附注引《邓传》曰（邓光荐所为

公传，全文未见）：公又奏《潮循梅三郡并已取到返正》状，乞将陈懿除右骁卫将军，知潮州，兼管内安抚使。张顺，带行环卫官，权知循州。李英俊，带行合门祗候差遣梅州通判，暂权州事。旨特依奏云云。盖其时，知梅州事缪朝宗死空坑之役，差遣通判梅州曾凤，又病殁于汀。故公于行府驻循时，又有此奏除也。陈懿，本潮剧盗。公虽以高爵笼络之，仍不听行府节制，叛服不常，公声罪讨之。懿走山寨，卒降元，导虏兵直指督帐，公遂被执。至李英俊与张顺，于公兵败被虏后，史并不言其所终。或死与降，固不可得而知也。但据文璧所撰《齐魏两国夫人行实》，英俊，已【已】为元路总官矣。（癸未秋月，闻道稍通，令惠之旧属林端荣与其徒取建昌路达循，即河源殡所。十二月，林护柩至循，以暴疾卒。路总管李英俊，俾林之徒，日夜守视。甲申夏，璧将令孙礼入循，嘱李总管差人赴江西省禀事云云）

162

宋刘克庄《梅州杨守铁庵诗》

余前录刘后村先生诗有《循梅路口》及《送王梅州》各首，系从《宋诗钞》录出。兹得先生大全集读之，其卷十一《梅州杨守铁庵》（自注：取东坡称元城为铁汉）诗云：北客由来惮入南，仆家谏议饱曾谙【谙】。谁云瘴雾非吾土，曾有魁躔住此庵。身重岂容眉斧伐？时危犹要脊梁担。公归未必怀陈迹，留与州人作美谈。

按：此诗乃赠知州杨应己也，应己有铁庵铭，已载《州志》。读此诗，知杨守当时又以铁庵自号，其铁庵即建在州署。蒲寿晟【宬】《心泉学诗稿》有《郡斋铁庵梅花》诗，是其证也。

又《梅州重建中和堂》诗云：中和堂昔隳于火，今剪荒榛再落成。博士尊师重演说，史（当作使）君好古不更名。渐摩伋学三风熄，流布褒诗五瘴清。天（当作夫）子金声兼玉振，会征褚大与儿生（儿与倪同）。

读此诗，知吾梅宋时有中和堂。且细玩诗意，其堂当在文庙附近，如明伦堂者。曾毁于火，而杨守重建之也。

明王命璿《祀程处士碑记》

程处士旼非南齐时人，旧志承戴【载】《通志》之谬，迄未改正。温慕柳太史于旼本传下附注辩证，极为详明。其所引据《平远县志·艺文》以为：依《李传》及《王记》，谓旼生于晋末，历宋至齐，思其德而名县，于事极合云云，是诚不刊之论。

今按：明万历令李允懋所撰旼传（传大意已在《王记》中），平志《艺文》失载，已无可考。而《王记》具在，爰亟录之。明巡按御史晋江王命瑢【璿】《祀程处士碑记》云：

予初按部韩江，搜《程乡志》，程处士列在"贤祠"，意其人必卓荦倜傥非常者。一日，平远令李君以《程旼传》示予，知处士丁晋末造，肆志肥遁，恂愊无华，性嗜诗书。闾里有是非，不诣吏对，咸赴质成，各厌其志以去，当时化之。后人思之，名其都曰义化，乡曰程乡，源曰程源，江曰程江，最后以程乡名县。比之陈太邱、王彦方，处士之所可知，与后人之所以知处士者，如斯而已【已】。然行事颠末，终不少概见，何哉？挽【抑】近世浇淳散朴卑污者与世浮沉，碌碌无所比数。巧黠者武断乡曲，貌是而心非，俗之渐人久矣。有恂恂谨愿而欲人服从，固未易易也。夫处士恂愊无华，非有卓荦倜傥非常可喜之行，茹淡攻苦，萧然一匹夫，汶汶不耀，其何以异于与世浮沉者。人各具一须眉，各负一意气，乃俯首帖耳，唯唯曲听一处士，何为者耶？即处士是非明哲，能各厌其意，岂能以一人家喻而户晓之也？况晋社已屋，群雄相逐之会，趋荣逐膻，抗不相下。行尽而驰，莫之能止。果操何术而能令人各厌其意，服其义？犹然当时化之，后人思之，千百年如一日哉。无论其行何如，迄今而乡曰程乡，

源曰程源，江曰程江，县曰程乡县，地以人名，地重人乎？人重地乎？其即乡曰郑乡，江曰韩江之遗意乎？非心服从化，当不至是。不必更问其行，行可知已。程乡界粤偏隅，丛莽密箐，轮蹄罕涉。今一旦辟暗汤于光明，衣冠人物，轩轩载道，谓非程公高义有以风之耶？李君慕其风，惧其久湮，慨然特建新祠于东湖，置祭田十亩，以旌善人。夫以一处士，而徐庾咏赞于先，李君崇祀于后。又为之表其墓，永其祀，以视陈太邱、王彦方之于人心感化，又如何也？安见潜德者以汶汶终哉？予取其足以风也，欣为之记。

明平远陈一敬《新造青云桥记》

《平远县志·艺文》载有《新造青云桥记》文一篇，作者为梅人陈一敬。查《州志·选举表》：一敬，中明嘉靖壬子举人，官至上恩州知州。父舜文，岁贡。《州志》有传。弟一厚，举人；一恕，岁贡；一厚子可晰，岁贡。《志》亦有传。一门文学之盛可想。兹篇文亦简古可诵，录之足以窥见吾梅前明先正文字典型也。《记》云：

平远，潮新邑也。嘉靖壬戌，马平王侯始令于兹。殚心力，定规则，寻晋宪副。继而建阳魏侯、宾州陈侯，聿观厥成，然百度未备也。隆庆辛未冬，滕侯来尹，方浃期，弊革利兴，美复具举，士民咸爱戴之。侯又以邑之东门为通衢，郭外溪水每雨辄溢，岁编渡夫，济以小艇，非长便。侯捐俸构石桥，督葺不惮劳瘁。壬申冬经始，癸酉春竣事，命名"青云"。以桥跨黉宫之左，以寓劝也。学博黎君，暨林生琼、凌生迪仁，请勒石以志。侯曰：春秋不书常役，凡有兴作，有司事耳。奚志为？然余闻天下之治系于民，民系于令。盖令最为亲民，苟能公尔忘私，励精民务，则无不造之福，奚有不治？侯之惠政，未易更仆，数要其亡私治民，即此可以例之。程伯子有言：县之政可达于天下，一邑，天下之式也。侯之治邑，绰有古循良风。行将跻华陟要，亦为率治邑者而敷之天下裕如矣。今春，督学按潮，平邑增入学额。济济彬彬，谁之赐也？诸士体侯建桥命名之意，争相磨砺，以圣贤之学措诸天下，则侯之惠又宁止于一邑一时已哉？余嘉侯惠政，与山水俱长。桥成，遂书于记。滕侯讳表章，号明台，广西全州辛酉乡进士。

清程乡县令王仕云梅州书信十通

望如王公，自号古今过客。公以清初江左名士（《志》载：歙县人，《赖古堂尺牍新钞》则云：寓江南江宁籍），出宰程乡。其政绩载在志乘，今尚啧啧人口。重修忠孝曾公祠，公有一联云：曾公凿井狄公祷泉，程处士应配享万年香火；郑侯择里陆侯肯堂，王令尹恐难对异姓高曾。即此，可想见公之风趣。盖吾梅当鼎革之后，民心纵弛，元气萧索久矣。得悃愊无华之儒吏如公者，而久任之，与梅人更始，苏枯嘘瘠，返之敦庞。然后乃复为雍乾太平盛世之民者，非偶然巳【已】。公所著有《四辰堂集》（见《尺牍新钞》），惜未之见。今从陈枚所编《晚明百家尺牍》及周亮工《赖古堂》所选者，分别抄出。而公在程之清节，与其平日之学问文章，均可由此窥见一斑也。

其《答西怀三叔父》云：捧读来教，谓某"少年是才人，中年是侠客，老年是理学先生"，甚是惭悚，得无声闻过情耶？多难之身，得蒙恩赦还。以故忏悔罪过，检束身心。今来程乡作令，尽反平生所为。静中用功，动时淘炼。尝持是语，为午夜晨钟。天下无蒲团上长吏，却有公堂上语录。催科，提抚字念头；听讼，提无讼念头。随所睹所闻，戒慎恐惧。终身不得调，有何不可？三叔父其何以教之？

按：读公此文，真欲以圣贤功课、菩萨心肠，来治程人矣。据《官师表》，公以康熙七年到任（《宦绩》公传云"七年去任者"，非）。十三年，

165

刘进患【忠】之叛，公先已去任。又据王吉人《续修程乡县志·序》云：公修志于康熙十一年，未成而去任。由此推之，公去程，当在十一年。其在任，虽无七年之久，首尾已五年有余矣。

《答友》云：先辈云抽丰者，为其丰也。余既不丰，何抽之有？梅江，非勾漏比。令又非抱朴子一流人，安能掷米成金，以供游屐？仁祖方饥，无由索米。纵诸公施刘，又攫金手，正苦无谀墓金报答耳。

按：公此文，拒绝友人之求索，直如斩钉截铁。其在程之清操，即此可以慨见。

《寄王山农侍御书》云：遐老因两尊人缺膳，一子未婚，言旋之思甚切。但弟目下已不愧范莱芜，遐老又爱我深，留之以俟他日。虽曰花洲明月，梅岭清风，为高人所赏，然而苦矣。因叹古交道中如子敬之于公瑾，指困相赠，传为笑谈。然此在困约，时为难耳。若两人俱富贵，虽歌钟一肆，女乐二八，又奚足为子敬多？弟生平谬负气谊，敢以此言闻之兄者。料遐老意气殊绝，而兄又今之古人，决不令其鼓吴市之箎，丐木兰之饭也。

读此书，可知公在梅之苦况。而生平又非不肯急友朋之急者，言下益觉喟然。再细玩此书文义，遐老，似同客梅署，有归思，而公暂留之，不令归也。

《复及门吴小曼》云：说约善本，名重鸡林。两粤奉为拱璧，老汉借光多矣。潦倒岭外，离索兴悲。所喜百里，勃生古风，稍可快行。其学虽蒙两台推毂，然河清难俟，怅惘无从。惟一意孤行，万变不易。知我如小曼，亦曾笑老汉末路倔强否？

按：读公此书，知公在程，尚得行其道。不以程乡为互乡，而以为有古风，尤吾人可引以自慰者也。又公在此山县中，一味苦干，不求迁调，亦可于此书见之。

《答仇漪园兵宪慰留乞休》云：某过岭十二年，历兵戈、水火、盗贼，乃有今日。从此瘦马归华，慵鱼曳尾，闲云野鹤，到处安恬。即或枵腹而死，塞翁失马，未是憾事。老大人犹信童叟偏词，而千声万声留我耶？先达云：天下好官，定有一篇不好文字送归林下。天下不好人，定有一篇好文字送入黄泉。某老且病矣，自请归田，荣幸实甚。嘉客不审主人颜色，钟鸣漏尽，犹望洗盏更酌，其不遭逐客者几希。

按：漪园，为仇昌祚。康熙甲寅刘进忠之变，王公已去程，被迫胁为潮州知府。仇公则先任为潮府同知，因入觐，回至程乡。进忠党授以官，不屈，病卧三年。朝廷嘉其不污伪命，骤擢至兵备道。当时，固与王公同患难者也。公因饱经世变，决计乞休。仇公以交谊故，慰留公，不令解潮守任耳。

《辞昌黎祠中祀位》云：昔昌黎驱鳄，未几诏还。潮人立庙，作像祀之，报功也。余何人，斯守潮，并无善政可录。乃设立牌位，配享文公。嗟乎，庚桑楚以畏垒之细民，而俎豆于贤人之间，南向不怿。余虽未受业于老聃，亦尝读《亢仓子》书久矣。万惟撤去，以行其心之所安。

按：此书因公任潮府有惠政，潮人立公长生牌于韩祠，以志去思。而公力却之也。由此知公守潮，决非受刘伪命，而在刘变已定之后矣。程则塑公像，祀于公所重修之曾公祠。

《谕儿辈治丧莫用浮屠》云：浮屠，三代所未有，故礼经皆不载。自五代佛事兴，而冥荐遂成牢不可破之习。余取程伯子、许鲁斋之说，不能以其道变化乡里，请从吾儿始。使吾果造有孽，得罪于天，无所祷也。岂借平庸僧道诵经修忏，便可升天？若立心不愧忠孝，吾儿便逆料其亲坐地狱中，薄亵白头人，莫此为甚。务恪遵之，生既以此相白，死勿以此相遗。

按：公以上七书，俱抄于《陈选尺牍·写心集》中。

《答龚勉之论堪舆》云：承先生赐风水一书，挑灯夜读。初谓此理，在有无虚实之间。今展【辗】转思之，断不为堪舆家所惑矣。窃笑里门素封，酷嗜青乌之学。无端势占，无端力夺。迨力不及，夺而势不能占，则百计阴侵。必谓祖宗父母葬得佳【佳】地，便可富贵子孙，信然？尧、舜

之祖墓必佳矣，何朱、均皆不肖？生孔孟之先垄必吉矣，何子思之后鲜有闻人？窃料瞽瞍、姒鲧之砂水必恶也，不应特生受命之舜、禹。大禹、成汤之龙穴定真也，胡为反出亡国之桀、纣？世称葬书，推郭璞为第一。按：璞为王敦所杀，自用其术且如此，况遵其遗书者乎？至于葬死必合生命，一父一子，犹之可也。生六七子者，必合数命而后葬。兄嫉弟合，弟忌兄同。以葬期之年月日时合数子不一之生命，必至停棺暴露。风雨水火，灾祥莫测。是终其身，无葬期矣。先乡贤公曰：从天理上卜地，不必向丰城口中觅顽然块土。小子守先人之治命，止取高燥，勿令水浸棺、土亲肤，足矣。孝子仁人，以为然否？谨辞。（此书抄于《赖古堂结邻集》）

按：此与上《谕儿辈治丧勿用浮屠书》，具见先生学术之正。其谓诵经修忏、迷信堪舆之无益有害，理论极其透辟。

《与罗星子》云：文章声气，皆伏戈矛。见道水深，责人太甚，皆是病根未断处。我辈风雨鸡鸣，政【正】须时时提醒。

又《与某》云：直以行己，不过失官。曲以从人，乃至失性。此两失者，宜何居焉。仆奉家大人之教有素，颇知所自处。足下勿过为我虑也。（此二书抄于《赖古堂尺牍新钞》）

读此二书，可以知公之学术根抵【柢】。其宰程，能清操自励，敢为强项令者，有以也。

至公在程乡日，友朋之鱼雁，或为远道官箴，或为当时舆论，读之而后知地方得一贤长官，非偶然也。牵连录之，而公在程之宦绩，亦因之而可见矣。

清成我存性等《寄王仕云书》三通

成我存性《寄王程乡》云：年翁以经世之才，问心之学，弟于十七载前即冀掀揭于当时，慰同人之期望矣。乃变态之出，恶梦侵寻，以至今日，始洗得一副肝肠，炼得一副气骨。使桐乡畏垒之民，共怀一善乳老妪，而悃愊无华、实心实政之人，不能见达于天子，是可叹也。

胥永公廷清《寄王过客》云：名士做官，自与他人不同。然名士之气，做秀才用着十分，做官用着三分，而况区区一令。自粤东至者，皆能悉王程乡之政，体王程乡之心。闻老兄近日学问大进，敛气归养，敛才归德，全是第一人局面。胸中绝无名士气，则不次之擢，在指日间矣。江东在都，竟谓无人：中流砥柱，非王子而何？

汪家珍叔向《寄王望如》云：伏读《论史异同》，异哉！李温陵、钟退谷，合为一人，可作千百年眼。此实实一片婆心，为世人说法。但作读史观，犹冤却盛心耳。往以南唐属唐，今以刘宋续汉，均为异代忠忱。此可为知者道，难为俗人言也。使我有身后名，不如眼前得过且过，以悦此有涯之生。向十字街头，红尘堆里，作老妇舞《柘枝》乞食乎？歌姬之院，花开一红，人生一世，如斯而已，复奚憾哉。但恐一旦风火相迫，腊月三十日到来，手忙脚乱，作虚生浪死汉，如何？则可幸高明，为我策之。兴言及此，幸不插翅梅州，一上下其议论也（以上三书俱抄自《陈选尺牍·写心集》中）。

按：汪书推许公所著之《论史异同》，当寓有易代之感。故国之思，已意在言外。惜未得一见之也。

清王仕云赠程乡杨崇道对联

余有族祖讳崇道，早岁补诸生，常及于漳浦黄石斋先生之门。及石斋被难，进取之志遂辍。由闽归市，图史庋置池上楼（即今北门池上堂者是），偃仰其中（节抄《家谱》）。王公宰梅日，极推重之。赠以联云：问主人有甚情，座上茗香缸内水；愿来客无他话，窗前芸史案头书（联己未乱后失去）。此联语殊隽妙，亦公一段逸事也。

民国出土李象元家族墓志三方（黄叔琳《李端妻陈安人墓志铭》、叶成立《李上珍墓志铭》、李業《李逢禧墓志铭》）

民国二十四年乙亥，粤军于紫袍山之阴大塘底（陈才用开筑，见《州志》）建筑兵房。李山立太史之配陈太安人墓，在紫袍山阴之麓。墓地三坟（举人友通逢禧墓、新会教谕上珍墓，俱附葬陈安人墓侧），具在收用中。启土，得志铭三石。《陈安人墓志》，乃北平黄崑圃先生所撰。其辞曰：

嘉应李惕斋先生，讳象元，为余辛未同年。在词垣，德行道艺，楷模一时。至雍正癸卯，其冢君山立庶常端又继入。菶英腾茂，克鸿前绪。山立元配曰陈安人，即今所当为志者也。生子五人：长逢禧，辛酉举人；次早卒；次逢亨，辛未进士，亦继祖、父入词垣；次逢雍，壬申恩科进士；次上珍，庚午顺天举人。女三：各适士族。三世相承，蝉联鹊起，甲科之盛，粤南无与伦比。余以世好故，子若孙往来京师者，皆得而识之。家政族范，悉闻悉详。

今癸酉之三月，上珍以母丧来告，且持《状》乞余文为志墓。余读而伤之，义不辞也。安人为学博文光公第九女，生而敏慧，学博爱之甚。延姆师训以《内则》。年十七，归山立。舅姑交贺，婉婉锵锵。时曾祖姑杨大孺人犹在堂，奉侍重闱，必敬必戒。丧姑，哀礼兼至，内外皆称曰新妇孝。惕斋家法严肃，而笃于族党。产薄不能常继，其有贫不自存者，安人时请命于舅，委曲周恤之，得其欢心。比山立于保举出宰荆溪，夙夜营职，劳瘵委顿。时安人代侍养，在籍闻之，往江南视疾，叩天祷祀，愿以身代。卒不起，率数稚子，扶榇归里，宦橐萧然。哀苦感类，日进诸子而督教之曰：尔家世以诗礼为业，清白之贻，绍开弗替。康乃祖不湸涩以生，若父乃不怨恫于死，庶为成人，余亦得明告地下。迄今诸子皆能自立，翱翔艺苑，竞爽齐声，母氏之教然也。《诗》云：终温且惠，淑慎其身。安人之谓矣。先以夫贵受覃恩，勅【敕】封孺人。继以子逢亨贵，复受覃恩，晋封太安人。生于康熙二十九年庚午六月三十日，乾隆十七年壬申九月十八日卒于内寝，享寿六十有三。子：逢雍、上珍在京，闻讣奔丧。将卜于乾隆十九年甲戌正月二十一日，葬于州城西南十二里大塘面之山，卯山酉向。乃为铭曰：

陇西之妇，大丘之子。窈窕婉娩，宗祊受祉。一堂融洩，有姑有公。慈我之姑，太姑是崇。厥型匪远，乃斋我躬。降乃臧获，亦肃斯容。弃绂公归，绍明庭教。练丝就染，朱芾回缟。未奉光仪，宝钗不耀。珪璋既远，同还清操。黄鹄孤飞，溃口以血。上颠下危，将飞翼折。皎皎五常，有眉胥白。令德是海，颉颃謇翻。公卧林壑，余四十秋。丧明之恸，恃以少瘳。公乃有妇，夫乃有室。子乃有母，家乃有职。存顺没宁，中阃作则。黄垆密阒，铭永不忒。

前史部左侍郎年眷侍生黄叔琳拜撰。

按：先生，大兴人。年二十，以康熙辛未第二名进士列馆职。与卫既齐，讨论宋人语录，恂恂然有醇儒风，见者不觉其为少年鼎甲也。嗣历讲读晋卿贰司文衡，秉节钺。落职复起，屏藩山左，詹事东宫。公余常手一编，以至耄耋不废，享寿八十有五（节《清学案·小识·待访录》）。吴石华校刻之《文心雕龙辑注》，为先生著述之一。兹篇志铭，渊雅朴茂，有经籍光，当出自先生手无疑。铭石亦尚完好，现庋藏于民众教育馆中。

其一为《新会教谕李君墓志》，文曰：君讳上珍，字方进，别字待儒。行五，姓李氏，嘉应州城内人。先世始祖景成公，自闽来。至九世，皆不仕。曾祖考讳孟开，封征仕郎、翰林院检讨、赠文林郎。曾祖妣邓，三赠孺人。祖考讳象元，康熙辛未进士，翰林院检讨、征仕郎、晋阶文林郎。祖批【妣】张，勅【敕】封孺人。考讳端，雍正癸卯进士，文林郎、翰林

院庶吉士，改授江南荆溪知县，晋阶儒林郎。妣陈，封孺人，晋封太安人。检讨公宦归，居林下四十余年，持身恭俭。教子孙读书，一尊礼法。耆年清德，望重朝野。荆溪公学优品粹，廉明勤慎，卒于官，囊箧萧然。君生有至性，好学能文，气英英欲上，人咸以大成属之。年七岁，荆溪公临终执其手曰：汝年最少，当读书成人，以慰吾志。君即感泣受训。迄壮，奉以自励，读书深诣自得，文章以古为师，染翰抒藻，光彩四溢。年十九，游泮学。使者得其文，惊异叹赏。试卷出，人争传诵，名遂大振。而君益肆力于学。肄业粤秀书院，知名士首推君。甲子，年二十三，中副榜，而君更自奋益放，远游扩所闻见。于是入京师，肄业国子监。豪俊士悉乐与君交，君待之以诚。朋辈中有义举，君必倡众而行。以窭乏告者，助之，即典质衣物无吝色。都中人莫不藉藉李五哥贤，则又不独以文字推君也。

庚午，年二十九，考充正白旗官学教习。是岁，遂以书中顺天举人。辛未，三兄逢亨，会试中式，入庶常，君文荐而不售。壬申，四兄逢雍会试中式，又荐而不售，而三兄则以疾卒馆中矣。癸酉，教习期满，引见，得教职。时以君不得膺民社为惜，而论者谓金马玉堂，君家故物。君才学固当登上第、入词垣，继祖父兄未竟之志，则教职一官，正君进取之资也。君且姑置之，所苦者三兄旅榇萧条，七千里长途，正费擘画，而母太安人之讣又至矣。斯时也，君擗踊号呼，悲感旁人，咸出赀相助，始得与四兄扶三兄榇，奔母丧，南旋。是冬抵家，营两葬事毕，杜门读礼，不饮酒，不茹荤。风木之怀，脊鸰之念，触事悲伤，病益剧。于是，辗转床褥者六载。庚辰，稍愈，长乐令延为书院山长。三载，从游者百余人。君教之先德行，后文艺，多所造就。

壬午冬，选授新会广文。君怡然曰：吾生平忻慕白沙先生。是邑先子旧游，今得履其地。寻检讨公游屐所经，步白沙芳躅。搜访遗文，溯其学问渊源，以私淑焉，夫复何憾？癸未夏五抵任，与诸生校课论文，门人日亲，即未列门墙者亦闻风请益。初秋，随任二子游圭峰寺，昔日检讨公读书题诗处也。君赋诗有"先子曾栖止，诗篇纪钓游"及"提携儿辈在，勖尔继前修"之句。间有投赠菊坡、白沙等集者，语二子曰：吾穷官，得此以贻尔辈，吾素愿也。追思先烈，仰止前贤，风流雅尚可想见矣。九月初旬，得感冒疾。十六日，卒于学署。时二子俱应试回家，其侍疾以至含殓者，皆门人也。居官仅四月，囊空如洗。阖邑绅士，闻之泪下。殡殓之资，悉出义助。孤述曾往迎灵，又醵金为扶榇费。及行，咸制挽词，满江哭送。盖德教所感而捷如此。惜乎，君不得乘时居位，行其所学，而泽之感人者，遂止此耳。

君长身玉立，双眸炯炯。与人谈论，词气和婉，稍涉非礼，则凛然难犯。侍检讨公，能娱适其志意，事陈太安人，得其欢心。太安人既殁，凡遇两亲忌，必致斋，哀恸竟日。事诸兄，怡怡恭谨。视诸侄，如己子，教诲不倦。其训诸孤子也，曰：吾一生吃力，忠恕二字，念之常慊然。尔曹可不从此务力乎？此则君敦伦立本，所植甚厚，所以应事接物，合乎道义。而发为文章，亦只写其自得，非剿陈言者比。其读书，不屑词章之学。博通经史，网罗百家，而尤究心性理之书。于诸子，则酷嗜《南华》。于唐宋大家，兼嗜韩柳苏曾。时文，则归胡金陈外，尤嗜黄葵阳。于诗，则李杜外，兼嗜陶王韦柳苏。本朝，则王阮亭。而自作诗，五言尤工。余颖敏如君，为文亦不及君精到。而砥行嗜学，余两人默相契，有非他人所能知。故不敢文人目君，而独重君至性过人，且有志未遂。终其身处贫困之日，尤有足悲者。于君之殁也，恸悼倍切，而中郎余庆之思，复感于心，故不敢辞为之志。

君生于康熙六十一年壬寅四月八日，殁于乾隆二十八年癸未九月十六日，年四十二。娶杨氏，子男三人：述曾、承曾、荣曾；女二人，长适儒学生员叶澄，次许黄国琨；现孙男一人礽。卜于乾隆二十九年二月二十五日，葬君于大竹乡大塘之原，卯山西向。铭曰：

名父之子名公孙，克世厥家秀而文。学既茂兮行弥纯，贤书北达声腾骞。黉宫司铎道方尊，厥施未究身已殒。才丰寿啬理难论，马驰风骤车云

屯。金支翠旗曳长空，朝游悬圃夕昆仑。倏排阊阖叩帝阍，帝告巫阳下招魂。魂兮归来伤青春，一棺长闭依母坟。云山苍苍大塘原，吁嗟千秋利后昆。

赐进士出身原任广西平乐府富川县知县表兄叶成立谨撰。

按：叶富川大令，即兴修《王志》之一人。此文条鬯真挚，铭词尤琅然可诵。

《举人拣选知县友通李君墓志》，文曰：故侄举人李逢禧，字方贻，号惺园。其卒也，族人私谥曰友通。居嘉应州城内。自始祖景成公由闽之上杭迁来，阅十传，至吾父象元公，康熙辛未进士，官翰林院检讨，其祖也。父为吾长兄端，雍正元年癸卯恩科进士，选庶常，出宰江南荆溪。母陈氏，以父任庶常，敕封孺人。又以弟逢亨庶常，加级晋封太安人。逢禧居长，次幼卒，三逢亨，四逢雍，五上珍。逢禧年十三，随父任。阅一载，父卒于官。其父之令荆溪也，动遵检讨公庭训，清慎自持。没后宦橐萧然，交盘拮据。逢禧助祖检讨公经理清楚，俾得奉母携幼弟，扶榇还里。屏当葬务，悉任其劳。

年二十九，以监生中式本省乾隆辛酉科举人。两试礼闱，不第，益力学。善视母，承欢无拂。家虽窭，而甘旨未尝缺也。尤笃爱诸弟，延师训课，皆克有成。建宅授居，备极劳顿。逢亨，乾隆辛未成进士，官庶常。逢雍，乾隆壬申恩科成进士。上珍，以副贡生肄业国子监，庚午中式北闱举人，教习官学，皆淹留京师。独逢禧在家侍养，以母老故也。壬申春，逢亨卒于京。逢雍、上珍扶其榇，未抵家，比秋陈太安人又卒。母弟联丧，艰窘困瘁，积忧成疾。迨竭力谋窀穸，各获安厝，而其病势愈亟矣。

为人刚正无邪，有治事才。敏而能断，待人殷勤恳挚。有所质，必竭诚启导，戚里咸重之。予令闽时，频来视予。见其趋跄应对，循循有礼。试以署务，俱能整顿，器识远大，无猥琐鄙吝态。弱冠能读祖、父书，文笔清畅，予爱之不异己子。使天假之年，得膺一官，以展其才，必有可观。而今已矣，痛哉！

逢禧，生于康熙五十二年癸巳七月十五日辰时，卒于乾隆二十年乙亥七月初八日丑时，得年四十有三。妻张氏，续娶钟氏。子二：长见曾，张氏出，年十八殇。次耀曾，钟氏出。女三，俱许配，钟氏出。卒之岁九月二十三日，祔葬于吾继祖妣吴孺人之兆左，土名西莆冈鲜水塘侧，坐寅向申，距城五里。

于其葬也，叔箦挥泪志而铭曰：境之艰，崎巇历遍。性之良，玉磨金炼。幼弟茕茕惟尔恋，亲存亲没惟尔奠。克孝克友，通明佳彦。昊天不吊，胡尔中断。郁郁西原，先灵是眷。相厥幽居，惟斯善。

举人原任福建仙游县知县胞叔箦撰。

按：此志文，极铺张而不冗蔓，是象元公家法。其墓后改葬，附于陈太安人墓侧，故志石同时出土，均完好，庋于民众教育馆中。

杨惟馨族祖杨仲兴轶事

余族祖讱庵廉访公，有干济才，盖本儒家之政治思想而实践之。起家县令，能究心于学校、社会、农田水利诸善政，而尤长于折狱，又与专任申韩法家之术者有别。《清史》不为公立专传，而位之于文苑，以公能古文故也。但公文之留传者，为《四余偶录》二卷。其文太【大】抵皆宦辙所经，与治体有关者为多，又不得以文章论也。读公《行状》及《家传》，有二率为公政绩落落可纪述者，录之如次：

其知赣州府也。先是，赣民刘甲居某山，去村里许，前后俱无人迹。村有奸民吴日皋，以渔色著于乡里。晨出遇甲手田器，而趋问之，告以故。有顷，遇其长子，问之，对如其父。及暮，遇少子，复问之，对如其兄。吴心动，乃夜纠合无赖子二，煤其面，疾走里许，排闼入刘家。刘父子俱越宿于外，止余老妻与二媳、一女子居守。吴縶刘妻空屋中，二媳惧不免，相结宛转而哭。女稍黠，乘间急投灶窗。窗去地丈起，夺身跃出，

呼走求救。比众随女至，三人者己【已】从间道逸去，莫省谁何。甲归问状，始疑为吴日皋。泊与二子各述日皋问答，益信不诬，遂指名控县。县令某役拘日皋庭质，未至，途遇湛悠久。悠久者，素行端谨，与吴有亲故交，习知吴积匪不悛，屡劝止之，取怨已非一日。及是，见吴银铛至已，频蹙曰：吾与若言，何如学好，宁有今日耶？吴益心衔之而不言。抵县，一款而服。逼令供党，则力攀悠久及宿憾廖姓者一人。拘至，严刑勒招，通详在案，待决有日矣。而公适奉调刺赣，廉知其冤，未办所从出。会兴国水灾，奉檄委勘。令遽上悠久案，公曰：吾且勘灾，约某日当返。若为我尽拘某村民至，一讯案即结矣。令姑诺，而不喻其旨。至期，果返问拘者齐未，令不能答。公怒曰：此冤狱也。令将谓案不铁易耶？今夜可速拘以来。迟明不至，吾不能复为尔惜矣。令惧，夜签健役若干人，授以意，遇壮者悉执之。质明，毕集府厅事。公预令此数十人者，俱鹄立庭中，然后提日皋、悠久及刘氏妇听讯。谓妇曰：贼果吴日皋耶？曰：然。其一果湛悠久耶？则忸怩若不能出诸口者。公佯怒曰：日皋然，则悠久无不然。情事既核，彼自无所逃罪。顾此庭立，某某皆尔邻也，能备识之否。妇初不敢正视，己【已】而骤起，啮一人臂曰：贼在此矣。湛悠久实冤鞫之，尽吐其实，则吴日皋弟某也。盖妇向不知贼名，既见其人，形声举止犹仿佛可记，而卒以此得贼。问日皋，瞪不能语。于是立释悠久。其一人已瘦死狱中，勿问。案已具，悠久至此始啜泣。观者数百人，雷动风回，欢声达于堂寝。公即日登舟，缴檄报兴国灾状。行未及里，令蹑至，踧踖楼艓间，问所欲为。则曰：职无状，冒昧从事，几贼良民，自知咎由己作，悔不可追。顾公能曲全末吏，掷以供状，俾若职自复讯得实者，疾行检举，则恩同再造。公怜而许之，或谓公不可遽予令状。公曰：殄僇多罪，开释无辜，守土之责也。子视我，岂侥功之士而乐祸之人哉。卒授以供状而去。是公之谳斯狱也，发奸摘伏，有若神明。而其保全属吏，又仁厚若此。苟尚有丝毫好名之心者，讵能至是哉！

其分巡延建邵道也。剑津三郡，据八闽上游。襟带辽旷，道路崎嵚。

公案图考志，所在险要厄塞，如指诸掌。因请于大府，奏移各府州县佐，分踞要地，星罗棋置，保障屹然。其思患预防，建威消萌，平时之措置也如此。建宁之浦城县有封禁山者，界连豫越，绵亘数百里。冈峦蔽亏，竹树丛杂，旧为绿林啸聚之所。历朝封禁，遂以名山。太平已久，禁少驰，居民稍稍樵采。久之，介然成路，遒有结茅山椒者，日增月修，暂成梵宇。甲申乙酉间，奸僧觉圆领众住持于此，日出剽掠，居民苦之。已复私制小旗，鬻诸民而与之约：旗各有号，号有册，僧众至，出旗以验。与册合，则过而不扰。一日，得某甲鬻金遗贼党一人，与之旗，涂宿逆旅，据座呼酒，饮大醉，枕袱而卧。适有千总某亦投宿，促起让座，贼呓语喃喃，袱随手堕，露旗及册。拾视大惊，即星夜解赴建宁总镇。镇移建宁府，府通详至剑津。时崔公应阶总制闽浙，闻警，驻节建宁。公既率先僚属，驰抵封禁山口，督捕令入山，搜获贼僧二十余人，械至建郡拟罪。其闻变赴机，兔起鹘落，立擒首要，不致纵轶也如彼。公持平议分，首从定辟。秉宪者以失册所在，疑贼未尽难之。公曰：贼首已获，株及何益？况册已失，必索之，所伤不已多乎？崔公曰：观察言是也，奏当如议，事遂寝。其消弭隐患，保全良善，不贪功生事也又如此。

噫，公生当雍乾盛明之世，不获独膺疆寄大用以竟其才，不亦重可惜也耶！

明初梅州新杨开基史

族祖清平县令简亭先生，讳照，为阆安廉访之嫡堂侄，云亭光禄之同怀弟。与兄熊，乾隆时同榜中式举人。治古文，卓然可以名家。惜其所著《爱日堂文集》今不传。兹从族谱中录出《家传》二篇，高淡简质，经义纷纶，粹然儒者之言，其品固不在廉访公《四余偶录》下也。

《始祖远绍公家传》云：公姓林，传七世，而易杨姓，原籍福建汀州

府宁化县石壁村人。元明之交，兵燹骚然。宁民转徙，公与所善戴姓，结伴携家入粤。初抵程之东境，见阴那五指，奇峰插天。溯流而上，至蓬辣之浒。缘径而入十余里，为半径村。山环水曲，窈然而深，廓其有容。公指谓戴曰，兹村荒山可辟。爰集宁处，无逾于斯，遂定居焉。时值明初定鼎，徭赋繁急，增赋例当加役。公以瞻乌方定，丁口仅存，不能独当一面，而邻居杨姓者，籍旧丁单，苦于应役，乃寄籍于杨。计租均役，欢如骨肉，不知其为异姓也。无何，杨没无嗣，户籍无所属。公不能自引避，任籍输课如旧。为杨经营窀穸，岁时祭扫，必诚必信，迄今四百余载。子孙展祭公茔者，必备物虔祀杨墓，无敢忘其始焉。杨公葬在背头窝，其碑文曰：明承启杨公之墓，侄德成、德茂二大房立石。宜附载焉。

赞曰：公醇德懿行，世远莫传。为人子孙者，何敢以虚词相美，自蹈于作伪哉。当元明之交，流离转徙，迁居于程者不可胜数。而公以一人之身，传世至今十八，现丁四千有奇。科第蝉联，仕宦中外。诗礼之泽，可谓长矣。非公之根器深厚，何以至此。或谓：公精青乌家言，所居之乡，阴那作祖，神秀特钟，故子孙昌炽蕃衍，蔚为著姓。讵知公之迁居，特为避乱计耳。披榛辟莱，草创艰难，亦何暇计及于风水。阴阳和会之区，不期而获，此殆天有以阴相之也。

《二世祖开基公家传》曰：公为远绍公主器子。禀性仁孝，识量沉毅。自闽来粤，水程计千余里。时干戈扰攘，川途梗塞。公以一身，奉父母，携幼弟，间关跋涉，劳瘁实甚。洎迁居甫定，远绍公春秋已高，渐不任事。家政一以委公，缔造经营，力农务本，俯仰无愧，养志承欢。远绍公陶然有以自得，几忘为鸿雁之初集也。生平笃于行义，尤重友谊。寄籍于杨，生死不相背负。子孙世祀，报德无穷，事具《远绍公家传》中。公晚岁课子孙，力作之余，淡然无欲。一日，往戚戴姓陪祀，饭后倦甚，见社树浓密如盖，阴凉可爱，坐而假寐。醒见泥涂遍体，心异之。仰视群蜂簇舞，犹绕集身旁。公曰：噫！是殆天赐我以埋葬处也。时远绍公及妣黎孺人，俱久安窀穸。因即其处，自营寿域，今所称杨公堂"葵花向日"形者是也。或曰：地本因黄蜂之异，而名之曰黄蜂塘。后人因公坟所在，遂称为杨公堂云。

赞曰：公当元明鼎革之际，转徙异省，亲老弟幼，寄籍穷僻之乡。草创伊始，两弟继殇，遇亦艰矣。公即有过人之才，亦安能有所表现于世哉。然公潜德弗彰，尝考剥、复、屯、蒙之义，而若或见之。夫以五阴剥一阳曰剥。此即牿亡之余，几希之存也。元末之人心似之。公于此时，其为硕果乎。阳生子中，乾乃来复曰复。此贞下起元，复而即亨也。明初之人心似之。公于此时，其天心之见乎。若夫云雷之屯，天造草昧。公自宁迁程，创立室家，非建侯不宁之象乎。至于山下出泉曰蒙，蒙以养正，基圣之功，故涓涓不舍，流为江河。公为克家之子，其法泉之必行以果其行，法泉行之渐以育其德者乎。凡此，皆公之仁孝所著见也，所以为开基之祖也欤。

179

卷　三

明代程乡理学

全谢山《端溪讲院先师祠记》曰：方明中叶，天下称白沙、甘泉之学曰广宗，阳明之学曰浙宗。及阳明之学亦入粤，二宗共流于峤南（按：白沙之学出于吴康斋，阳明为康斋再传弟子，二宗盖同出于一源）。其《【端溪】讲堂策问》又曰：终明之世，学统未有盛于二宗者。广人而为浙学，薛中离、杨复所（按：复所名起元，归善人，泰州再传弟子），其魁也。粤中学统，白沙授之甘泉，其门户益盛，受业著录四千余人。甘泉粤中弟子庞弼唐，其巨子也。其与庞氏同时讲道于岭峤者，有叶石洞、唐曙台之徒（按：曙台学于吕怀，怀为甘泉弟子）。夷考白沙弟子最著者，为湛甘泉。甘泉，增城人。次则林绪熙、张东所，俱东莞人。陈秉常、谢天锡，俱南海人。何廷矩、李抱真，俱番禺人，而程乡无闻焉。甘泉弟子著录至四千余人，其翘楚唐曙台伯元，又为潮之澄海人，而程乡无闻焉。阳明开府赣州，粤人从学者众。阳明尝言：潮在南海之涯之一郡耳，一郡之中，有薛氏兄弟子侄，既足盛矣。而又有杨氏昆仲，其余聪明特达，毅然任道之器以数十云云（节《粤闽王门学案》）。

按：薛侃、薛尚贤叔侄，为揭阳人。杨骥、杨鸾昆仲，为海阳人。郑一初侍御，亦揭阳人。皆亲问业于阳明者，而程乡无闻焉。程乡且为阳明过化之地（阳明抚南赣时，程乡为其辖境，剿除匪寇，奔驰往来其间，有

《偕薛侃、杨骥昆仲游阴那诗》，但此诗疑是伪作)，曾无一人从游请业者。何程士之不悦学如是？岂其时风气蔽塞，无导之先路者欤？然当成、弘间，宰程者实为吉之永丰刘公彬。刘公与罗文毅公伦（学者称一峰先生），同乡同师。伦又与白沙称石交（见《明儒学案》)。刘公宰程，倡建三社学及濂溪书院，恭祀宋周濂溪及朱文公神主，提奖邑人，敦尚正学之风。因一峰、白沙二先生学道交契之故，特遣生员钟弘往求白沙作《周溪社学记》，并遣其子景惠、景林往谒百【白】沙，及后且亲往拜访焉。公与白沙契合无间，引为学侣，迄今犹可于白沙集中诗篇见之。兹全录如下，庶梅人知白沙于梅所有文字留遗者，不限于《周溪社学记》及《重修儒学记》两文而已也。

一、《程乡学生钟弘求社学记赠之》诗云：千里来携欠一图，东南村构几模糊。人扶世教何妨切，老向斯文自愧疏。云谷许还徽国主，周溪流到长官居。秋风海上无穷意，也向程乡社学书（按"许还徽国主"句，指社学祀朱子神主而言。足见白沙亦宗仰朱子，与刘公意合)。

《阅周溪图作赠刘景林归呈尊甫翁肃庵程乡令诗》云：大【太】极无阶不可跻，却从楼上望周溪（周溪书院，在大【太】极南，旁夹两楼)。天泉（井名，在书院两旁）十丈无人汲，云谷（亭名，在大【太】极之东庵）老翁来杖藜。

其二云：月色溪光荡两楹，酒醒开眼得蓬瀛。试问老仙谁接引？春陵云谷两先生（按：春陵，指周元公。云谷，则朱文公别字也)。

其三云：两仙何处舞霓裳？天上人间思渺茫。脚底飞云三万丈，随君不得【到】程乡（按"随君"句，指刘公子景林也)。

其四云：水北原南秋更多，满川明月濯缨歌。长官要结溪山好，去向南昌乞钓蓑。

按：此四诗，《旧志》已采入，但删去《白沙集》中先生自注，则于社学结构及风光，两失之矣。

二、《永丰刘景惠持吾亡友罗一峰事状来访白沙道其尊翁程乡宰肃庵

愿友之意留予馆中数日赠以是诗》云：儒官秋晚谢迟回，林下柴扉不浪开。顾我敢辞千古述，故人真为一峰来。风流想见雷峰下，消息通传雪浪堆。明发仙舟闻解缆，屋乌情在莫频催（雷峰在永丰，即一峰讲学地；"屋乌情在"句，盖答刘公父子愿友意也）。

予欲为一峰传，而患无所本，其子梁撰事状，托程乡令刘君肃庵。肃庵以授其子景惠至白沙。予将考其事实为传，无所复辞。顾吾文，凡吾惧不如司马可传之远。景惠行复，梁兄弟以诗用前韵云：北海英风梦始回，谁将年谱到山开。忽惊落月神如在，却对秋花笑不来。雏凤一群丹穴内，残星几点庆云堆。春秋画笔终难拟，天地斯文更着催（按："雏凤一群"谓景惠及罗梁兄弟；"残星几点"，则先生自喻也）。

三、《赠罗梁还程乡诗》云：一峰诸子在通家，生死交情俗可嗟。泉壤有知开口笑，江门来共看梅花。

其二云：飞出一帆何处风，道山眠处玉台东。春光一路相随去，朝雨渡头花欲红。

其三云：世道如今觉我非，冲寒犹肯到柴扉。江门春酒无多少，须劝罗生一醉归。

其四云：翩翩双屦一长筇，意气凭陵四百峰。肯向程乡留一载，长官真好主人翁。

其五云：一客三旬住玉台，梅花正傍玉台开。客心暗与梅花契，去到明年腊又来。

读此诗，知罗梁先来程署，以其父事状托公，遣其子景惠往白沙，乞为之传。传文己【已】作好（《白沙集》有《罗一峰传》，《明史·一峰传》当采此），梁乃往谢，在白沙住一月，复归程乡。且由此知，罗梁留寓程署有一年之久，而刘公子景惠、景林，均随侍来程，互为师友，与社学诸生共讲习，可想也。

四、《次韵刘程乡至白沙诗》云：七月紫兰开我家，是谁醉插满头花？千峰有客同文酒，三日无钱落画叉。制酒（酒当作锦）手将龙补衮，钓鱼

182

船载月横沙。人生出处各有意，敢向秋江问去车。

按：此诗题为次韵，原唱当是刘公。惜刘公诗未附载《白沙集》中，无从觅读也。

又《送刘程乡游玉台诗》云：春草杨敷曾醉处，秋风又拂长官衣。黄云不是栖贤地，才到黄云便说归。

读此二诗，知刘公政成之暇，曾亲往白沙，致其向往之意。而一时宾主相契忘言，亦情见乎辞矣。

其继刘公宰程者，为辛公贵。又奉按察司金事袁公之命，以重建程乡县儒学，复遣生员陈珀往见白沙，乞文记之。及后张公戡令程（破桶江贼巢，阳明奏捷疏叙其功），因城南梅溪故道曲折，与渡江津水合流，渐啮城址。戡乃凿新溪以杀水势，湛甘泉为作《新溪记》以美之。

据此益知，是时程之官长及士夫于白沙、甘泉两先生之道学文章，已知钦重宗仰。而旧志所甄采《人物传》中有李拙庵之子尚理，嘉靖乙酉举人，志称其邃于理学，与湛若水先生友善。林提学大春所撰《徐铿传》云：君少喜阳明之学，而嗜其文云云。又志载《李潍传》，弱冠入泮，读书阴那山，潜心理学。闻丰城徐匡岳名，即证为李见罗先生的传，亟往师事。阅三月，得止修之纲领（黄梨州《明儒止修学案》云：李材，别号见罗，丰城人。从学于邹东廓固，王门以下之一人也。为救良知之弊，拈出止修二字为宗旨，故别出为《止修学案》）。是程士之可以依附于湛、王二先生之门墙者，仅此三人而已。

但是，以今日而考论之，白沙之学，若钟生弘、陈生珀，虽未得为陈氏之徒，要可谓见而知之者。甘泉之学，若李君尚理，已与之为友，亦可谓见而知之者。阳明之学，若徐君铿、李君潍，或爱慕其文，或私淑诸人，则可谓闻而知之者矣。之数君者，其学行虽不能窃比于薛中离、唐曙台之列，然要因程自嘉靖以后，匪乱窃发，百余年间，成为盗薮。诸君纵有著述，或化劫灰。以致生平师友，讲贯所及，与夫一已研究所得，无片言只字之流传，可与陈、王、湛三先生为学渊源相印证者（明天启戊寅，

183

李梗等立《隆安县知县李一桢义助通庠公费碑记》有曰：尝率其子，师事丰城匡岳徐公，其三郎潍，著有《正宗编》，以阐性学。但是书今不传是其证），固断然可知也。

清广东学政张百熙梅州诗

长沙张文达师（师讳百熙，字冶秋，官至礼部尚书。光绪庚子后，充管学大臣。京师大学堂，盖其一手所创办也），以光绪廿三年冬，奉命提督广东学政。其出京，在戊戌政变之前。翌年戊戌八月，政变难作。九月，以公滥保康有为等，部议革职。特旨加恩，革职留任。十月，按临吾梅有余，题《居儋录诗》，幕中诸君，皆有和作，作此报之。七律一首云：好句翻嫌击钵迟，联翩珠玉灿新诗。霞裾琼佩真人想，铁板铜琶学士词。莲幕风流心是锦，梅溪霜气鬓如丝（自注：嘉应古梅州，河曰梅溪）。四愁愁绝张平子，怅触当筵赌唱诗。

按：公此诗，盖作于梅州考院中。

至其所题《居儋录诗》原唱，则题云：潮州刘教授凤辉以所辑《东坡居士居儋录》见贻，意有所感，遂题其后。诗曰：绍圣当年党祸深，遗编千载一沾襟。神京北望恩非浅，瘴海南迁老更侵。报国孤忠空白首，投荒九死见丹心。桄榔尚说庵居旧，笠屐风流何处寻？

又意有未尽，再题二律，诗曰：奇才知遇感先皇，晚岁遭回徙瘴乡。万里岭南余涕泪，千秋海外有文章。采风手校《居儋录》，醉月心悬载酒堂（自注：儋距琼州三百里遥，按试海南，无由访公遗迹）。一事类公差不恨，七年供奉殿西廊（自注：用公次韵韶守诗句，公入侍延和，前后七年。百熙入直南斋，亦七年。词臣遭际，偶合前贤。不禁诵公诗而窃幸也）。

其二云：要使天骄识凤麟（自注：用公《送子由使契丹》诗句），读公诗句气无伦。岂期变法纷朝政，差免书名到党人。修怨古闻章相国，推恩今见宋宣仁（自注：百熙以主事康有为讲求时务，所识博通之士，多称道其才者。因以其名，咨送特科，当声明蠲除忌讳，酌中采取等语。既念与主事素不相识，其心术纯正与否，不可知。复据实疏陈，并将该员业蒙钦派差使可否，免其考试之处，声明请旨。又片陈中国自强，在政不在教。请明降谕旨，禁用孔子纪年、七日休沐等名目，以维持名教，而免为从西之导，均仰邀留览。及康难作，而被罪者众。百熙独蒙特恩，镌职留任，以视东坡之遭遇，宣仁有过之无不及也）。过书举烛明何在，削牍真惭旧侍臣（自注：百熙谢恩疏，引咎自责，有无举烛之明等语）。

此二诗，当同时作于梅考院中。否则，作于潮试竣后来梅时韩江舟中也。

其《秋感八首》有序云：昔杜子美作《秋兴八首》，李献吉赋《秋怀》以拟之。天地中声，后先千古而抚时感事，情见乎词。盖君国之念，身世之悲，有不能已者，非漫然而作也。百熙秋气多悲，郁伊善感，忘其谫陋，辄用长句，为《秋感八章》，非敢趣步邯郸，亦聊抒幽愤之私怀云尔。

诗一曰：露冷花田叶未凋，秋清瘴海碧迢迢。山川溅洗青能雨，城郭【凉】生白马潮。天外芙蓉双阙迥，湘南蘅芷一身遥。茫茫眼底愁何限，梦绕珠江夜不销。

二曰：未信东南物力微，连云番舶驶如飞。农商交病民生索，盗贼公行吏事非。肉食一官双鬓白，目营四海寸心违。皇华忝附诗人句，杨柳依依雪不霏。

三曰：承明侍从珮春容，簪笔朝朝傍九重。岭表一持星使节，天涯孤忆景阳钟。颇闻宰相称三旨，忍使朝廷有四凶。喜见垂帘尧舜日，八方歌舞颂时雍。

四曰：迢递燕云望帝乡，离宫秋气满长杨。致光去国唐宗弱，明德临朝汉祚昌。不识小臣身蚁虮，莫令大局势螗蜋。悲秋未忘坚冰戒，肃肃山

河九月霜。

五曰：干戈玉帛中原事，斥泽山林上将谋。战士莫矜私斗勇，骄兵须戢内讧忧。衣冠悲愤思投笔，帷幄功名在运筹。亲领六师威万国，相公恩宠压王侯。

六曰：戎氛近逼姬周日，党祸纷乘赵宋年。忧极真思蹈东海，时危忍见哭伊川。乾坤扰扰事未已，风雨潇潇秋可怜。万里敢忘心报国，诸君应有力回天。

七曰：唾壶击碎酒杯倾，仰睇千秋俯八瀛。卫律未应为汉患，吐蕃终虑败唐盟。剑干北斗双龙气，叶战西风万马声。醉后狂歌吾老矣，百年犹拟看升平。

八曰：五十二翁霜雪姿，经霜历雪到清时。教忠深负先臣训，补过难酬圣主知。数亩敝庐人外想，联床夜雨梦中思。故山无恙堪招隐，会籥青云饵紫芝。

按：此诗当在广州，闻政变而作者。读公以上诸作，正如公《秋兴》序所云：抚时感事，情见乎辞。噫！人生仕宦于衰乱之朝，危行言逊，真为臣良，独难矣（翌年科试，族人有见《秋兴八章》和呈见赏而获隽者）。公遗著有《退思轩诗集》（以上各诗均抄自集中），全读之而后知公诗情深而文明，一唱而三叹，真骚雅遗音，不仅上追明七子而已也。

清黎庶昌《养浩堂集后序》

遵义黎莼斋氏《拙尊园文稿》有《养浩堂集后序》一篇，序曰：余始至东京，闻宫岛粟香之名于何君子峨，盛称其能诗。既而粟香携所作文来谒，数与往复义理，又知其能文，然诗尚未睹也。曾不数月，而《养浩堂诗集》告成，属余缀言于后。余观子峨星使之序，黄君公度、沈君文荧之论难，至为精详，其相臣三条君，又推原粟香家学之所自出，诗道备矣。

余何以赘为。顾惟粟香之言曰：仆于两国交欢之始，即自何星使序首，具有微意。若幸赐大手笔而助仆素志，则不朽盛事。于是乎成，亦修睦之一端，其言有足多者。君子之于国也，亦各自尽其分而已【已】。春秋时，列国士大夫聘问不绝，往往赋诗见志，用意微婉，是以圣人嘉而尚之。今粟香之为，抑犹是春秋遗风乎？推粟香之志与事，以充类至尽，将由语言文字之微，以进于捐故蹈道之美。"礼云礼云，玉帛云乎哉"，此使者之所有事也，因乐道斯旨，以念读粟香集者，于其诗不具论也。光绪八年壬午重九日。

　　按：序内所谓黄君公度之论难至为精详者，或并载于子峨星使序文中，抑公度先生别有序言，今俱无从考索。然黎氏推许如此，其论诗必有独到之处，无疑也。至公度先生在东京使馆时，与粟香有往还，则于《人境庐诗钞·续怀人诗》中有一绝云：一龛灯火最相亲，日日车声辗曲尘。绝胜海风三日夜，拿舟空访沈南苹。自注：宫岛诚一郎君，住曲町，与使馆隔一街耳。每见，辄论诗。昔画师沈南萍【苹】客长崎，赖山阳闻其名，走访之，阻风三日夜。及至，而南萍已归，以为平生恨事云。至宫岛诚一郎，即宫岛粟香，则又见于黎莼斋《海南文集序》中有云：宫岛诚一郎粟香首因何君子峨以交于余，得读其《养浩堂诗集》，介为之序等语，此更可证实，诚一郎之与粟香，固同为一人也。

清黄遵宪《人境庐诗·自序》

　　《人境庐诗·自序》，梁校初刻本未载。《序》虽寥寥数百言，然先生平日论诗之主见，与其诗得力造诣之所及，已具于是。但以余所知，其卷九以下三卷，俱为戊戌政变还家以后作品，固不待言。而其《悲平壤》《台湾行》诸作，则先有其题，家居时乃补作，即康（长素）《序》所谓：放废后益肆【肆】力于诗者。盖先生作诗，首重选题，故无率意之作也。

至全集分编卷次时，旧作亦悉有改定（按：卷二《人境庐杂诗·五律》八首，与公手抄寄胡晓岑者，字句改易极多，是其明证。此诗笺原稿，见于罗幼珊，由罗复归于王师莲，今未知已散失否。字作楷书，极流丽，尤公墨潘所罕见，当是选拔在京应廷试时作的）。余意全诗编竣后，天若再假先生以岁月，必有长篇序言，将其胸中平日所郁而未发者一抒之，以冠于卷首矣。其在伦敦所作《自序》，维时光绪帝始亲政，距甲午中东战事，尚有数年，天下正酣嬉歌舞于太平时代也。故序言鲜所发抒，自暴其作诗之所祈向而已。《序》曰：

余年十五六，即学为诗。后以奔走四方，东西南北驰驱，少暇，几几束之高阁。然以笃好深嗜之故，亦每以余事及之。虽一行作吏，未遽废也。士生古人之后，古人之诗号专门名家者无虑百数十家。欲弃古人之糟粕，而不为古人所束缚，诚戛戛乎其难。虽然，仆尝以为，诗之外有事，诗之中有人。今之世，异于古。今之人，亦何必与古人同？尝于胸中，设一诗境：一曰复古人比兴之体，一曰以单行之神运排偶之体，一曰取离骚乐府之神理而不袭其貌，一曰用古文家伸缩离合之法以入诗。其取材也，自群经三史，逮于周秦诸子之书，许郑诸家之注，凡事名物名切于今者，皆采取而假借之。其述事也，举今日之官书会典，方言俗谚，以及古人未有之物，未辟之境。耳目所历，皆笔而书之。其炼格也，自曹鲍陶谢李杜韩苏，迄于晚近小家，不名一格，不专一体，要不失乎为我之诗。诚如是，未必遽跻古人亦足以自立矣。然余固有志焉，而未逮也。《诗》有之曰：虽不能至，心向往之。聊书于此，以俟他日。光绪十七年六月在伦敦使署，公度自序。

杨惟徽《跋人境庐诗》

余居曼谷时，校读坊刻本先生诗，曾题四绝，以识于后。其首章云：

公诗诗史亦心史，杜郑笺之数胜朝。笺注不知言外意，蕲州士子漫瓤操。盖以公诗，诗外太【大】有事在，读者不可不知也。

钱仲联《人境庐诗笺注》瑕疵

近人钱萼孙氏（江苏常孰【熟】人）笺注《人境庐诗》，其凡例七，引陈叔伊（衍）《石遗室诗话》谓：公度诗多纪时事，惜自注不详，阅者未能尽悉云云。近代史籍，尚无完书。兹所征引，凡官私著述之翔实可信者均所采择。但查钱氏此条例言，先登于《大公报》者，于"尚无完书"句下尚有"《清史稿》既在禁书之列，自未便征引。兹所据者，除《清史列传》外"等语，及全书付印时，概被削去。余以为，钱氏生当易代之后，而注其诗，对于禁书尚有所忌讳而不敢援引，甚至并凡例而削去之（石遗之言，顾于作者自注不详，若有极不满者。此等立言，殊欠忠恕）。况公度先生因感愤时事而有是诗，方忧谗畏讥之时，岂复忍以所隐刺者详为注出，而授人以构陷之柄耶？又钱氏《笺注》，颇以冯浩注《义山诗》为法（《凡例》十）。然试问义山之《有感》诗当时为训注之变而作，胡以并无《自注》详述当日情事，而必待于后人广征史籍以为笺注？此诵其诗，读其书，以为知人论世，所以贵乎后之学者之善为参稽，而有资于考证也。

秋瑾弟秋宗章《载湉外纪》引《人境庐诗》

近人秋宗章所著《载湉外纪》，有引《人境庐诗》为证者数则，节录如下。他日可剪取之，以为先生诗补注。而其人之善读先生诗，亦于此见之矣。

《庚子元旦》第二首云：乐奏钧天梦里过，瀛台缥缈隔星河。重华仍唱卿云烂，大地新添少海波。千九百年尘劫末，东西南国战场多。未知王母行筹乐，岁岁添筹到几何？

《外纪》云：那拉氏所宠庵宦，除李莲英外，尚有一冯某，尤黠而狠。相传：戊戌八月初六日之晨，那拉氏自颐和园还宫，载湉逆知有变，喘息急促，色如死灰。初求计于莲英，莲英谢曰：是非奴才所能为力，盍商之于冯。载湉转向冯乞援，冯狞笑曰：恐不可活。载湉欲入后宫自裁，未果。为内侍所拥，往见那拉氏。战慄俯伏，嗫不能声。那拉氏戟指顿足，申申而詈，示以幼所着衣，斥其无良，载湉惟有涕泣。那拉氏顿怒之下，欲赐以酖酒。大学士王文韶等长跪乞恩，近支王公从而和之，始命幽禁瀛台。其地在西苑之大液池中，三面临水，宽及两丈，有吊桥架于两岸，朝放夕收，实与囹圄无异。又命总管大监李莲英，派心腹宦官二十人，轮流监视，禁止自由行动，俾与外廷隔绝。黄公度诗：乐奏钧天梦里过，瀛台缥缈隔星河。即咏此。

《感事诗》其六云：下诏曾宣母子离，初闻逐谏后笞儿。心肝谁奉藏衣诏，骨肉难征对簿词。一网打余高鸟尽，九泉曲处蛰龙知。恩牛怨李原无与，莫误忠奸读党碑。其七云：师未多鱼遂漏言，如何此事竟推袁？柏人谁白屠王罪，改子终伤慈母恩。金玦龙凉含隐痛，杯弓蛇影负奇冤。五州变法都流血，先累维新案尽翻。

《外纪》云：八月政变，首先告密者为御史杨崇伊、庞鸿书，而罪魁祸首则实为袁世凯。以故载湉憾袁，痛心疾首，无与伦比。《庚子西狩丛谈》云：宫监对于皇上，殊不甚为意。称之为万岁爷，实际不啻为彼辈播弄傀儡。帝亦萎靡无仪表，暇中每与诸监坐地作顽耍，尤好于纸上画成大头长身各式鬼形无数，仍拉杂扯碎之。有时或画一龟于背上，填写袁世凯姓名，粘之壁间，以小竹弓向之射击。既复取下，剪碎之，令片片作蝴蝶飞。盖其蓄恨于世凯至深，几以此为常课，所记当系事实。戊申十月，载湉逝世。其弟载沣摄政，欲诛世凯。以其兵权在握，投鼠忌器，惮未敢发。然卒迫令去官，即为载漪报复也。

《戊戌政变记》谓：当时北京之人，咸疑皇上三密诏中，皆与诸臣商废西后之事。而政变之时，贼臣则借此以为谋围颐和园之伪诏，以诬污皇上者也。后康有为将前两谕宣布，不过托诸臣保护及命康出外求救之语。然则袁之密谕，亦无废后之事，可想而知。黄公度《感事诗》有句云：心肝谁奉藏衣诏，骨肉难征对簿词。师未多鱼遂漏言，如何此事竟推袁？柏人谁白屠王罪，改子终伤慈母恩。金玦龙凉含隐痛，杯弓蛇影负奇冤。宣统元年，杨锐之子庆昶，呈都察院缴回载漪手诏中谓：顽固守旧大臣，朕固无如之何。然卿曹调处其间，使国可富强。大臣不掣肘，而朕又上不失慈母之意。

资政院议员陈宝琛等提议奏请《昭雪戊戌冤狱案》略云：戊戌八月之事，不知者非以为先帝求治之太急，即以为新进诸臣献谋之不臧，甚之以风影之谈，妄测宫廷，积成疑义。幸而杨锐奉有先帝手诏，于孝钦显皇后顾念人心、慎重变法之至意，与先帝承志不违，委曲求全之苦心，皆已昭然若揭。是先帝所以任用诸臣，与诸臣所以恪承诏旨者，皆在于妥筹变法之良策，而不必以拂慈意为指归。于素所规画者，且不免踌躇审顾，计出万全。岂有感激知遇而反悖逆，自甘为危害两宫之举者。其为取嫉贵近，致遭诬陷情迹，显然一二小人。又故作张皇，巧行构间，狱词未具，遽予骈诛。在小臣邂逅蒙冤，亦史册所常见。所可痛者，是非失实，不但有累先帝用人之明，且使我两宫至孝至慈，皆无由大白于天下。

综以上说观之，则载漪但有委曲求全之心，初无劫持牝朝之意。袁世凯之叛主卖友，希宠邀功，殆已百喙莫辨。而其子克文撰《洹上私乘》，犹谬谓载漪欲假世凯之兵，谋危那拉氏。先授以侍郎，继使谭嗣同至小站，矫诏命囚那拉氏。世凯早识诡谋，乃佯诺之，属荣禄入觐奏闻云云。巧言曲笔，欲盖弥彰，是亦不可以已乎？

《感事》第一首云：授受元辰纪上仪，帝尧训政典留贻。谁知高后垂帘事，又见成王负扆时。九鼎齐鸣惊雉鸲，千金悬格购龙医。白头父老纷

传说，上溯朝嘉泪欲垂。

《三哀诗》之一《唐祓臣明经》云：呜呼汉家厄，十世到我皇。上承六七圣，德泽遍八荒。麂裘三月政，讴歌不能忘。忽传有疾诏，遍求千金方。千人万人和，重鼓女娲簧。珠襦坐武帐，奔走何跄跄。神鹊衔果来，天女实发祥。今当尧舜朝，益宜简元良。恩赐大【太】子衣，有心见庞凉。恻恻君弦声，晨寒哀履霜。瀛台百尺高，远隔海中央。齐东野人语，传说多荒唐。贼相与瞽师，发短心甚长。亟欲奉前星，高置中宫旁（下略）。

《外纪》云：载湉已被幽禁，那拉氏余怒未息，必欲行废立之事。八月十三日传谕：载湉患病甚重，命各省督抚，延访名医入京诊治。又伪托载湉口吻颁发明诏云：本年四月以来，朕躬一病再病，将愈未愈，深受慈恩，未克负荷。借为异日逊位张本。读黄公度诗：九鼎齐鸣惊雉鹑，千金悬格购龙医。又：忽传有疾诏，遍求千金方。瀛台百尺高，远隔海中央。齐东野人语，传说多荒唐。贼相与瞽师，发短心甚长。亟欲奉前星，高置中宫旁。可见当日人心惶惑之一斑。实则载湉自四月以至八月，视事临轩，未尝一日间断，人所共闻。那拉氏欲以一手掩尽天下耳目，逐日伪造脉案药方，传示各衙门，以明载湉疾笃之非虚。梁启超谓那拉氏布载湉病重之谣，其用意欲施酖毒，当非苛论。故候选知府经元善，与旅沪绅商联名，电请保护圣躬。新嘉【加】坡华侨丘菽园（炜爰）等五百余人，亦电请圣安。皆有为而发，非无的放矢也。

《五禽言》之二云：姑恶姑恶，小姑谣诼。小姑谗我有间时，狞奴黠婢日助虐。十年不将雏，自叹妾命薄。作窠犹未成，亦愿受鞭扑。一意报姑恩，云何姑不乐？姑恶姑恶。

《外纪》云：光绪廿五年十二月廿三日，那拉氏传谕：诸王大臣，伺候召见。近支王公宗室，逆料其有非常之举。先期，至醇亲王载沣府邸，集议消弭之策。众论纷纭，无结果，各鸟兽散。翌晨，那拉氏临朝宣旨：立端郡王载漪之子溥儁为大阿哥。时载湉以称疾久，不亲祭祀。廿六年元旦，遂命溥儁主祭，恭代行礼，以示天命有属。黄公度有《禽言》四首（集有五首，作四误），其一云：姑恶姑恶，小姑谣诼。小姑谗我有间时，狞奴黠婢日助虐。十年不将雏，自叹妾命薄。作窠犹未成，亦愿受鞭扑。一意报姑恩，云何姑不乐？姑恶姑恶。即咏此事。廿八日，有御史上疏，请以大阿哥嗣载淳，兼祧载湉。那拉氏览奏，犹豫未决，留中不发。南中盛传，康有为有要电飞告，东抚袁世凯、鄂督张之洞请举兵勤王，已招集同志四万余人为后盾。上海电局以所关綦要，不为转递。实则此种谣诼，颇背情理。在稍有常识者，无待推求，即已知其不经。惟梁启超在日本，曾上张之洞书，劝以率三楚子弟，堂堂正正清君侧之恶，奉大【太】后颐养耄年，辅皇上复行新政，为策之上者。其次，追念光绪五年之初心（按：即上文所记，吴可读请为载淳立嗣，之洞不予赞同之事）。近之效法刘坤一、经元善之愚忠，以一纸之封事，谢天下之责望，亦可以寒贼胆于万一，拯君难于须臾云云，则确为事实。特之洞，未能从耳。

《外纪》又云：颇闻此次建储，那拉氏初意，诚不可测。事前且曾加以缜密考虑，恐外交团反对。特于宫设盛宴，招待各公使夫人。那拉氏屈尊降贵，躬亲陪坐。笑语殷勤，礼意优渥。各公使夫人入其彀中，咸极口推崇，表示谢意。那拉氏以为有此情谊，他日实行废立，纵各公使反对，得床头人片言解纷，当可涣然冰释。爰属李鸿章，得间访问各使，以言话其旨趣，讵所得结果，大失所望。且其最亲昵之臣仆荣禄，亦密陈利害。至再至三，不得不幡然变计，以立大阿哥为过渡，徐俟时机。然由此遂怨各国，酝酿所及，越年果发生庇拳仇洋之祸。当建储之诏未下以前，废立之说甚嚣尘上。各国公使，咸请命政府，示以应付方针。旋接命令，嘱静观事态之转移。如无意外，不准鲁莽从事，致碍邦交。故各使于此事，举无间言。那拉氏为掩饰耳目，计于十二月二十九日又颁懿旨：以明年为载湉三十寿辰，举行万寿庆典。谕礼部妥议典礼。三十日，又以载湉名义下诏，毋庸举行。狐埋狐搰，令人如堕五里雾中。实则此种做作，胥为那拉氏所放之烟幕弹，固无足惊异也。余《庚子闻燕京陷于联军》七律八首，

有一联云：破格立储谋内禅，昌言复辟仗西邻。意盖指此。

又《感事诗》第二首：上变飞腾赤白囊，两端首鼠疾奔忙。钱注引袁克文《洹上私乘》云：康有为欲假先公之兵，谋危孝钦后。先授先公以侍郎，继使谭嗣同至小站劫先公，假帝诏命先公囚孝钦后，杀荣禄。先公早识宪谋，乃佯诺之。隐走告荣禄，荣禄仓皇请策。先公属禄密诣颐和园，请命于孝钦后。

按：此等事，关系于史实甚大。不宜妄据私人著述，以为之注。今按：《外纪》所载，陈宝琛提议昭雪戊戌冤狱案一文，及杨锐家所藏光绪帝手诏，自不可不亟为之辨正。异日，当据《外纪》，取《钱注》所引《私乘》云云，而削去之也。

清黄遵宪《梅水诗传序》

《梅水诗传》，张芝田明经、刘燕勋茂才同辑，张鸿南昆仲出赀刊之。全书正集八卷，续集一卷，又梅属四县辑得一卷，共成十册，哀然巨帙。主旨在以人存诗，正集得三百二十四人，诗若干首，兴长平镇四县，计得二十四人，诗若干首。网罗散佚，自赵宋迄清季，抑亦勤矣。公度先生为之序曰：

语言者，文字之所出也。语言与文字合则通文者多，语言与文字离则通文者少。余于《日本学术志》中曾述其意，识者颇韪其言。五部洲文字，以中国为最古。上下数千年，纵横四万里，语言或积世而变，或随地而变。而文字则亘古至今，一成而不易。父兄之教弟子，等于进象胥而设重译。盖语言文字，扞格不相入，无怪乎通文字之难也。

嘉应一州，占籍者十之九为客人。此客人者，来自河洛，由闽入粤。传世三十，历年七百，而守其语言不少变。有《方言》《广雅》之字，训诂家失其意义，而客人犹识古义者；有沈约、刘渊之韵，词章家误其音，而客人犹存古音者。乃至市井诟谇之声，儿女噢咻之语，考其由来，无不可笔之于书。余闻之陈兰甫先生谓：客人语言，证之周德清《中原音韵》，无不合。余尝以为客人者，中原之旧族，三代之遗民。盖考之于语言文字，益自信其不诬也。里人张榕轩观察，少读书，喜为诗，抄存先辈诗甚富，近出其稿，托仙根明经广为搜集，重加编订。余受而读之，中如芷湾、绣子两太史，固卓然名家，其他亦驯雅可诵。嘉道之间，文物最盛。几于人人能为诗，置之吴、越、齐、鲁之间，实无愧色。岂非语言与文字合，易于通文之明效大验乎。

自物竞天择，优盛劣败之说行，种族之存亡关系益大。凡亚细亚洲，古所称声明文物之邦，均为他族所逼处，微特蒙古族、鲜卑族、突厥族笮然不振，即轰轰然以文化者著于五洲如吾辈华夏之族，亦叹式微矣。文章小技，于道未尊，是不足久争胜。凡我客人，诚念我祖若宗，悉出于神明之胄，当益骛其远者太【大】者，以恢我先绪，以保我邦族，此则愿与吾党共勉之者也。

按：此序作于光绪廿七年，时值庚子乱后，国已不国，先生语重心长。迄今读之，其所以镞砺我客族，重视我客族者，为何如耶。

梅州古文名家

吾梅以古文名者，明代推李二何太史（有《三柏轩集》），清代推杨圳庵廉访（有《四余偶录》）。道光间，吴石华学博复思振其坠绪，在穗垣与曾钊、吴应达、林伯桐、张维屏、黄培芳、张杓、邓淳、马福安、熊景星、徐荣、温训、谢念功、黄子高、胡调德，结希古堂课，治古文辞（见曾钊《希古堂考课跋》语）。

按：此十余人中，惟温伊初训为五华人，著有《登云山房文稿》。石华先生则据《岭南文钞》先生小传谓：先生古文有二种。学六朝者，得其

韵；学八家者，得其法。集中论事之作尤通达治体，切中情事，治史精于考证云云。是先生文已编有专集，惜已散佚，无传抄本。余尝拟为搜辑而编次之。要之，温、吴两先生，为吾梅古文家之后劲，无庸疑也。

南海谭叔裕浚《希古堂文甲集》有《后希古堂文会序》，亦盛推先生与曾勉士等结社治古文，椎轮大辂之功。其言曰：往者，道光初，嘉应吴石华兰修、南海曾勉士钊两先生，结希古堂会，以古文相砥砺，与斯会者凡十八人，勉士为之序，今载《面城楼集》中。不数年，其会竟废。宗浚少时，闻其事而艳之，惜后来无能继起者。尝屡欲与同志倡复振兴，又以溺于科举之文，卒（卒）未暇也。今年春，与南海梁君庾生，顺德马君贞榆言之，皆欣然许诺。于是，合同志凡十余人为后希古堂会。宗浚因为之《序》曰：

呜呼！世运之弊也，沉黝冥塞，莫知纪极，故奇材蔚焉。文风之坏也，疲恭缓弛，散漫无纪，故志士奋焉。当道光咸丰间，寇贼驿骚，士之环琦卓异者，多奔走逃亡之不暇，故见闻日陋而学殖愈荒。即间为文章，亦皆噍杀灰颓，庸庸萎靡，然则倡复而振兴之者，谓非有待于吾辈哉！宗浚尝谓国朝魏叔子，文有策士纵横气。至侯、汪等，益驳杂不纯。惟桐城方氏、姚氏，所作颇有波澜意度，实为一代正宗。诋之者谓其平正冲淡则有余，浸淫浓郁则不足。絜之古人，相去尚不可以道里计，斯城【诚】洞见症结之言。虽然，今之诋桐城者，其所自作之文则皆未能沉浸浓郁也，其波澜意度并不及桐城也，不失之繁缛即失之琐碎。夫如是则彼亦一是非，此亦一是非，安能关其口而夺之气哉。《荀子》云：锲而舍之，朽木不入。锲而不舍，金石可镂。吾愿为文者但当好学深思，先求乎波澜意度之所在，由是根柢于六籍，看核于百家，镕淬范精，撷秀倾沥，以蕲至乎所云沉浸浓郁者。慎毋高自标许，而所作不逮乎所见也。

读此文，知希古堂会得谭氏倡为后会，一代风雅盛事，几如南国前后五子，足以相为辉映矣。惜后会吾梅无一人与其列者，前辈风流，能勿伤其颓歇矣乎。

清吴兰修《桐花阁词序》

吴石华《桐花阁词》，近人汪兆镛氏刻本，增入郭频伽一序及汤雨生题词，为学海堂原刻本及古校刻本所无。兹补抄之如下。

郭序曰：霁青大【太】守（黄霁青名安涛，知潮州府）自潮州以书寄《桐花阁词》一册曰：此嘉应吴君石华所作也。君于他诗文无不工而尤刻意于倚声，尝见《浮眉词》而心许焉。属以此见质，且索弁言其上，幸勿违其请。余受而读之，跌荡而婉，绮丽而不缛，有少游之神韵，而运以梅溪、竹山之清真。兰雪以为，凡人所难言其意所欲言者，皆能达其隐而被以声，殆非虚美。夫词，蕲至于此而止矣。今时辈流嘐然自异，必求分刌节度无不合于姜张。非是，虽工不足以与于此事。吾不知其果能悉合与否，即悉合其律吕，而言之不工，吾又不知古人肯引为同调赏音否也。余往时，尝费日力于此。年老心粗，又为蘖火尽焚其三年之作，遂忏除结习，久不复作。因读《桐华阁词》，瞥然如睹故物，不觉又生见猎之喜。夫词，虽文章之小技，然工拙能否，自有定论。能传与否，俟之后人。岂好憎同异之心，可以轻重于其间哉？因书以报吴君，并质之霁青、兰雪何如也。道光八年岁在戊子四月，复翁郭麐序。

其汤雨生贻汾《题词》，见其《琴隐园诗集》。题为：吴石华词稿刻成，自粤寄此，作诗报之，并追悼陈棠湖。诗曰：小莲么凤擅才名，一卷瑶华万里情。叹我犹为穷塞主，嗤君也学野狐精（自注：《金陵怀古词》三十余家，惟王介甫为绝唱。东坡见之，叹曰：此老乃野狐精也）。早知哀乐中年集，且许楼台七宝成。肠断中仙仙去远，琐窗残梦怕秋声。

又调寄《满江红》词（《题吴石华孝廉小照即书其桐华阁词稿》）：玉树亭亭，休只羡、粉郎年少。曾历尽、骚湘艳洛，雄秦侠赵。秋水窗明生在骨，春花富贵天然貌。怎潘愁、沈瘦一年年，生潦倒。琪山上，幽居

悄。荔村里，良田绕（自注：琪山、荔村，皆君故居）。尽柴荆深掩，尘飞不到。弹铗登楼君试省，牵萝倚竹人将老。漫风轮、雨楫一年年，仍潦倒。

同调又一阕，云：鱼姊珠娘，唱不尽，桐花新曲。生怜杀、藕丝肠细，断时难续。金屋银屏春似梦，红牙翠管人如玉。便三分愁、风流足。功名贵，凡夫福。神仙寿，愚夫欲。只骚坛清冷，我堪驰逐。燕颔鸢肩终有老，鸥明鹭侣从无俗。更何人、能结墨因缘，同歌哭（均见《琴隐园词集》）。

此外，尚有黄香铁之《吴石华桐花馆填词图》题句，兹并录之。诗云：银云欲堕珠露团，绿窗微雨生朝寒。红牙碧柱卧滑簟，笔床墨几森明玕。书巢小隐知虽氏，旧是嫏环掌签史。曾教杨柳唱屯田，且向莲花呼博士。花天酒地未无情，词笔争怜太瘦生。边筝警梦惺忪觉，江雨怀人触拨成。春阴庭院虽闲寂，写来不似秋萧瑟。何人为起白石翁，篱落呼灯寻蟋蟀。

清黄钊与宋湘交谊

镇平黄香铁，于宋芷湾太史为晚辈。然香铁之尊仰芷湾，与芷湾之奖诩香铁，遂使两先生交契如针芥之翕合，均可于《读白华草堂诗集》中求之。《初集·呈宋芷湾先生》诗云：

岭表一峰尊，星辰引手扪。断鳌悬地脉，一凤下天门。元气留诗卷，奇怀塞酒樽。鸿文泝流派，万里落昆仑。

为有青莲笔，天教入蜀游。雨云巫峡暗，鼯犹栈门秋。险道千盘马，归装一敝裘。会须夸药笼，雪浪下金牛。

又向滇黔出，吟鞭缓遣归。蓬蒿仍满径，桃李已成围。闭户空今古，名山定是非。浣花溪上老，来往梦相依。

不解耽吟苦，还怜说土甘。闻鸡催起舞，扪虱向高谈。星斗筵前落，关河梦里谙。乡情一何厚，剪烛话天南。

此四诗，当作于己已【巳】庚午间，芷湾先生由滇述职入京，香铁往谒而赋呈之作。但两人是否会晤于京邸，则未敢臆断耳。

《韩江楼读宋芷湾先生题壁作长句奉怀》云：先生一笑凌沧洲，摄衣便上韩江楼。澳溟气盛白日荡，鲲鹏势阔青天浮。掀髯长啸向粉壁，醉墨迅扫天风收。诗成掷笔望空阔，青苍一气明沙鸥。江流日夜变白发，乾坤今古回扁舟。榕烟荔雨足僧茗，笛声吹出江城秋。如虹之气贯斗牛，元精耿耿留炎陬。昌黎以后孰酹酒，独游亭叟（自注：陈文惠）差堪酬。自从五马行郎州，天南万里空回头。桄榔橘柚好乡国，旧题无恙何人游。我来倚槛消百忧，韩江滚滚仍东流。兴酣摇岳不可见，令人空把珊瑚钩。滇池粤海阻相望，点苍山外寒云愁。

按：此诗作于道光辛巳，距作前诗，时已十年矣。芷湾是时，则仍留滇观察任也。

《二集·读芷湾先生近集敬题二律》云：神仙超劫此心肝，洗向青空白玉盘。大地光明身是月，长风鼓荡海生澜。山川抗古收滇蜀，气魄凌今接杜韩。读到千枝球放句，朱霞天半照云安（自注：先生《云安寺茶花诗》，尤奇伟）。雄谈阔论渺黄虞，犹记豪吟笑捋须。长揖横刀谁健者，高歌青眼似公无。人间福命疑才子（自注：《致鲁舆书》中，讯余语），地下文章扫鬼奴（自注：为先君铭墓语）。孤负国门相送意，十年潦倒尚江湖。

按：此诗作于乙酉。自注鲁舆者，颜鲁舆检也。时与芷湾同官滇南观察。

又《芷湾先生归道山已年余翻读行状感成》一首云：堕地生天讶许同（自注：先生生卒，皆同日），种花事了万缘空（自注：先生前一日自浇所种花树皆遍，是夕，至漏二下，将寝，戒仆曰：明日吾生辰，尔辈勿早来叩祝，吾好醉寝。至明晨，先生不起。家人视之，已化去矣）。九歌可续应怜我，一哭无端敢恼公。从大江来寻瘦鹤（自注：先生督粮，艘过杨

【扬】子江，独乘小舸至焦山，寻《瘗鹤铭》，题一绝而去），向神山去作冥鸿。丰湖烟艇黄州笛，魂魄还追玉局翁。

按：芷湾先生终于湖北督粮道任所，而香铁此诗作于道光戊子，时在潮掌教城南书院也。读此诗，芷湾先生《行状》虽不可见，而先生生前轶事，尚有多少得见于诗注中，亦可欣幸矣。

清温仲和《咏杨鑫柳染堂茶花》及杨瑛唱和诗

光绪乙酉春月，柳染堂盆茶盛开。主人兼得兰孙之喜，征诗赏花。诗不成者，拟以军法从事。时温慕柳太史亦在被征之列，题云：柳染堂主人以诗示鄙人，自命阳春白雪以激而诱，直遗鄙人巾帼也，不揣固陋，作三首录呈。若再藏拙，便畏蜀如虎矣。诗曰：文坛巨帅昔曾称，底事如今有服膺。曲偶阳春高未和，巴人我亦愧钦承。何曾汉法约三章，压垒而军亦太张。小怯有时征大勇，功成雷雨助休祥。戎戎满地柳花香，我昔亦名深柳堂。计染果然诗有谶，来年伫取压群芳。（此诗附刻于《焦琴小筑诗钞》，原注：亮生有"爱渠蓥尾殿群芳"之句，殆隐指慕柳而言。按：维时慕柳尚未第，盖应考选优拔而来梅城也。）

家君和四章，诗云：广罗宋艳与班香，拔帜谁登大雅堂。我独看花得心赏，爱渠蓥尾殿群芳。桃柳丝丝剩几章，愧谈世业比金张。百年重见科名盛，梅郡仙花又发祥。子舍征兰有国香，更传佳兆入鱣堂。庭槐袅袅留余荫，珍重吾宗手泽芳。鱼跃鸢飞取断章（十一世祖唯道，岁贡，手书勒石堂侧），雁题蓥秀（堂悬木扁）扁犹张。南强北胜花安在，尔室依然降百祥。

及后，慕柳太史于己丑入词馆。有清一代，吾梅词林十四人，温实殿焉。吾宗一门，贡秋试者四五十人，家君殿焉。"爱渠蓥尾殿群芳"句竟成诗谶，可谓奇极。柳染堂在梅城北门内，主人羡吾茂才讳鑫，癖嗜诗酒，有狂名，著有《焦琴小筑诗钞》。家君为之跋其后云：焦尾宛在，想绝调之如闻。灵光岿然，念典型之尚在。羡吾伯台，儒雅吾师，百年文献，诗家教主，一代宗工，老尚多情，时有所感。披此积卷，识其本真。楚客灵均，寓言香草。越吟庄舄，尚友古人。固不徒故乡兵燹，枨触烽烟，京阙尘霾，怆怀禾黍。读之令人悲，闻之足为训矣。瑛少罹丧乱，晚尚蹉跎，填膺悲愤，辄慕哀吟，满目琳琅，殊拓神智。焚香洛诵，得闻徐庾之正声，载笔笺疏，窃附风骚之雅韵。谨跋。

清梅州诗僧慧度、霁月等

梅县山多林壑之美，以故梵宫禅刹相望。然缁流多俗，而乏传法守戒之僧，士大夫素鄙夷之。今读《梅水汇灵集》，其辑自《诗海》及《岭海诗钞》者，竟得诗僧数人，爰并其诗汇录之。他日志方外者，可据此补志之也。

慧度，程乡龙岩僧也，有《山中逢故人》诗曰：如何山不老？发鬓白如银。试问香山社，于今尚几人（见《诗海》）。霁月，嘉应雨花寺僧也，其《雨花庵题壁》诗曰：一僧一蒲团，钟动众僧坐。日暮经梵声，松风相与和。于此得清闲，那受俗尘课。兴生即可游，神疲即可卧。人生天地间，但勿作昏情【惰】。书此告后人，万虑庶可破（见《诗海》及《岭海诗钞》）。

慧机，嘉应灵光寺僧也，其《游阴那》诗曰：众壑含清晖，晨夕朔风冷。扶筇展健步，遂上诸峰顶。翘首望云关，恍惚散仙骋。我心如木枯，况获兹幽境。理感兴自超，不关众山静。日暮踏下山，斜阳照孤影。叩扉闻清钟，猛然发深省（见《诗海》）。

傅雪，嘉应阴那山僧也，其《送戴近堂牧伯》诗曰：趺坐灵光寺，空山不计年。五峰陪入定，三柏共枯禅。未识长官面，重归古刹田。近闻我佛去，灯火尚依然（见《诗海》评曰：作方外语，身分颇高）。

清梅州诗僧牧原和尚何南凤

《梅水汇灵》又载牧原和尚数诗。其小序云：牧原和尚，本姓何，名南凤，字道见，兴宁人，万历乙卯举人。会试燕京，遇黄山普门禅师，谈论相契，遂决意出家。游齐鲁吴越山水，访朱蓼水相国于聊城，访支宁瑕、周开鸿、任来石诸子于嘉善禅盟诗社，遍相印证，远近皈依者甚众。尝居平远文殊，龙川石岭、罗浮祥云、萧严同峰，及闽之汀杭诸刹。晚栖豫章普济，其徒迎归兴宁。至辛卯正月，忽作偈别大众，复还普济。六月六日，沐浴更衣，端坐而逝。其徒印致作塔普济山，以藏其骸。康熙壬戌，半石和尚复为建牧原塔院。

李二何《牧原塔志》铭曰：东来和尚，西去普济。有来有去，倏散倏聚。无去无来，谁根谁蒂。非空非色，作何了义。靡首靡尾，谁为涯际。雪满西岭，卧起如意。月出东山，光明无二。牧原和尚，归休其地。花发鸟啼，行吟欣喜。日霁天晴，见身出示。莫知其来，谁识其去。真耶幻耶，不可思议。

二何太史，故牧原早岁同社好友也。牧原出家，初名觉从，号知非。又号雷山，或称半僧，或称切堂。所著诗文语录，多散佚。邹慕山涛刊其诗文一卷，曰《切堂余稿》。

按：和尚曾在梅卓锡于西岩寺，余童时即耳其名。后游西岩，见和尚所立碑记，尚嵌在寺壁中。

明海幢道人今无在梅州皈和寺

《州志》：皈和寺，在城西南三十里小乍乡翠石崖，唐五僧祖师道场

（《程乡志》），海幢道人今无书额（《王志》）。

按：吾梅佛寺，创建自唐代者，仅有阴那灵光寺，为唐惭愧祖师道场。与此寺为唐五僧祖师（五，一作伍。祖师是否即禅宗之五祖，抑俗姓伍，如了拳祖师之俗姓潘，尚有疑问）道场，二寺而已。寺后岩石，即志所谓翠石崖者。石上尚有偈语，日光返照，时隐时现。虽石久崩剥，脱蚀不少，然可辨认者，犹有数十字，如"佛弗人"，"人胡弗佛"，"龟毛兔角"等。余往游时，不及笔录，致为可憾。寺额"皈和寺"三字，为海幢道人今无所书，今尚轩然如故。但今无果为何朝代之僧？志已无考。

余后读《胜朝粤东遗民录》，始知今无当为明季遗民。广东从化曾起莘，崇祯癸酉举人，素与尚书韩文恪之子宗骙游。崇祯末，并为僧。宗骙，法名函可，字祖心。起莘，法名函昰，字天然，故又号天然和尚，驻锡庐山之雷峰海云寺。函昰虽提持祖道，然不废诗。故士之能诗者，多从之。国变后，粤东遗民皈依和尚者尤众。其传法之徒，则以今字冠之，为法名焉。如番禺王邦畿，字诚禴，隆武乙酉举人，诗近钱刘，著有《耳鸣集》。及桂林倾覆，礼释函昰于雷峰，法名今吼。番禺屈大均，字翁山，资禀颖异。曾起莘奇之，使从陈邦彦学。永历初，将官中秘，闻父疾，遽归。父殁，削发，师释函昰为僧，法名今种。番禺谢长文，善诗古文辞，与同里黎遂球相契。陈文忠子壮兄弟，复开南园诗社，长文与焉。唐王时，授户部主事。国亡，不复出。礼释函昰于雷峰之海云寺，法名今悟。番禺彭孟阳之子钎，隆武乙酉举人。鼎革后，隐居教授，旋礼释函昰于雷峰，法名今传。从化曾炜，字自昭，天然和尚之族侄也。诸生，有志行，尤工于诗，与邝露、罗宾王相唱和。广州再破，炜深自晦匿，晚入雷峰，与石鉴禅师同日受具，法名今沼。是由天然和尚传法命名之例推之，则书皈和寺额之海幢道人今无，其为函昰之徒，已无疑义。且为明季遗民，与王邦畿、屈大均同时，更可想而知也。

又海幢寺，在广州河南。今无自称曰海幢道人，意者师曾卓锡海幢，后乃来梅皈和传法欤？抑皈和之寺名，亦始自今无欤？考天然和尚曾著有

《丹霞录》《栖贤逸录》（见《赖古堂尺牍新钞》），余以为若得二书读之，则于今无之真姓氏及事迹，当更可详谂矣。

明末张琚《送陈醴源父子旋里》诗

清季贵阳陈田，自号黔灵山樵，编著《明诗纪事》一书，戛然巨帙。《自序》称：阅十七寒暑，录诗几四千家，分为十签，以天干约分其时代。惟壬癸二签，未付剞劂。辛签，有三十二卷，所采录多明季遗民之诗，吾梅诗人之入选者，止有明季张琚（琚，字居玉，崇祯举人，所著有《旋溪集》，已佚）一人，列于辛签第二十卷中，有《送陈醴源父子旋里》五律一首，云：春辞五岭去，公向八闽归。明月照官路，梅花飘素衣。风尘终不染，宦海早知几。自买三间屋，云深鹤护扉。

按：陈醴源，为程乡令燕翼，《州志·宦续门》有传。张琚此诗，虽其后人张芝田所辑之《梅水诗传》，亦不及网收。则纪事是书，甄录之广可想。然当有明一代，程乡风雅之士，又何其阒寥无闻若是耶。

204

卷　四

程乡茧

《文志·舆地略·物产》门"虫之属"下，蚕，注天蚕，又曰山蚕。"货之属"下，茧绸，注非家蚕，乃山蚕丝也。其蚕形如蝴蝶而大（按：当云其蚕蛾），两翼文彩，五色绚烂，或云即罗浮蝴蝶。机绸者，在州之河田乡，与兴宁交界，故多兴宁人。（按：县人业此者，当不限于河田一乡。以余所知，水南湾下侯姓，能机绸者尚有数家。光复前后，其机始歇。河田乡因与兴宁县界毗连，故传习斯业者亦盛。否则，不能专名为程乡茧矣）其茧，则各乡村，处处有之。

《吴志》引用《旧志》全文外，加以案【按】语曰：按：《广东新语》：程乡茧绸，为岭南所贵。其蚕，分畦而养，各以其叶饲之。饲某叶，则为某茧绸（按：绸字当为衍文）。其茧，则罗浮大蝴蝶所成。有咏者云：仙遗衣化罗浮蝶，蝶化山蚕复作衣。大蝴蝶者，葛稚川之遗衣也。衣化为蝶，蝶复化为衣，其异若此。《旧志》谓蚕即蝴蝶，殆本此说。

复兴程乡茧说

考程乡茧，质厚有绉纹，坚韧朴实，制为衣袍，数十年不敝。昔年广

行于四方，自俗尚华靡，惟海南人仍购之。而所谓罗浮蝴蝶者，渺不知所之矣。改用川绸。

按：绸字，当为茧字之讹。改用川茧者，当以本县所产之山蚕茧不敷织机之用。以余所闻，梅人采办山蚕茧，其初采之桂之梧州，黔之古州，由黔而湘而川，且常川驻于产地，广为收买。及织成绸之后，再运销，达于京津各地。由此起家致巨富者有之，工商兼营，斯业之盛可想。

纺丝者，皆女工，曰打绸工。价远逊曩昔，操其业者寥寥，亦不闻有机房。盖土产不销，斯工艺不兴，势相因也云云。

学使李调元《南越笔记》有《程乡茧》一条，亦全录《广东新语》。今依《新语》所谓其蚕分畦而养，各以其叶饲之者而推求其说，是此蚕，虽出自天生，名曰天蚕，曰山蚕，而其繁殖，仍有赖以人之饲养，故必分畦而养，各以其叶饲之也。《旧志》曰：其茧，则各乡村处处有之，亦以饲养此蚕者众之故。但《新语》谓饲以某叶则为某茧，究饲以何草何木之叶，始终未明言之。《旧志》亦引而不说，而于罗浮葛洪仙蝶之神话则津津乐道。其于吾梅唯一工业农产物，忽略至此，亦安用方志为耶。

夷考程乡茧绸业之兴，当始于明季（《广东新语》为南海屈大均所著。大均，明季遗民），至清康雍间始盛（明以前程乡土贡为蕉布，清代土贡则茧绸居首，见《缙绅全书》）。创始之人，今虽不可考，大概非劝导于来梅之贤牧令，即梅人仕商于他省见其利而效法之者也（想当明末清初时，梅县犹是森林区域，盛产山蚕茧之故）。

今读陈文恭公宏谋抚陕有《广行山蚕檄》一文，则山蚕之饲养，料已详言之。且因而知吾梅之适于兴此茧绸业，固以吾梅之盛产此山蚕，又以吾梅之富于山蚕饲养料也。其文曰：

陕省山岭，槲叶最盛，宜养山蚕。康熙年间，宁羌牧刘公，从山东雇人来州，放养山蚕，织成茧绸，到处流行，曰刘公绸（此为清初官吏提倡饲养山蚕之力之证）。又曰：再近省到处椿树易长易成，可养春蚕。又曰：境内凡有槲树之处，官为勘明，砍伐杂树，修理茧场，可养山蚕。或雇人试养，或官出资本而招民同养，或给人民口食令其学习，或官借资本听人民结伙学养。其抽丝拈线，无论男妇老少，皆可学习。其蚕种必须官为购觅，其器具亦须官为制给。其中气候事宜，备载《山东养蚕成法》云云。

读此文，可知当时大吏，以提倡广育山蚕为救济农村之一法门。故于檄文外，又计开养蚕树名：一、槲树（说明：大者为大叶槲，小者为小叶槲）。二、橡树（说明：叶多稜洼，结子上圆下尖，状如莲子，名曰橡子，落地以土掩之，即可发芽成树）。三、青杠树（说明：类橡叶而小，结子与槲树同）。四、柞树（说明：树皮红者名柞，树皮白者名白柞，叶皆青色，似柳叶而较宽，经霜不落，结子与青杠同而较大）。五、椿树（说明：即臭椿，嫩芽时红色，成叶后青色，似香椿而微臭，子结瓣中如目之有珠，名凤眼草。绥养春蚕，全赖此种）。

今查《文志》及《吴志·物产》门"木之属"，均列有椿树一种，而无说明用途。《吴志》于果之属下，增员子一种（注引：按《广东新语》，槌子，一名员子。多生则岁歉，又谓橡之别种，实即橡也。盖土语读橡，音同员。橡字似椤，故误以橡为员耳。余谓此与土语读柘为拓，其误正相类。但《志》宜将此条改为"橡，一名员子"移列于木之属下，方合。又梅县有大乍乡、小乍乡（按：乍当为柞之省）。《诗·小雅·采菽篇》：维柞之枝，其叶蓬蓬。《郑笺》云：以柞为兴者，柞之叶，新将生，故乃落于地。《孔疏》其枝常有叶，似君常有贤也。是柞为不落叶树，明甚。王沛恂《纪山蚕》篇曰：吾乡山中，多不落树。以其叶经霜雪，不堕落得名。一名槲，叶大如掌，其长而尖者名柞。总而名之，曰不落。皆山桑类，山蚕之所食也。见贺选《经世文编》）。当由其地盛产柞树得名。

平远之有大柘、小柘（梅人多误读柘为拓音，故呼为拓子树），《诗·大雅·皇矣》篇：其檿其柘。《毛传》檿，山桑。孔疏：檿，桑柘属。是柘与檿同为山桑可知。周凯《种桑诗》说曰：一兼种柘，柘亦可以饲蚕，茧色黄（见贺选《经世文编》），亦由其地盛产柘树得名。平远旧为程乡县地，由此言之，程乡山蚕之饲养料有椿、有橡、有柞（柞即槲）、有柘等

树，适于土宜，已无疑义。至青杠一种，土名何树？虽未能确定，要未必无此种植物也。今日政府，竞言造林植树，如能先将椿、柞等树广为栽种，俾之成林，再行向鲁、黔等省购买山蚕种而放殖之，由是收茧制丝织绸（不织绸，单制丝，出售获利亦大。东三省出口货大豆外，以柞蚕丝为大宗）。则程乡茧绸业复兴，一举而农工商三者之为利，盖不小矣。

傅光斑《程乡茧》证程乡茧为山蚕丝

兴宁傅孝廉光斑有《程乡茧》五言古诗一篇，造句炼字，古奥逼近昌黎。诗曰：种入清江浴，月值大火节。蠹蠹状化神，突突动微掣。帝占龙精验，娘祀马头切。食槲以槲名，饲椿因椿别。制固东充美，产岂程乡拙。女桑三月黄，子明万叶苗。匝宅青障烟，绕墙绿攒撷。采满筥篮携，捋尽衣衽缬（按缬字韵重，此当作褋）。乌桕连理生，蚕缘异茧撷。饥防缩多乱，饱乃绪不绝。倚窗听呷喋，下笔疑波撇。宛宛宵中分，乙乙箔间结。调时剔银缸，抽处混梨雪。冰缕缉其梦，梅水濯斯洁。熟拟柳絮软，缠恐风剪截。竿滑腕轻扼，车转轴虞锲。璘藉白苇成，踟蹰黄金设。交交晓鸣莺，轧轧夜啼鸪。纫功颠倒卸，缠价高下阅。土较川更精，秋比春愈澈。霞绮薄鲛绡，椒花霏玉屑。蒿绉纹微致，胥曝手翻揆。岭黔染竞渝，絺绤质逊轶。称身服无斁，赠远箧凭揭。不薄亦不腆，可公复可亵。习俗崇简素，寒袄既更迭。匪狐卅载经，岂帛一朝裂（原文裂，误作制）。绫锦杂吴蜀，广被功等埒。

按：此诗所谓"食槲以槲名"二句，确是山蚕茧铁板注脚，于程乡茧绸为山蚕丝织品物。作者既极明了，胡以"女桑三月黄"以下所描写者仍不出养家蚕的说法，殊不可解。岂作者于椿槲等丛林中设蚕场，以放养山蚕，未之前闻耶。愚意此诗自"女桑以下"至"混梨雪"句删之，较为完璧。

又按：此为翁覃溪学使按临嘉应时试士题，同时梅人萧毓芬诗亦佳，覃溪尤极赏之。但按之实际，其失亦与傅君诗同（二诗均见《梅水汇灵集》）。黄香铁《读白华草堂二集·罗浮蝶诗》有一章云：茜裙叠上女儿箱，伴到麻姑鬓有霜。吐出丝为长命缕，世间无此耐心肠。自注：丝最坚韧，程乡土茧，即蝶所化。若先生此言，固信而有征，异乎好谈神话者矣。

出土"程乡所"砖考

民国二十三年冬，拆毁梅县城垣，至东南隅，发见元丰甲子砖，残整俱有之（余觅得一块，字仿颜平原楷法，尚完好，惟砖下半段缺一角，所见他砖，字体均同）。又发见"公正"官砖（砖发自城基，"公正"二字不与"官"字连文，"官"字亦较大，字俱作北魏碑体）。管生又新得之，狂喜。以为此砖，当较元丰为古，应是隋唐以前遗物。

二十五年，复毁北城垣，曾生举直，发见"程乡所"砖，以拓本见示。字虽楷书，而有隶意。亦疑此砖，或为南齐置县后即有之物，函属余考定。未几，又觅得断砖，仅有"所造"二字者。因是，又知砖之整块，合之当为"程乡所造"四字。并将拓本邮寄古教授公愚，古君又质之长于鉴定古物之蔡君哲夫。咸以为此砖，字近六朝时造像体，确认此砖为六朝时砖，古君并有辨正文一篇说明之。余则以此砖当为元明间物，古君之说，始终不敢苟同也。兹将《复曾生举直函》附录于此：

（前略）鄙意此砖当为元明间物（或者是叶文保修城时所造）。考之史籍，卫所名称始于元代。元于每路置一万户府，每县置一千户所，上万户管军七千，中万户五千，下万户三千。千户亦分上中下，以七百、五百、三百为差。明沿元制度，要害地系一郡者设所，连郡者设卫，各统于都司。而都司又分统于在京之都督府（节抄王圻《续文献通考》），明洪武初，五军都督府所属卫所下，都司十有七，守御千户所六十五。广东都

司，隶属于前军都督府，其下首列程乡千户所。及永乐朝，天下大定，增设都司卫所（都司二十一，守御屯田群牧千户所三百五十九）。广东都司仍隶前军都督府，于程乡千户所外，增长乐千户所等（见《明史·兵志·卫所门》）。据此，明代兵制，其千户所既有守御、屯田、群牧等之别，则程乡千户所，非守御千户所，即屯田千户所也。今假定为程乡守御千户所，砖刻文略称之则曰程乡所。是此砖，当为明初之物无疑。距今已有五六百年之久，字亦返虚入浑，迹健为雄，要足宝贵也（余略）。

古君对砖文读法，以"所造"二字连文，余则读为"程乡所"三字连文。余所见与古君不同之点，盖在此。后再检阅《文志·职官略·武职门》云：《旧志》：程乡武职，明以前无考。故今编次，自明屯所起。程乡所原设正千户一员，副千户二员云云。此为"程乡所"三字连文之证一。又《田赋略·改征门》云：一、程乡所，雍正二年奉裁，归并州辖云云。《外贼门》云：一、奉裁程乡所，归并屯丁银三十四两四钱一分五厘云云。又奉裁程乡所，归并一千八百一十六石云云。此为"程乡所"三字连文之证二。又查《吴志·官师表》总目栏，有"兼理屯务守御所千总"一格，格内又于"郝沛"下注明：以后兼理屯务守御所千总，此后裁去。由此推知，当日程乡所职权，系以守御而兼屯务之千户所也（今东厢堡饶公桥，尚有程乡守御所正堂郭碑，其称程乡守御所者，略文也。再略，则曰程乡所矣）。《谈梅》引《东华录》：雍正三年三月，裁广东潮州卫澄海、程乡所。此为"程乡所"三字连文之证三。盖自雍正间裁并后，梅人遂不复知有程乡所官署矣。无惑乎致疑于"程乡所"三字之不成文也（考《旧志》，程乡所署在梅塘，则以兼理屯务，故至砖文不曰"程乡县"造，而曰"程乡所"者，想当造砖时，全由所内官兵负责督造之故耳）（犹之今日修筑环城碉楼、西山兵房等，全由粤军负责监工，是其明证）。

梅州诸水考

《明史·地理志》程乡下小注：南有梅溪，即兴宁江之下流，一名恶溪，西北有程江合焉。镇平下小注：西有石窟溪，下流入于程江。

按：石窟溪汇镇平诸水，至新铺，与平远发源于义化程源之水合（以下统称小河），至金盘堡，与梅江合流（合流处左岸，有山名程冈发，江与冈，俗称之讹，是其证）。似此石窟溪，流入之程江，决非县城南之程江也，明甚。

顾祖禹《方舆纪要》程乡县有梅溪，注云：在县城南，惠州府兴宁、长乐县界诸山之水，流入县境，东会于程江。

按：所谓东会者，正以平、镇二县合流之小河为程江，其在县城南汇之。兴、长诸水之梅溪，经县城南又东流，而后与程江合。若仅指在树湖来会之程江（昔日河道未徙，此程江在渡江津与梅溪合。其地在县城南之西），不得云"东会"也。要之，勿论东会者为程江，或西会者为程江。而程江之源自平远，已无疑义。夷考平远全境之水，中部最大，北部次之，西南隅又次之。

据《平远县志》（嘉庆卢兆鳌修）"山川"门：坝头溪，发源三段岭。经东石，历坝头合流，至关上（按：所谓合流者，合河头溪之水也）。河头溪，发源九乡下石井、八尺肥田坑诸处，东流至坝头，会大柘水，达于汇川（按：此当云"东流至坝头，与坝头溪合。又东会大柘水"方合。"达于汇川"句欠解，疑有误）。大柘溪，发源阳洞，东流入关上。又东入横梁溪，至镇平，合流入韩江（按：此"入关上"下，当补"与坝头溪合"五字。"至镇平"下，当补"与石窟溪"四字。"入韩江"句，"韩"字当易作"程"）。长田溪，发源大塘山，东流入横梁溪，下黄竹峰，通韩江（"下黄竹峰"二句，当删去）。以上俱属县境中部之水，其流域占全县

十分之六。坝头、东石、大柘三乡，旧统属义化都。程旼故居在坝头，《志》所谓"源曰程源，桥曰程桥，乡曰程乡"者，盖以此。《太平寰宇记》曰："义化涤源，达于程源"者，亦指此。故当以坝头溪为经流，即程江上流之正源，至会合河头溪之水，其流始大。又东南流至关上，大柘溪之水来会。又东至柚树长田溪，合热水、横梁溪之水来会。又东流入蕉岭境，至新铺与石窟溪合流，而为程江。是即《明史·地理志》所谓"石窟溪，入于程江者也"。

《县志》又曰：县前溪，发源项山，分两流而下。右下礤头，入佛子高，入邹坊社南麟石（属豪居乡），萦绕县城下，又趋下坝（按：此下坝仍属豪居乡，非武平镇三县交界之下坝圩也。溪东北流，至此有源出东石乡挙脑，北流之一水来会）乌战潭，差干松溪湍（属差干乡）下镰子渡，东入镇平界，达于潮郡。

按：以上俱属县境北部之水，其所谓右下者，项山之右邹坊乡、黄畲乡之水入之。溪流经县城，又东流至下坝，豪居乡之水入之。又东流至松溪湍，差干乡之水入之。又东北流至下坝圩，武平县之化龙溪来会，合流入镇平县境，是为石窟溪。镇平县境西流之水，皆入之（镇平县，旧为石窟都）。南流至新铺圩，与坝头溪即程江合流，为小河。入梅县境，梅溪东南流，至丙村与之合。而《方舆纪要》指为"东会于程江"者，即此水也（按：《王志》：小河经镇平县，至柚树溪，会平远诸水者，亦谬。盖下坝圩合流之石窟溪，始终未流入平远境，何得流至柚树溪，而会平远诸水乎？且所谓柚树溪者，即程江上源之坝头溪，流至热水乡之柚树墟，受横梁溪之水，不得以其水流过柚树墟，而突改名为柚树溪也）。

《县志》又曰：石正溪，发源乌石，历太平司，入瓜州长滩，至渡江津，径达于程江。

按：石正一溪，为县境西南隅最小之水，即自来志书（程乡县志）所指以为程江者也。《吴志》据《采访册》云：程江，发源江西长宁之亢山（此亢山，未知即指项山否？果尔，则大谬），历乌石岑峰（按：当云"历岑峰乌石",以乌石地属石正乡,岑峰乃属长宁县也),迤逦至平远石正,流入州境云云。其说盖似是而非。至《平志》所谓"发乌石者",尚不错。太平司署,旧在龙虎墟,与瓜州约俱属州境李坑堡。其言"经长滩至渡江津,入于程江者"是。《平志》尚不敢硬指石正溪即程江,与"坝头溪之为程江"者相混,极为明显。且《平志》所云"径达于程江"之"程"字,或为"梅"字之误,亦未可知。因渡江津,固昔日梅江与此水合流之处也。《王志》谓程江,一源自平远来,经石镇(即石正),至李坑堡。一源自铁山嶂来,经石坑龙虎墟,至李坑合流云云。(按:铁山嶂,属兴宁石马。与石坑堡相连,有一小水,流至李坑合溪,始与石正溪合流。龙虎墟,在李坑堡,亦不属石坑也)。此皆误于《舆地纪胜》所云:"自义化涤源,浮于石坑,达于程源,历安仁归城南"数语,而以石正溪当程江。殊不知以石正溪为程江,虽可以"浮于石坑",及"历安仁"(按:石正乡有安仁村)语,相比"合而石正、义化,自昔乡都各别",何能强指石正溪为义化涤源,达于程源乎?盖《舆地纪胜》所云"地望源流",全属模糊影响之谈,本不足为据。《图经》自以出自近代者,较为可信。

《王志》纪述"梅县水道,错谬极多,程江其一也。"《吴志》沿袭其说,不知改正,以下当逐条疏辨之。余意此程江与小河二水,当先改正名称。旧志称小河者(出平远者,可改称曰豪居溪。出武平者,曰化龙溪。出蕉岭者,曰石窟溪),至新铺圩,与坝头溪合流,东南注入于梅江者,为程江。其昔日称为程江(即石正溪,流入州境,至渡江津,昔于此会梅江),今循新溪出树湖,合于梅江者,为锦江(《方舆纪要》云:"锦江南流五十里"。注按:百花洲,相传有五色水,绚烂如锦,故谓之锦江。今江之左岸乌蓼社,有锦江亭,当由此得名)。则庶乎其可也。

《王志》:程江,在城西。一源自平远来,经石镇至李坑堡;一源自铁山嶂,经石坑龙虎圩,至李坑合流,出长滩、南口至树湖,东会于梅溪。《吴志》加以案【按】语,首引《舆地纪胜》:程江在州之西北七十里,自义化涤源,浮于石坑,达于程源,历安仁归城南。复引蓝鼎元《程乡图

说》曰：程源亦名程江，出义化乡，即旼故里，今在平远境。而终乃为调停之说，曰：然则谓"出义化者"，即《王志》"一源自平远来"之说，本其近而言也。谓"出长宁者"，溯其远而言也云云。然义化乡之水，中梗石镇山脉（石镇山为入梅发脉祖山），决不能越之而流入李坑、石坑。且《王志》所云"一源自平远来"下，即接云经石镇者，亦以石镇本属平远故也。其曰：经者，则以此水上源溯之，当在长宁境。但以其流甚细，即按语所谓查《采访册》，程江发源江西长宁之亢山，历乌石岑峰，迤逦至平远石镇，流入州境是也。《王志》曰"一源自平远来"，盖指此耳。然并未明言自平远之义化乡来。案【按】语何得硬以蓝《图说》源出义化乡者，即指为《王志》一源自平远来之所本耶？似此案【按】语，于程江之地望源流强分远近，而以为迁就沟通之说，依然莫衷一是，无所辩正，徒益令人迷离惝恍。此皆误于《舆地纪胜》之故。末附李琛（琛，清初举人）《程江舟行寓目》诗有"村留野艇击垂杨，细雨鱼多蛋女忙"等句，皆描写今所谓小河者两岸风光。至《王志》所指之程江，自昔不通舟楫，安得有舟行寓目如李诗所云云者乎（《王志》于小河下云：此水通舟楫，而程江下无之。尤为《王志》所指，程江不通舟楫之明证）？而清初人犹以今之称小河者为程江，此诗题亦一碻而可信之证据矣。

《王志》：周溪，河北之水，在城东四里，源自莲塘角，由银营、洋门、谢田，合黄竹洋水。出东山灵济桥，会梅溪。按《志》所云，于周溪源流，并不误。据《志》由平入梅之主干山脉，当以丫髻嶂为少祖，由丫髻嶂分为莲塘角、五峰庵二翼。莲塘角虽属平远境，而与石扇堡巴樟乡尾接界。纳左峡之水，流入巴嶂乡。至银营，再经洋门，象村之水入焉。经谢田，葵岭之水入焉。又纳黄竹洋之水，至金盘桥神宫前，书坑乡之水入焉。经周濂溪书院侧，纳温坑二小水，而出灵济桥（一名状元桥），会于梅溪，是为随龙左股之水。五峰庵，在东厢堡摺田乡，其山脉与平远接壤之分水凹、景贤铺相连属。水源出五峰庵者，纳桃畲横坑之水，流经相公亭。合景贤铺之水为摺田溪，纳诸小水，流经窖溪口，入西厢堡境。出黄塘，纳西岩之水，与三高峰之水，而入于渡江津，是为随龙右股之水（《王志》以源自石镇之程江，为随龙右股之水者，非）。今《吴志》于周溪下加按语云：按《方舆纪要》，周溪在县东四里，源出县东北之葵岭，经百花山下，环绕如带，西会梅溪。《大清一统志》：源出百花山，即今之白花寨，距城九里，据周溪东，左右两水，会温坑口，入周溪。上游仍有两源，一自谢田，一自书坑，其流涓细，无足深考。要皆不出州境。郝玉麟《广东通志》、蓝鹿洲《程乡图说》皆谓源出平远，《王志》亦谓源自莲塘角，皆沿《刘志》之讹。附注：《刘志》云源自平远莲塘角。考《刘志》，修于康熙一十九年，《郝志》，修于雍正八年。鹿洲亦雍正间人也，知二说俱本《刘志》云云。

玩读此按语，大意是以《王志》等谓溪源出自平远莲塘角者，为不足据。而以《方舆纪要》之源出葵岭，《一统志》之源出百花山，乃确而可信。勿论二书所言，一则曰源出葵岭，经百花山下；一则曰源出百花山上流，又有谢田、书坑二源。两书所说，既是参差不同。今试问白花寨、温坑口二小水之源，较之谢田、书坑与葵岭之源，其源孰大孰小？果何者乃足以当周溪之源欤？由谢田而上溯之，其源是否仅限于葵岭欤？流经洋门，入谢田之水，其源果来自何方欤？以上诸水，较之温坑口二水，其经流果孰长而孰短欤？其流域果孰阔而孰狭欤？岂以流之长者、流域之广者，为不足以当兹水之源；而以源之小、流域之短且狭者，乃足以当之欤？似此按语，根据率略不相符合之《方舆纪要》《一统志》两书以驳斥。《刘志》《王志》《郝志》《蓝说》，徒凭臆断，而不事考索，宜乎古人有尽信书则不如无书之慨叹也。

虽然按语之谬误，盖亦有所本矣。张眉叔先生所著《谈梅》有一则云：从孙资溥（资溥，字稚威，清光绪间孝廉）曰：周溪水源，其出不远（按：周溪日源，达委四五十里。其流域入州境后，历石扇、东厢、西厢、下半图四堡，其源不得谓之不远）。鹿洲谓源出平远，乃沿郝玉麟《通志》之讹。阮文达公及尔园杨氏引之，均未驳正。查《大清一统志》，源出百

花山，即今之白花寨。据周溪东，左右两水汇温坑口，入周溪。溪上游有二源：一发源东北之洋门，出谢田南行，经金盘桥抵神宫前，汇书坑水，西南绕饶公桥东南行一里许，为周溪，南经盘龙桥，又南经状元桥入梅溪；一即又东北书坑水小，发源佛子凹，汇神宫前（按：书坑水亦有二源，一源佛子凹，一源曹塘，其流较长），入周溪。然涓涓细流，无足轻重。因溪距余家二里，而《郝志》误，故正之云云。《吴志》按语，盖全本此张资溥氏。乃根据《一统志》以驳《郝志》，而于顾氏《方舆纪要》源出县东之葵岭者则未之及。且所谓发源于洋门者，固即《一统志》所云：一源自谢田也。然谢田、洋门以上之水，源自何方？张氏何不一上溯之？此真所谓不见眉睫者也。余意《一统志》之误，以为源出百花山者，实沿顾氏《纪要》之误。但顾氏但曰经百花山，而其源则自葵岭。《一统志》乃直曰：源出百花山（《一统志》原书未见。余意志文只"源出百花山"一句，其即今之白花寨以下文，当系张氏《谈梅》所引申者，《吴志》案【按】语引用，未经分别。志语所起讫，极易使人误会）。则其源人自必以温坑口二小水当之，斯更谬之甚矣。《谈梅》又引杨尔园懋建孝廉《安济庙考》：梅江受本境诸水下周溪（自注：郝王麟《广东通志》：源自平远县，近邑有周濂溪书院，故名）。《大清一统志》：源出百花山，形如腰带，旋绕周回，南流入梅溪（按：此当是《一统志》原文）。佣叟按郝书"源自平远县"五字误，驳正见前。又引蓝鼎元《程乡县图说》曰：周溪，源平远，而流小。自注：佣叟曰，此沿《郝志》之误，若果源出平远，则流不至甚小也。按：佣叟，为眉叔先生晚年别号。其意亦不以周溪源出平远者为然，但以距家仅二里许之山水，而不复详考其源流，率臆而谈，妄驳前人。秉笔修志者，又谬采其说，以为案【按】语。同是州人，所言之不足信若此，则其他之山经地志，概可知已。

《王志》：东桥溪，河北之水，自相公亭左支流出，至北门，绕城过嘉应桥。出东桥，会梅溪。按志所云，东桥溪自相公亭左支流者，非也。相公亭山脉，为丫髻嶂右翼，五峰庵之一支。在右翼峡内之水如横溪，桃畬庵前曾坑诸水，均注入摺田溪，乃可谓为相公亭左支之水也。若东桥溪水，实发源于西厢堡汀洞坑尾花拉寨（亦名百花寨）。盖丫髻嶂主干山脉，由芦竹径，再南至老虎凹，复矗起而为万年山花拉寨。寨之左翼，出而为三央寨，山势极为开展。其右翼，为石壁宫北岩，诸山势较狭促。而花拉寨又东，西厢分界之主山也，溪水发源于此（即汀洞坑）。其左翼峡内，西厢古田乡、东厢九洲乡之水，均注入焉。流经和兆寨，折而东，至嘉应寨。东厢三坑乡之水，又注入焉。然后迤逦南流，至东桥，而会于梅溪。此溪，盖梅县主干山脉，附郭随龙左股之水，其流虽小，然长亦近二十里而遥。《吴志》未之辩正，殊为疏略。要之，丫髻嶂，少祖山脉。南行至洋门老虎凹，其左峡水小，悉注入于周溪之上游。右峡水较多，汇而为摺田溪。自老虎凹再南，而至梅城。其右峡水小，均注入于摺田溪之下游。左峡水较多，汇而为东桥溪，此其大较也。

《王志》：雁洋溪，谓来自石寮等山，至棋枰围，会梅溪。《吴志》据陈崧《摺洋溪水道记》为之辩正，谓石寮水会摺洋溪，不会雁洋溪，是也。但《吴志》于新辑雁洋堡诸水，编次叙述均欠明确，不可不纠正之。盖欲谈雁洋一堡之水，当以阴那为提纲。若至棋枰围，会梅溪之雁洋溪，其源乃出于阴那山支麓之一小水，非全堡之巨流也。

《吴志》：铜盘溪，河南之水，一自阴那山发源，经大坪；一自龙头坝，经南福村，至磜下合流。五里至铜盘桥，会梅溪。

按：此水乃为雁洋堡之干流，其源发自五指峰，经大坪而出磜下者为正流；其源出自榕树坑（龙头坝非坑源），汇纳阴那山右峡之水，经南福村，灵水桥，而出磜下者为旁流。至磜下合流后，其流益大，至铜盘桥会梅溪，始名铜盘溪。余意此水宜正其名曰阴那溪也。

《吴志》：松溪，河南之水，自峤岭四十余里，至松坪，会梅溪。

按：此水源自阴那山左峡，汇而为桥头溪（《采访册》易为峤岭），北流经檀树，下长窑、探坑，而至松树坪，乃阴那山左股之一小水也。

《吴志》云：蓬辣坑，河北（南误作北）之水，源自半径，至蓬辣滩

入梅溪。

按：此水源自半径之大崒山，为阴那山右翼之一支，汇半径、蓬辣乡、沙湖诸坑水，出蓬滩而会于梅溪，乃阴那山右股之一小水也。

综是言之，可改正编次如下：一、阴那溪即铜盘溪，源出自五指峰，经大坪东北流至磜下，而出铜盘桥者，是为雁洋水之干流；二、发源于香炉峰右翼鹞子牙山者，经雁洋本村，北流至棋枰围入梅溪者，是为阴那山内左峡之一支流；三、发源自阴那山支麓榕树坑者，经南福村，纳诸坑之水，西北流至磜下，合于阴那溪而出铜盘桥者，是为阴那山内右峡之一支流；四、发源峤岭（即阴那山左翼），汇而为桥头溪，经檀树下长窖探坑而至松树坪入梅溪者，是为阴那山外左股之一支流；五、发源自大崬山（即阴那山右翼），汇半径、沙湖、蓬辣诸坑水，而出蓬辣滩入梅溪者，是为阴那山外右股之一支流。如此综合叙述，庶读者于雁洋全境之水，可以若网在纲矣。

《王志》又云：黄沙溪，河南之水，在城东南六十里，自阴那山来，至黄沙渡，会梅溪。《吴志》按《广东图说》：梅水又东北流，经黄沙乡北，阮水（阮与坑同）自西北来注之，即此水也。

今按：黄沙溪发源于半径相邻之磜头，磜头属松口堡。半径之山脉，虽由阴那而来，而与之相邻之磜头，自不能尚指为阴那山也，明甚。《吴志》按语引据《广东图说》，以此水为黄沙乡之北坑水，固极是。而以此水之非自阴那山来，无能辩正，则所见仍未免涉于模棱耳。

黄钊的梅州纪游诗

镇平黄香铁，今蕉岭城北之下黄人。其往来潮、广二州，必取道于吾梅。故诗集中咏梅江风物者不少，余分别抄出。读之，觉于吾梅山川风景，一经渲染笔端，无不雅驯有趣。他日采入志乘，即可成为故实。则谓此诗为《梅州纪游诗》也可，即谓为《梅州竹枝词》也，亦无不可。

《自白渡放舟出小河口，因忆丙寅冬月同伍云赴潮州经此，不胜怆然于怀》诗云：鸬鹚坑口樵呼渡，鸦鹊潭心女浣纱。十五年前鹣鲽爪，冷风寒雨入平沙（《读白华草堂初集》）。

《舟中望阴那》云：阴厓绀云屯，阳谷朝霞绚。泉绅倏明灭，岚障互隐现。双髻压篷低，五指捩舷转。冠云伟士峨，睇雾美人倩。香炉引鹤朝，白虎跨虹见。罗浮当比肩，匡庐别开面。番莲作佛供，灵雀缔仙眷。肉身不能飞，心眼觉屡眩。拟从惭愧师，借读《希夷传》。

《铜盘洲》云：铜盘听无声，冬水亦已涸。舟行如山行，荦确石路错。铁瘦篙铮然，藤杖空中落。水头出纤路，石罅插双脚。初疑龙骨蜕，又讶龟背灼。鸿钧鼓炉鞲，铁渣尽弃却。投之急流中，所以汰浊恶。前时秋涨高，过桑搏而跃。隔滩疑釜鸣，伏地骇金作。鸣钲放船来，强势压不弱。迤来山潦乾，鞰鞈散虚霁。唯闻邪许呼，负此舟藏窭。

《下蓬辣滩》云：慈云缕缕起山阿，下有蛟龙蟄漩涡。一个吟身如定佛，乌蓬【篷】柱颊看阴那（以上三诗，均见《初集》）。

《韩江归舟二十首》录五首云：名山合唤小罗浮，五瓣青莲涌佛头。我对阿师更惭愧（自注：阴那山了拳师，名惭愧），未能闻过况薰修。

估船墟店辨微茫，五里平畴接远冈。标出一枝松口塔，教儿知道荔支【枝】乡。

松江寒水绿于衫，鱼艇摇来袴作帆。一样浮家有妻子，汝操长网我长镵。

连宵篷背怯霜寒，一领篓衣鹤骨单（自注：灰鹤，俗呼篓衣鹤）。怜汝忍饥还忍冻，等他初日上铜盘（自注：铜盘，滩名）。

小河喜见水痕低，尚有泉声出涧溪。我是轻舟料行得，不劳凹顶鹧鸪啼（自注：鹧鸪凹，在小河口）。

《过酒醉滩》（自注：在松口墟头）云：一笑相逢饭颗山，开元诗老骨巉岏。而今不为清吟瘦，扪腹来过酒醉滩。

《大塘夜泊》云：寒露警宵征，孤蓬气候更。冷萤荧火宿，秋蟀激金声。雾重水云窟，风严草木兵。天涯念乡土，咫尺若为情（以上七诗，均《读白华草堂二集》）。

《自潮阳挈眷回里途中作》录二首云：万笏插天青，奔涛走悍霆。豕羊星使肃，圭币水官灵。古木空祠翳，层潭止水淳。溪毛吾欲荐，撷取藻蘩馨（此首当是咏蓬辣滩，昔时督学使者过此，有祭滩祀典。故诗有"豕羊星使肃"句也）。

醒眼一枝塔，离支万本繁。饱餐应计口，摘买欲论园。露叶夸新采，霞绡认旧痕。老饕珍宠甚，赐浴有金盆（此二诗见《苜蓿集》）。

余按：以上诸诗，均先生往来潮州，经过梅境之小河（即程江）及梅江下游之作品也。

《孤舟夜泊兴宁水口下里许》（按：此地已入梅境，属畲坑堡，距畲坑墟极近）云：此是吾州路，沙边鸥尚驯。水柔情抱岸，风善意亲人。远梦中流楫，凉宵大火晨。明明天上月，曾照海无尘。

《官塘夜泊》云：船火同人息，滩声独汝劳。枕边数星小，蓬【篷】背一峰高。冷宦中年遇，寒鸡子夜号。拥衾还稳睡，水浅少惊涛。

《早发官塘晚抵松口泊得诗六首》云：晨光初动雾横飞，滩石传言听转微。待到绿消红日上，一江新水浣罗衣。

梅塘十里接花洲，裙带何人系坎侯。篷底一双秋水眼，镇教天际数归舟。

西洋碎石击风湍，青草回塘蹙翠澜。十月黄云收割尽，秆人堆到晒禾滩。

两山翕翠水霏蓝，一镜沉沉鳄骨潭。我与昌黎充奉祀，敢从大士乞鱼篮。

远岸斜阳古树根，滩沙高出旧时痕。年时苧谷关心甚，又逐墟船出丙村。

小河一水合松江，曲折奔流汇急泷。恐有故人缄尺素，夜曾珍重鲤鱼双。

《下蓬辣滩》云：蓬濑下轻舟，奔腾一桨道。山情助收纵，水力并刚柔。巨嶂排熊掌，清流漾鸭头。茶甘梅更上，泉味合潮州（自注：蓬辣滩，上为梅州界，下属茶阳界）。

余按：以上九诗，均见《苴蓿集》。乃先生官潮阳教职，秩满赴省，复由广州返潮阳任，经过梅江上下游之作品也。

《自韩江至艾坝杂成十五首》录四首云：

慈云应识尔，佛是汝家尊。大小华鬘拥，阴那侍者孙（自注：先太母丘孺人殁后，托巫言身为阴那山观音侍者）。

松口产离支，侬来已过时。横山鱼自美，晚饭等郎炊。

千百珍珠进，攒来丈八门。秋山晓妆竟，盥面注金盆。

谁唱大塘曲，人家乌夜啼。凫翁头自白，水宿尚双栖。

按：此四诗亦见《苴蓿集》，乃先生潮阳教谕秩满，返里经过梅境之作品也。

《五月初六日自紫金围至丙村过裙摺望铜鼓嶂诸峰》云：肩舆向天行，百转不到地。岭云冒火焰，林木黑烟炽。舁丁病欲逃，游子郁生畏。忧心泥如焚，挥汗若挥泪。猋猋鸟落毛，惴惴猿引臂。心知恶客无，尚冀虎狼避。野僧持斧来，令我触疑忌。山腰采樵女，岂有防身智。举头日过午，饥火滚肠胃。望云悬吾亲，万虑姑且置。

《由大坑入风车纽谷中小憩》云：近坑见羊寮，缘磴叩佛阁。石梁喷溪流，激雪势回薄。迤逦入谷口，笙竽一齐作。有声如饱蛇，汹涌赴巨壑。仰首见松杉，日光为之弱。阴厓互蔽亏，阳宙隔虚霭。当年虎阱深，白日愁失脚。山神为驱除，幽境久清廓。日午樵妇归，出村向烟郭。

余按：此二诗，见《读白华草堂二集》①，乃先生由潮返蕉，乘肩舆遵陆过梅境途中之作品也。

221

---

① 张应斌按：此二诗，其实见黄钊《读白华草堂诗初集》卷八。佣子先生恐误。

岭南荔支名于宇内，自东坡先生谪居惠州始。当时，自是限于广、惠二州而言。然吾梅产品亦自不弱（《前志·物产篇》及《吴志·谈丛》于咏梅产荔支者，均有记录），尤以松口为最。香铁嗜荔，赞赏松荔，见之于诗者不一，足为梅产增色。今具录之，亦以见此尤物之昔盛而今衰也。

《食松口荔枝用东坡初食荔枝韵》云：西山日午蒸壶卢（自注：山名），火云流焰如烧枯。凉亭一梦落松口，蝴蝶两扇当风驱。江边浣女红葛襦，双跌一白同雪肤。筇篮携过手争擘，风味彷佛青溪姝。不知此梦真到无，醒来香色浮座隅。细核疑出方士幻，大树几笑将军粗。戏从荔谱品佳丽，此君风骨真绿珠。频年消夏学茗饮，但涤石铫烹云腴。晶盘饷此得饱啖，归思略缓秋风鲈。他时一棹泊墟岸，烟林十里遮浮图。

香石以扶胥黄氏园所产荔名玉环香见饷，索诗，为吾宗增荔谱佳话。余旧以松口所产荔为绿珠，可称双绝，并索香石画。香石，香山人。诗云：绿珠曾认吾乡产，又向吾家见玉环。绝代美人较风骨，画图还倩老香山。

《寄怀吴菊裳桂林》其二云：宦游一卷柳州诗，箬裹荷包入竹枝。记否墟船趁松口，几番梅雨熟离支（按：菊裳，松口人，优贡。是时，方游宦粤西也）。

读此三诗，知松口荔支品当不在广、循二州之下。而先生诗亦不仅"教儿知道荔支乡""离支万本繁"之句，为醉心松荔而已也。

宋古革旧宅出土下马石

吴志《谈丛》载黄京卿公度述马石下事一则，温太史仲和并系之以考证。同时蕉岭丘工部逢甲有《古大夫宅下马石歌并序》（见工部诗集《岭云海日楼诗钞》），则未之载也。兹全录之。序云：

石在嘉应州北门，有黄氏筑宅，担土得古镇宅钱，以告公度。京卿询其地，曰马石下。走视，因得此石。又文曰：宣和四年，古大夫宅立。大夫者，盖古革也。京卿以拓文见示，乃为作歌。歌曰：七百年来掩尘土，石与大夫俱氏古！大夫何许人？乃是紫虚仙人四世孙。宅在梅州州北门，眼前不见大夫宅，止见大夫下马石。石立宣和之四年，大夫手铸镇宅钱。古钱出土铜锈紫，留与后人知宅址。钱铸何年石能语，此石不刻党人碑，又不贡筑艮岳兼花移。大夫五马何透迤，留题七星岩石方来归（肇庆七星岩，有古革政和八年题名）。大夫归来立石日，天子尚未蒙尘时，当国者谁蔡太师。吁嗟时事已可知，大夫下马心应悲。朝更代改宅何有，大夫名在马骨杇。惟有此石长不刬，大书深刻苔花寒。摩挲欲具袍笏拜，当作到氏奇僵看。

按：此石所在地，即名马石下。在州城西北隅，今为中山路街口。诗序云在州北门者，非。近以石已移置梅县署公园中，原立马石旧址又斥卖，改为铺屋。石如有知，又曷胜其欷歔也耶。黄氏所筑宅，购自林氏。而林氏之有此宅，当在明季（以余家所藏先代《地券》知之），则镇宅钱是否为古所铸，又不可不知也。

明海瑞梅州《姑母碑》

瓜岭海忠介外姑墓，得李太史绣子《二妙堂诗并序》而始显。吴志《谈丛》已载李诗并序，又据《谈梅》而系之以考证。但修志时，距李作诗日已近百年。民国乙亥，彭令精一拟修理该墓，雇工略为芟治，则是墓之所谓有若斧者、若堂者悉见。碑首石作瓦檐式覆盖之，俨如斧形。其坟堂内作方形（普通坟式均圆形），两旁界之，若两庑。然碑石仅存一墓字，书法类北魏体，极佳。《谈梅》所云：碑旁刻有"室人李氏……孝子凤文"等字，均漫漶不可读。近碑石刻"风木满窝邱"一联，亦残缺，存字无几。但新发见香台外柱尚有石刻一联，上截虽已断缺，下截犹存"千古恨

百年心"六字，其体与碑字及碑侧联字，又均不同。香台用石砌，刻纹亦古。余意若能将此墓开发而改葬之，其圹中必有碑志，可以供吾人之考索者。惜彭即去任，未能竟厥功也。余当时曾有代呈请募捐修理此墓一文，兹具录之如次呈：

为呈请修复事：窃以沧桑屡易，陵谷变迁。殷墟谭国，挖掘之事方兴；金椀王鱼，园陵遂多不保。加之番僧竞求其饮器，校尉半出于摸金。以致殃及枯骨，涂炭幽灵。矧兹古冢，僻在下州。祀历五百，祚移三代。碑碣久付之断残，谥号亦等于冥漠。有如城东瓜山之麓，父老相传，为前明海忠介公外姑墓者，一抔之土，丛棘之中，地不足供乎凭吊，人谁复问其樵苏哉。然以忠介崛起海滨，信乎廊庙。台谏之列，直声震乎海内；勾吴之邦，清节冠于当时。尤难者。维时倭患之炽，同于今日奸民之逞，摇及国本。昏庸之主如嘉靖，阴贼之相若分宜。公犹能以謇谔之节，奋立其间。当宁鉴其孤忠，群邪避其正气。百世之下，廉顽立懦。此乃薄海之所同情，非粤人之独私于公也。方公薄游潮郡，道出梅城，外姑稿葬于此，事或有之。崇碑屹立其间，礼所宜然。故虽或以疑信之相参，终不减其化神之景仰。《志》又有阙，口碑尚存。而况《谈梅》足据，非仅得之传闻。御李有诗，更可征之。二妙允宜，推遗爱于召棠郇黍，乌可委片石于蔓草荒烟。某等望古遥集，慨然兴怀。以为若不及时修理，必致犁田摧薪，终归湮灭。用是发起募捐，择日修复。然非仰赖仁台，鉴兹义举，加以高呼，准予先行布告，俾众周知。弘慕义之教，循表墓之典，树之风声，感及泉壤，则任彦升之启事，固借以流传。而传季友之教令，且因之不朽矣。散乞备案，实为公便，此呈。

清嘉应知州赵康修堤治水

陕西同官赵康，于乾隆四十三年来任州牧。在任六年，宦绩无可纪述。父老相传，且有赵老虎之称，则其为政之严酷，可以想见。但黄香铁《读白华草堂集》有二诗追忆赵牧者。其一《灌头》云：灌头一线堤，陂角万物橡。屋村连上下，黄竹分左右。缘堤边赵公祠，云祀贤州牧（自注：公名康，同官人）。乾隆己亥年（按：是年为乾隆四十四年），此地岸成谷。阳侯据潢池，河伯求汤沐。沙堤二里许，汤雪尽一沃。不闻万锸呼，但见千家哭。惟公促传来，发赈散钱粥。焦心廑擘画，大力谋版筑。堤成河伯退，坝起阳侯缩。至今四十年，保障庇公福。今夏六月间，淫霖涨河腹。水头正暴横，隄身渐危蹙。千夫争水土，万指夺畚捐。半晌危复安，奔流放稍束。惊定始烧香，事过随转烛。方冬堤草干，蛇鼠应窜伏。无徒伯益焚，须惩共工触。桑土预绸缪，讵待有司督。

其二《夜梦敬之先生志痛》第二首云：我家大河曲，旧有长堤恃。杨柳垂毵毵，千百盐船舣。往年逢水灾，堤决至坝尾。筑复需万金，此费谁经始。维时善筹灾，赵公贤刺史（自注：赵名康，同官人）。问堤决之由，乃责舟人子。输费筑复堤，著令勿停止。近来狙诈徒，损人以肥己。利或致鲸吞，舟竟同鳄徙。子也诉长官，经岁始得理。群狙最叵信，鼫鼠复多技。窃恐吾子殁，此辈复横矣。昨夜来梦中，颜色似欢喜。我因急叩之，子云无虑此。我心亦觉安，不谓乃梦耳。觉来天未明，邻鸡啼不已。安得吾子生，金堤卫桑梓。

今读此二诗，是赵公固一贤能州牧也。

清知州文晟、吴均严厉治盗

《谈梅·前事》下云：文壮烈公慈祥恺悌，而治盗则极严。癸丑（按：癸丑为咸丰元【三】年）甲寅间，已奉新章，许有司获犯，就地正法。此二年中，斩决及高枷示众者，前后约三百人。其积匪巨憝，交长木，以巨钉贯手足，往往越日乃死，三点会匪为之稍戢。逮己未之难，贼不扰乡。

逃难者居州城十余里外，便安堵，亦无劫掠之事。非公严办之力，不至此。据此说，则文公用法，可谓严酷至极，而佣叟犹推美称赞不已。

《谈梅·循绩》下云：吴云帆大令均，曾由海阳令摄嘉应。用法之严，向所未见。以其时三点会公行城市，略不避人，不得不用重典也。其治潮尤久，潮民于公故后，肖像东门楼，四节拜者无数。尝奉檄查办惠州积匪，弃尸河中，弥望皆是，无敢汲者，云云。

按：是时，洪杨事变虽未起，而闽粤滨海，英夷与海贼异常猖獗，内地奸民乘机思逞，地方遂喷喷多故。如吴如文，身任地方治安之责，自不得不重法以绳之。然此均所谓扬汤以止沸者也，乃佣叟于文，则有颂词；于吴，则若有重不满者，几以屠伯目之，殆不免于以爱憎为是非矣。

查州志《官师表》：吴均，浙江钱塘举人，道光二十三年署州事，州试黄仲安第一。继之者梁星源，二十四年六月任。是吴署理州篆，曾有一年之久。《谈梅》言权摄者，非。且吴原任潮阳，《谈梅》云由海阳令者，亦非也。其官潮阳也，开和平乡渠。黄香铁《苜蓿集》有诗云：贤侯戒星驾，邀我看疆理。水从南山来，田自东洋始。歉收数百年，弥望余卅里。汝民患旱卤，维侯审原委。溉尔东洋田，引彼南山水。又云：蓄淡先堵咸，是在东溪矣。东溪须筑堨，村农更欢喜。经始正复难，畛域分彼此。侯曰予何心？瘠鲁以肥杞。经费若不敷，余且捐俸耳等句。盖其时，香铁官潮阳教谕，开渠之役，曾与其事。即此，可见吴能注意水利，有惠政及潮人之一端。

逮吴来牧梅州，香铁又有二诗。其一《云帆同年摄篆嘉应顺道就谒留宿州廨抵崎岭后奉寄》云：如公岂藉然明告，惟我深知子产仁。耕读风堪图竹马，阴晴天好字梅人。刀饔夙戒传宾友，剪烛宵谈肃鬼神。一路口碑听过岭，故应私幸是州民。其二《奉怀云帆同年四首》录二云：蛮触凭溪寨，夷氛驾海航。六年全苦李，四至税甘棠。星月从披戴，诛锄尽莠稂。瓣香四民共，偏在读书堂。（自注：潮阳人士，奉公长生禄位于登龙讲院）。被绵恩自厚，采葛绪同萦。私为梅人喜，公来竹马迎。培风鹏借翼，浣雪女怀贞。宽猛仍兼济，心平使讼平。云云。香铁此诗，岂亦以同官同年之故而阿其所好耶？但观此诗附注，则《谈梅》所云肖像东门楼者，又非事实也。（按：吴后升任知潮府，故潮人复祀之于东门城楼云）。

清《治梅谣》中的文晟

文壮烈治梅之政绩，以父老所传：初到任时，治事精勤，官声尚好。其再任也，则以贪酷闻。惟已以身殉城，可以覆盖之耳。余偶拾得前人抄本中，有《文晟治梅谣》一文。读之，亦可见公当时舆情不洽之一斑也。此文名谣而实赋，以道光戊申莅仕梅州为韵。文不甚佳，于当时情事总可得其六七。姑录存之，以资劝戒。文云：

钦哉叔来（叔来，文公字也），做官确好，德及士民，恩施黎老。十载萍乡告别，识其人者且亿万家；两番梅水相逢，归其牧者三十六堡。然而贪财肥己，宠子非常。醉酒荒功，用人无道。萃五方之团勇练壮，客子惊骇；合四邑而横敛暴征，租丁烦恼。不见夫征地税、索钱粮、卖案首、鬻库房、泛设城工，损人利己。私开关饷，蠹国肥囊。以黎庶为鱼肉，以差役为虎狼；以市曹为门户，以闾阎为仓箱。几次并吞，安得生财有道；一番剥削，难为邦国之光。时而二子专权，三官司务。私押良民，广收贿赂。设粮局于公堂之侧，是父而是子催征；开宝场于衙署之前，难弟而难兄聚赌。串差蚕食，祗应大【太】岁在西（客音读西平声）；窝党鲸吞，不必吉日为戊。于是娱欢乐于葡萄瓮，打鹅黄之酒；寄生涯于麴蘖杯，斟蚁绿之春。令名每坐堕于壶觞，有伤国计；政事尽消磨于碗盏，莫体皇仁。弄盏交欢，直似衣冠大盗；举杯邀饮，真为名教罪人。那知月下肆筵，独惭鸣琴而无己。记得花间布席，安能运臂之有申。是知党恶盈廷，奸邪满地。徐开华以假票锁拿刘贡生，周老大以背签监禁杨典吏。胡老四得庄必伴蓝芷乡，李门隶弄案勾通文星瑞。催粮迫反，江县尹以污吏称

名；查案得赃，刘州同以贪官纪次。请缘首督修学署，春园氏以武生混杂乎文人；举团头防御城厢，秋畹公以文事并兼乎武备。此为上之不得其人，难以久安而长莅也。尔乃旗纛纷飞，干戈四至；夜笛层楼，哀笳满市。罗把总以摆队精明，许中营以行军擅美。杀人场阵，开龙虎汛。设提标演武亭，令请将军。幸邀学使舞枪捧剑，何殊执戟郎官；击鼓鸣钟，俨若行军将士。不惜滥收铺税，大伤市井商场。岂徒耗费家赀，有惭朝廷进士无他。欺蔑王章，完纳之□书另出；弁髦恩诏，征收之□法私开。持硃票以需索丁粮，急如星火；挂木牌以告完官米，威震风雷。朘剥时行，粪田不足；追呼日甚，父老告哀。桑柘废空，亿万家未免充饥画饼；田园荒尽，几千姓如同止渴望梅。诚如是也，四境遭爪牙之祸，万姓起兵刃之忧。政刑大坏于阿党，法术益伤于下流。施教惠而罔所课，敛民财而罔所求。今朝秉笔儒生，莫放罔民之牧伯；他日风闻天子，宜诛虐政之知州。

洵如是也，则《谈梅》之所谓慈祥恺悌者，果安在哉。

清杨鑫《榕阁纪游诗并序》

吾梅百花洲，当前清承平时代，有所谓阿姐船者，往来梭织。几与潮州之六篷船、广州之瓜皮艇相埒，为谈风月者所艳称。吾宗杨揆叔孝廉《百花洲竹枝词》，其警句云：最是月明风定后，玉箫檀板太分明。李调元学使激赏之，采入《雨村诗话》。吴石华学博亦有《百花洲赋》。大榕阁高踞其上，阁之下旧名树湖。有古榕一株，根蒂飘浮水面。后因河水冲刷，乃筑隄建坝以御之，湖遂因之湮塞。阁后古榕，日见枯萎，余犹及见之。尔时花洲已溃，但前明张戬所开新溪，犹经阁下，与梅江合流。溪流平缓，至阁下沦为洄潭（三四十年前尚如此，近潭亦浅涸矣）。贾船妓艇，多泊于此，故仍沿花洲旧名耳。自己未、乙丑遭兵燹后，画船箫鼓遂至歇绝，盖可于此觇世变矣。吾宗羡吾茂才所著之《焦琴小筑诗钞》有《榕阁纪游诗并序》，每一读之，抚今思昔，辄为之怦怦然。彼及身亲见其盛衰者，其感喟自当百倍于吾侪也。

叙曰：丁亥闰夏，与张芗谷司训、李伯陶明经，踏月游大榕阁。主人罗丈，年已七十余。弹琵琶一曲，因忆卅年与朋辈曾游此地。时丈尤工度曲，清歌婉转，穿齿抵腭，一字不迁。诸女伶咸师之，虽繁弦急管，音节偶乖，时效周郎之顾。女伶每度一曲，索予诗一首。壁间题遍，最后索撰楹联。事隔卅年，沧桑屡易，渺不记忆。是夕重逢，皓首庞眉，矍铄犹是。因口述余向所撰联云：榕阁薰风君小隐，桃花春水我移情。遂欲重葺而新之。吁！风景不殊，河山如昔，而诸女伶零落殆尽，惟老子于此，兴复不浅。因绘图并诗，以纪其事，聊以志今昔之感云。

诗曰：一阕清歌一首诗，卅年前事屡情移。而今贺老头都白，旧曲重弹唱我词。滔滔梅水逝如斯，度曲佳人记阿谁。风月有情疑仿佛，绕梁余韵尚迷离。

张芗谷司训次韵和之曰：酒地花天迭赋诗，卅年前此屡情移。重来拂壁思题句，红袖无人识我词。老矣香山尚在斯，飘零红粉更伊谁。主人翻似商人妇，一曲琵琶诉别离。诵此数诗，得无效桓子野闻歌，辄唤奈何也耶。

余前录《李二何太史集》中之《梅州杂咏叙》，有云：昆山徐原一先生壮游来梅，时届初春，因与晖吉先生及董水名宿董子佩公彼此唱和，题曰《梅州杂咏》云云。当以董水或为秀水之讹。因洪令晖吉为鄞人，徐原一为昆山人，湖州秀水与昆山、鄞县均相去不远故也。及读全谢山《鲒埼亭集》有《湖上社老晓山董先生墓版文》，始知董子佩公即晓山先生，亦鄞人。序曰董水名宿者，董盖因"鄞"字之省为"堇"而讹者也。鄞江亦曰鄞水佩公，以与洪令晖吉为同乡，故因得客游于梅。嗟乎，徐尚书原一与董子佩公，同为吾梅磊园之寓贤。徐尚书以贵显，名列志乘。而遗民义士如谢皋羽之董先生，三百年来梅人曾无有知其姓氏者，可慨也。

229

夫《墓版文》曰：有明革命之后，甬上蜚遯之士甲于天下，皆以蕉萃枯槁之音，追踪月泉诸老，而唱酬最著者，有四社焉。西湖八子，为一社。故观察赣庵陆先生宇燝，故枢部象来毛先生聚奎，故农部天鉴董先生德偁，故侍御衷文纪先生五昌，故枢部昭武李先生文缵，韫公周先生昌时，心石沈先生士颖，而桐城方先生授以寓公预焉。其为之职志者，昭武也。南湖九子，为一社。故农部青雷徐先生振奇，故大【太】常水功王先生玉书，故舍人梅仙丘先生子章，故评事荔堂林先生时跃，故监军霜皋徐先生凤垣，废翁高先生斗权，故征士蛰庵钱先生光绣，故武部隐学高先生宇泰，杲堂李先生文胤，其后增以故评事端卿倪先生爰楷，故征士立之周先生元初。其为之职志者，隐学也。已而西湖七子，又为一社。故征士正庵宗先生谊，香谷范先生兆芝，披云陆先生宇爆，晓山董先生剑锷，天益叶先生谦，雪樵陆先生昆，而故锦衣青神余先生梅，以寓公预焉。其为之职志者，晓山也。最后南湖五子，又为一社。故太常林先生时对，周先生立之，高先生斗权，朱先生鈋，与晓山也。其余社会尚多，然要推此四集为眉目云。晓山先生，字佩公，一字孟威，鄞人，前翰林改官四川监司檓之曾孙，诸生光临之孙，高士非能先生相之子。少而清俊，工为诗古文词，非能先生自课之。甲申之变，非能先生尚茂齿愤甚，谓先生曰：儿曹无庸读万卷书，且挽五石弓耳。先生抱父而泣，焚其衣巾。自是，父子互相镞砺为遗民。当是时，大学士钱忠介公，故董氏壻。尚书苍水张公，亦董氏壻。故国世臣之感，兼以姻眷所连，倒箧倾筐以相从于焦原者，董氏较诸故家独多。先生方馆于族兄推官德钦家，共参五君子之密谋，尝潜行至海上，觇诸幕府。已而烟沈潮息，相继沦丧。通判光远以自缢死，推官以兵死，农部德称兄弟父子以悒悒死。而先生力固首阳之节，不妄交一人。其所郁结，皆见之诗古文词。陆观察宇燝，窜取故督师王公之首，藏于密室，先生岁往哭之。及葬于城北，哭之终身。杜秀才殉义，先生课其子读书，抚之如子。海宁查职方继佐，最持标格，及游粤中，得交范先生兆芝。因读《湖上七子集》，叹曰：吾每饭不忘佩公与披云也。又曰：佩公真古人。兄弟更番负米，其事非能先生尤竭其力云。生于天启二年九月初三日，卒于康熙四十二年四月初三日。娶陈氏，子允实、允宝，孙四。葬于柳隄。所著有《墨阳内编》《外编》《闰编》《晓山游草》若干卷。先生之弟徙山先生德镶，亦有高节，不愧其兄。年运而往，文献凋残，诸社老之姓名且有不传者。予友钝庵董弘方辑《董氏家乘》，请予为晓山表墓之文。予因牵连及之，庶后之学者有所征也夫。其词曰：南岳之遗民，西台之故人。试过湖上之诗寮，犹令我黯然其销魂。百年过者，式此孤坟。

清康熙初寓梅之董剑锷

《鲒埼亭集》又有《董高士晓山墨阳集序》一文，曰：

吾乡故国遗民之作，大率皆有内外二集，其《内集》则秘不以示人者也。转瞬百年，消磨于鼠牙鱼腹之中。虽《外集》，亦什九不传，况《内集》乎！董先生晓山，湖上七子之一也。七子之后人大率皆夷落，不复得列于清流。独先生三世以来，门户诗书之泽未绝。予求得其《墨阳集》而论次之，然《内集》亦不可得而见矣。予读周即墨证山之《序》曰：君子读书，明于古今之故。遭时自斥，一无所表暴，以穷以老，所恃以见其意者，诗若文耳。而又只此破帽芒屦，舟车风雨之际，一二蕉萃之士，往来赠答，览山川之陈迹、风物之变幻，悄然以思，倜然以赋。而生平之意，固不在焉，斯亦仅得其粗者矣。今世且无知之者，又安望他日读其书而谅其不言之意耶？虽然，晓山亦自存其意耳，固未常薪后世之知之也。使薪后世之知之，则又晓山所不取也。即墨之文，可谓善言先生之意者。予固无以益之，但就其言绎之，则知即墨虽与先生至契，顾当时亦似未得《内集》而读之者，使其得见之《黍离》《麦秀》之音，足感天地而泣鬼神者，吾知非此《序》之所能尽也。呜乎！志士之精魂，终古不朽，而莫为宝之；使冥行于大【太】虚，而人莫得见，则后死者之恨也。当时吾乡诗

人极盛，论者谓：鄝山以才胜，其力雄；杲堂以学胜，其词【赡】。配之以巽子，以为诸家之魁。林都御史茧庵独沈吟曰：巽子尚踏省门，不在遗民之列，尚未足跻于二家。良久曰：晓山以韵盛，其格超。时人以为知言，而亦因见吾乡前辈论人之严。先生大节，详见于予志墓之文，故此不复备。世有以不得见先生之《内集》为憾者乎，但观予志墓之文，以及此序，其亦可以想像而大略得之矣。

　　按：《梅州杂咏序》评先生诗曰：如出水芙蓉，亭亭物表。证之于此序引林都御史茧庵谓"晓山以韵胜，其格超"。两人评骘先生之诗，其密契若是。他日倘得先生诗而读之，必更可以求所评之确而可信也。

跋

　　《榕园琐录》《续录》都十四卷，为吾师佣子所著，而东山校友醵金以印行者。吾师是编之作，虽有类乎随笔，而穷搜放失，是正讹谬，俾此邦文献足征，洵可为后学言考据者所资法也。今年夏，五稚新归自闽南，谒师于桐荫庐。见先生精神矍铄，犹日事著述。先生谈次，出其已脱稿者十数种见示。余读之，竟日不忍释手。力促付梓，先生笑而颔之。及秋间，适先生七秩揽揆之辰，校友同人谋所以为先生寿。先生以国难方殷，尼之。同人不忍重违其意，遂醵金为先生印行《榕园琐录》一种，以公同好，亦寿人寿世之微意也。先生著作等身，行见先生，由耋而耄，以至期颐之年。将师之全部著述次弟【第】刊成，则他日所以寿先生者，其意不尤为重且大与？

　　是编付印，董理其事者为曾君举直、黄君国俊、曾君其清、黄君承典、萧君木麟、冯君引士、田君一石、杨君金星。赞助最力者，为缪县长任仁，张参谋长带山，李行长绍文，廖主席晖宸，及校友钟君应梅、秦君元邦、赵君一肩、张君绍昆、李君世安、黄君占春、曾君越汉、李君敬果、刘君清如、卢君辉孙、萧君肇川、管君湘瑚、陈君载睿、彭君精一等，例得备书。杀青既竟，为识其印行之缘起如此。

民国三十二年十一月　受业管凤文谨跋

助刊亲友题名录

曾举直	黄承典	缪任仁	林副司令	廖晖宸	李秉钊	张带山	曾其清
黄元昌	张绍昆	李敬果	黄国俊	黄占春	秦元邦	刘清如	陈载睿
赵一肩	李世安	林蕃元	管湘瑚	叶道英	叶尚志	黄惠章	李景灏
谢惠畴	曾越汉	郑翟光	管凤文	张公让	萧肇川	叶家烈	吴士凯
徐 瑛	刘正杰	曾兆清	罗群立	罗节健	叶杞材	萨培根	吴汝明
吴 铮	黄雁南	何人豪	梅县省银行	刘麟书	林荫根	唐志渊	
林景坤	刘达泉	朱 钦	丘克辉	刘荫章	叶国谟	丘志彪	黄启新
杨一嵩	彭淦波	高火昌	苏公修	冯引士	陈清寰	冯海燕	梁淦荣
黄建人	赖标贤	钟正儒	陈广武	李清祥	温光均	叶锦城	陈述镇
姚若宜	涂郭谋	熊柏心	曾雅荷	曾继勤	丘应诚	魏灼荣	张淦宏
叶碧瑶	黎捷琪	高志远	叶振华	黄开铨	林国杞	曾恩聪	廖书韵
陈捷兰	李 志	钟鸿英	陶正平	黄梅华	章公剑	何松汉	黄 潜
邓克瑶	池耀华	吴志通	卢国尧	林运堂	廖仲蔚	刘羽飞	陈泮湘
曾德生	卢辑坤	罗麟章	钟普光	陈宜淼	廖英鸣	钟君实	罗信曾
孙载礼	吴澄燕	李伯康	陈达文	李炽光	杨雅卿	谢绍荃	蔡曾忍
廖锦昌	林春发	陈孟澄	吴子赞	吴世谦	章锡乾	张腾生	
厦大全体东山校友		张映雪	萧奂琼	赖志坚	李雨三	陈炳荣	叶久如
叶罗氏	叶国生	叶绍球	叶洛昌	叶梅昌	李珍云	叶笃生	李商星
赖恩贤	魏瑞昌	江其恕	陈仰坚	古淇泉	徐 生	李 玉	林灏观
甘金辉	施受卿	李受福	陈起麟	刘友勋	岑学彭	黄亦如	曾繁屏

234

杨绍李　杨赐慰　朱煌生　丘洪耀　曾兆清　徐盛德　叶慎予　叶法南

林载华　郭　威　蔡亚萍　冯清波　朱震寰　欧阳淦　谢荣昌　陶云天

李耀清　张垣霖　何银生　杨碧如　陈应谋　古彬燊　翁富昌　周龙辉

陈　相　彭精一

附注：尚有二本认销名册迄未寄回，认销姓名不及列此。

后　记

　　本书是我们承担的教育部社会科学司项目"晚清民国时期粤东北客家侨乡民间文献收集整理与研究"（项目编号：18YJA770017）的阶段性成果，同时也是我们承担的嘉应学院客家研究院大客家研究平台客家学学科建设团队项目"粤闽赣客家地区民间文献收集整理与研究"（项目编号：21KYKT05）和广东省普通高校创新团队项目"客家历史文化研究团队"（项目编号：2022WCXTD021）的阶段性成果。

　　梅州作为传统文化之乡，明清以来文化发达，文人学士众多，所遗留下来的名人文集文献相当丰富。因种种原因，不少文献因保护不善而湮灭不见，造成无法估量的损失。如何保护梅州千年文献、赓续梅州文脉，成为摆在我们面前的一项庄严而重要的任务。对重要古籍进行点校出版，不失为一种保护和传承文献的好办法。梅县宿儒、知名学者杨佣子1944年出版的《榕园琐录》《榕园续录》是研究宋明以来梅州历史文化的重要著作，但因存留少而流传不广，影响有限，因而成为我们编校的对象。

　　《榕园琐录》《榕园续录》为仿古铅印本，竖排，无标点，无段落，亦无小标题，对现代普通人来讲阅读和使用相当困难。2021年以来，我们组织有兴趣的学生和研究助理对《榕园琐录》《榕园续录》进行录入、整理和编校。先后参与这项工作的同学，有我校历史学专业2019级的陈晓枝、李万中、黄颖娴、詹淑慧，法学专业的张深、胡春莲，2021级的陈嘉颖、陈紫涵等，以及我院与南昌大学联合培养的专门史专业客家文化方向硕士研究生叶梦楠、漆小元。我们既把这项工作作为研究项目来做，更把它作为培养学生的工作来做，训练学生句读、标点、解读等基本功。因此本书的出版，既是项目研究的成果，更是科研与教学紧密结合的教学成果。

在本书编校、整理过程中，张应斌教授出力尤多，不仅纠正学生点校的错漏，还进行了编目和撰写提要。对梅州文史颇有研究的老朋友《梅州侨乡月报》主编刘君奕宏、中国客家博物馆办公室主任郭君锐、梅江区文化广电旅游体育局廖君志添等，亦出力不少。梅城鸿都花园心耕堂黄振峰先生提供了杨佣子的照片等。广东省普通高校人文社会科学省市共建重点研究基地嘉应学院客家研究院、广东省特色重点学科"客家学"学科建设项目等，为本书的印刷出版提供了相关费用。在此，谨向以上个人和单位表示衷心感谢！

肖文评

2023 年 9 月 10 日于嘉园